本书系国家社会科学基金西部项目（21XZJ004）

结项成果（优秀等级）

THE STUDY ON
LOCKE'S EVIDENTIALISM
AND THE ETHICS OF BELIEF

洛克

证据主义与信念的伦理学

陈 丽 —— 著

中国社会科学出版社

图书在版编目（CIP）数据

洛克证据主义与信念的伦理学 / 陈丽著. —北京：
中国社会科学出版社，2023.11
ISBN 978 – 7 – 5227 – 2730 – 1

Ⅰ.①洛… Ⅱ.①陈… Ⅲ.①信念—研究
Ⅳ.①B848.4

中国国家版本馆CIP数据核字（2023）第 203889 号

出 版 人	赵剑英
责任编辑	田　文
责任校对	赵雪姣
责任印制	张雪娇

出　　版	中国社会科学出版社
社　　址	北京鼓楼西大街甲 158 号
邮　　编	100720
网　　址	http://www.csspw.cn
发 行 部	010 – 84083685
门 市 部	010 – 84029450
经　　销	新华书店及其他书店

印刷装订	北京君升印刷有限公司
版　　次	2023 年 11 月第 1 版
印　　次	2023 年 11 月第 1 次印刷

开　　本	710 × 1000　1/16
印　　张	18.75
插　　页	2
字　　数	252 千字
定　　价	98.00 元

目　录

前　言……………………………………………………………………………… 1

第一章　洛克思想形成的历史背景与思想渊源………………………………… 1

　　第一节　历史背景…………………………………………………………… 2

　　　　一　洛克的生活与时代…………………………………………………… 2

　　　　二　启蒙哲学与科学精神………………………………………………… 16

　　　　三　英国宗教改革………………………………………………………… 25

　　第二节　思想渊源…………………………………………………………… 30

　　　　一　历史议题：理性与信仰的关系……………………………………… 30

　　　　二　17 世纪欧洲的认识论发展…………………………………………… 37

　　　　三　知识、证明与方法…………………………………………………… 44

第二章　洛克哲学认识论的问题与意义……………………………………… 50

　　第一节　知识的来源………………………………………………………… 52

　　　　一　对天赋观念的反驳…………………………………………………… 52

　　　　二　知识的基础…………………………………………………………… 54

　　第二节　知识的分类………………………………………………………… 57

　　　　一　知识的概念…………………………………………………………… 57

　　　　二　知识的等级、范围和实在性………………………………………… 59

　　　　三　真理和确定性………………………………………………………… 63

四 知识、信仰与意见 ………………………………… 69

第三章 宗教信念与证据主义 ………………………… 75

第一节 理性与信仰的关系 …………………………… 76

一 理性之为辩护 ……………………………………… 76

二 理性之为怀疑 ……………………………………… 84

第二节 理性与神学命题 ……………………………… 88

一 神学命题的三种类型 ……………………………… 88

二 理性调节信仰 ……………………………………… 91

三 对《圣经》的理性主义诠释 ……………………… 94

第三节 证据主义的规范意义 ………………………… 98

一 基础主义与证据主义的含义 ……………………… 98

二 存在命题与推理 ………………………………… 108

三 信念与认知规范 ………………………………… 113

第四节 信仰与理性调节 …………………………… 121

一 弥赛亚认知的理性维度 ………………………… 122

二 "必然存在"的批评性解释 …………………… 130

第四章 宗教信念的道义主义原则 ………………… 142

第一节 合理性的概念 ……………………………… 143

一 合理性与宗教信念 ……………………………… 143

二 合理性的几种方式 ……………………………… 145

第二节 道义论与合理性 …………………………… 148

一 道义主义的含义 ………………………………… 148

二 道义主义在神学意义上的必要性 ……………… 152

三 理性对于宗教信念的认知责任 ………………… 158

四 对道德的理性论证 ·················· 161

第五章 洛克宗教认识论的历史影响 ············ 166

　第一节 经验论原则 ··················· 166

　　一 宗教信念与经验 ················· 167

　　二 英国自然神论 ·················· 171

　第二节 证据主义思想 ·················· 176

　　一 激进的证据主义 ················· 176

　　二 逻辑实证主义 ·················· 180

　　三 认知道义主义 ·················· 183

　第三节 认同与批判 ··················· 187

　　一 经验主义的彰显 ················· 189

　　二 思辨理性的意义 ················· 197

　　三 知识的保证 ··················· 206

附录：《洛克书信选》节选 ················· 222

　　附录一 "基督教的合理性"，1696—1697 年 ······ 222

　　附录二 "神圣与爱尔兰"，1697—1698 年 ······· 253

参考文献 ······················· 273

前　言

　　约翰·洛克（John Locke，1632—1704）是西方现代早期最为重要的哲学家之一，他的认识论思想对现当代社会产生了深远的影响。"两希"冲突是西方文明的核心内在张力，理性与信仰的关系则是这一张力的具体表现。启蒙运动之后，理性与信仰之间的冲突尤为激烈。现代早期形成的强调"确定性"的科学规范，以及人类知识的各种形式及其范围的研究成果，直接导致了西方社会信仰的现代化危机，由此在信仰中引发了"信仰对象不确定性"的问题，以及信仰如何在《圣经》、传统、经验和理性之间寻求合理性解释的问题。约翰·洛克以极具时代特点的认识论原则对信仰加以规范，将信仰纳入理性的现代化规范中。他以理性规范信仰的宗教认识论思想，开创了现代西方宗教哲学以证据主义和道义主义规范宗教信仰和神学命题的新进程。长期以来，洛克一直是现当代西方学者关注的哲学家，他的哲学认识论思想被广泛深入地研究，并产生了丰富的理论成果。国内学界也早已关注到洛克的学术成就和广泛影响，对他的哲学、政治学及认识论思想进行了多方面的探究。近年来，洛克的宗教认识论思想开始引起一些学者的兴趣，他们尝试对其理论意义进行解读。洛克所提出的信仰的理性规范原则成为18世纪之后的神学家和哲学家不可逾越的重大理论问题。

　　洛克虽然不是第一个在认识论意义上提出宗教信念合理性问题的哲学家，但他的观点无疑是具有开创性的。洛克所处的时代是一个新文化逐渐替换旧传统的时代，伴随着宗教改革、启蒙运动以及科学突飞猛进的发展，西方传统思想失去了原有的权威地位，社会陷入了认识危机，人们应该相信什么？如何去相信？这都成为当时社会急需解决的问题。笛卡尔、洛克等近代哲学家们在这种特殊的社会思想背景下提出了以新兴科学方法为基础的认识论，强调合理的知识应该建立在可靠的、无可置疑的基础之上。洛克是这一新思想最重要的开创者之一，他首先在一般意义上分析了知识的概念、范围和确定性问题，认为我们的知识必须建立在可靠的证据之上，并以理性调节信仰。那么，宗教信念是知识吗？它是否具有确定性和必然性？洛克以理性和经验证据为基础，把宗教命题区分为三种不同的类型：合乎理性的命题、超乎理性的命题以及反乎理性的命题。合乎理性的命题可以被理性以充足的证据证明为真；超乎理性的命题是理性和证据无法确证与验证的，来自神圣的启示；反乎理性的命题违反了证据原则，与理性相矛盾。他认为，宗教信念需要经证据确证之后再选择相信，并且在证明的过程中，尤其强调人的举证义务，即尽最大的努力寻找充分的证据说明宗教信念的合理性。洛克提出的这种以证据主义和道义主义来判断包括宗教信念在内的信念合理性的思想，成为18世纪及之后的哲学家们不可回避的重要议题，他的宗教认识论思想也因此具有重要的历史意义，这也是本书的意义所在。

　　宗教信念的认识论地位与合理性问题，是在哲学的意义上被希腊哲学家提出来、伴随着基督教思想的产生和发展而一直存在着的，它既是西方哲学长期关注的议题，也是神学不可回避的重大理论问题。现当代哲学家们首先对宗教哲学进行了归纳总结和历史梳理，从而进一步扩展和完善了宗教哲学的范围，使宗教哲学几乎涉及哲学的所有议题，如形而上学、认识论、逻辑学、伦理和价值理论、语言哲学、科技哲学、法学、社会学、政治学，以及历史学等。宗教信念的认知合理性问题在17世纪之后的哲学思想演进中表现得尤为突出。西方现当代哲学家们一方面批判地继承了西方宗教认识论传统；另一方面，在这种批判和继承中进一步扩展了知识的理论范围，为宗教信念在认识论意义上寻求合理性，使其发展成为某种扩展了的意义理论体系。近代哲学家，如笛卡尔、约翰·洛克、休谟、康德、乔治·贝克莱、莱布尼茨等对宗教信念的认识论地位与合理性意义问题做了更加丰富的阐释；这个问题在现当代哲学中已经发展成为十分活跃和丰富的部分，詹姆斯、维特根斯坦、普兰丁格、克拉克、沃特斯多夫等人批判和继承了宗教改革以来的宗教哲学思想，并且形成了一批具有创新性的理论成果，无论是理性与信仰的关系，还是宗教信念的认识论地位，甚或是宗教信念的合理性问题等都得到了更新与发展。

纵观现当代西方学者对洛克的研究，对其宗教哲学认识论思想的研究主要集中在以下几个方面：宗教信念的合理性问题，知识、义务和救赎，上帝、人与恶的问题，理性与信仰的关系，伦理与神学，对基督教教义的解释，等等。目前，我国学者对洛克思想的研究主要集中在对他的一般认识论、政治哲学和一些比较性的研究方面，而集中于洛克宗教哲学，或者宗教哲学认识论方面的研究专著尚较为欠缺。本书基于理性与信仰的关系这一重要历史议题，对约翰·洛克以其一般认识论原则为基础而形成的信念规范思想予以相对客观的解读与评价，尝试摆脱批判-辩护的二元研究模式，做出较为系统的、历史性的阐释与分析。在分析现当代宗教哲学和神学研究领域的几个重要思想趋势中，试图揭示洛克宗教认识论思想在近现代西方宗教认识论研究中的重大历史意义，并进一步引导思考洛克开创的宗教信仰和神学命题的认识论原则所引发的重大理论问题，即神学问题研究中理性方法的合理性和有效性，以及在何种意义上为宗教信仰保留可能性的探讨。

　　洛克的宗教哲学认识论思想主要体现在他的《人类理解论》（*An Essay Concerning Human Understanding*）、《基督教的合理性》（*The Reasonableness of Christianity, as Delivered in the Scriptures*）、《为基督教合理性辩护》（*The Vindication of the Reasonable of Christianity*）等著作中。另外，洛克相关神学思想和宗教哲学认识论的内容还散布于其著作集第四卷（有关"三位一体"等神学命题的理性解读）、第六卷（宗教宽容思想）、第七卷（基督教的合理性、辩护一、辩护二）、第八卷（保罗书信注释），以及第九卷和第十卷"洛克书信"中关于上帝"同一性"、奇迹等神学命题的回应中。洛克在《人类理解论》开篇就明确指出，他谈论认识论的目的是试图揭示人类如何运用理性获得知识，这种知识包括与宗教信念相关的知识，正如他自己所说："我的目的……是探索人类知识的起源、确定性和范围；还有信念、意见和赞同的基础和范围。"①洛克不仅批判地继承了笛卡尔的思想（尽管他自己认为他的哲学思考和笛卡尔没有关系），而且开创性地探究了宗教信念的认识论意义，对宗教知识和信仰对象的合理性问题进行了系统的阐释。洛克的宗教哲学思想具有历史性意义，它不但为当时的欧洲宗教改革和道德危机提供了一种解决方案，同时，也创造性地提出了一种新的宗教信念的实践方法。要理解洛克的宗教哲学，尤其是宗教信念的认识论地位和合理性意义，就必须从洛克的一般认识论开始。

　　在《人类理解论》第一卷中，洛克强烈反驳了当时流行的有关知识来源的观点，认为知识并不是与生俱来的，人的意识生来如白纸一张，所有观念都来源于经验，但是这些观念仅仅被洛克称为"知识的物质方面"；②与观念不同，知识本身不由我们的感官产生，而是由理性

---

① "My purpose", he tells us, is "to enquire into the original, certainty, and extent of human knowledge; together, with the grounds and degrees of belief, opinion, and assent". （1.1.2）

② "the materials of knowledge". （2.1.2）

（reason）和理解（understanding）产生的，没有理性，我们的所有观念只能是信念，而不是知识，"理性必须作为所有事情的最终判断和指导"。① 在第二卷中，洛克证实了他的观点，认为我们的所有观念，也就是"知识的物质方面"，都来源于经验，其分为两种：一种是关于物质世界的感官观念，另一种是对心灵的反省。他将观念分为简单观念和复杂观念，后者是心灵活动作用于前者而构成的；复杂观念分为三种，即样式、实体和关系。在观念如何来源于经验这个问题上，洛克首先分析了一些重要的哲学概念，如知觉（perception）、连续性（solidity）、记忆（memory）、空间（space）、时间（time）、物质（substance）、原因（cause）、效果（effect），等等；他也做了物质第一性质和第二性质的区分。这一卷中隐含着对笛卡尔一些观点的批判，同时，也正是因为对笛卡尔思想的阅读，使洛克跳出语言的表面意义和那些当时流行的、困惑难解的亚里士多德学院派思想。第三卷中，洛克对那些学院派使用的"模糊的和无意义的说辞，还有语言的滥用"进行了批判，他反对将组成语言的一般类别词汇看作是"实在本质"（real essences）或"实体的形式"（substantial forms），物质的"实在本质"或"实体的形式"是内含于事物之中的，并且是事物之间相互区别的原因。洛克否认世界物质在理性活动之前就被分为各种类别，他认为，分类只是人因兴趣和方便而为之，而且"一般词汇"（general words）象征"名义本质"（nominal essences），由人脑抽象活动而获得的观念是人自己建构的，一般性和普遍性"不属于事物的真正本质，而是理解（understanding）的产物，自有它的用途"②。

在第四卷中，洛克把知识定义为对观念间关系的一致或不一致的

①　"Reason must be our last judge and guid in everything."（4.19.14）
②　"belong not to the real existence of things; but are the inventions and creatures of the understanding, made by it for its own use."（3.3.11）

知觉，这种关系可能是直接的也可能是间接的，它使我们有确定的和普遍的知识，没有这种关系我们便缺乏知识，有的只能是"信念"或"意见"。他对理性与信仰的关系做了区分，在理性的基础上把神学命题分为三种，即合乎理性的命题、超乎理性的命题和反乎理性的命题，其中，合乎理性的命题可以被理性以充足的证据证明为真，超乎理性的命题需要在确证其神圣来源的前提下相信，反乎理性的命题是假命题。

洛克虽然认为知识是对观念与观念之间的一致或不一致关系的知觉，是某种事实（fact）直接在思想中的反映，但他也承认，实际上知识超出了这个范围。有人质疑外在世界的存在和持续的梦的可能性，洛克用他特别的方式回应了这些质疑：没有人能坚定地怀疑他所看到的和感觉到的东西，同时也不能确定它们的存在。他所说的"感官知识"似乎不符合他对知识的定义，但是，洛克认为，虽然感官知识没有从直觉或推理而得来的知识那么具有确定性，但它依然可以被称为知识。

洛克将其一般认识论扩展到对宗教信念的分析中，形成了一种新颖的宗教认识论，沃特斯多夫将其概述为"规范认识论"（regulative epistemology），即我们应该如何形成我们的信念，或者说如何形成以及调节我们的宗教信念。① 从这个意义上说，洛克认为应该通过确证义务来调节信念。具体来讲，"义务"（obligation）这个概念在洛克的宗教认识论中是很重要的，他强调在认识的活动中，人有义务和责任"尽最大的努力"（try one's best）达成目标，对这一点最好的阐释体现在他关于理性和信仰的关系的思想中。首先，他认为理性与信仰并不冲突，理性可以让信仰免于错误，理性是上帝赐予的"光"

---

①   Nicholas Wolterstorff, *John Locke and the Ethics of Belief*, New York: Cambridge University Press, 1996, p.xvi.

和能力，可以为信仰寻求更清晰的证据和更大的可能性。其次，履行"永恒法则"（Divine law）是最高的道德义务，"永恒法则"是道德的最高法则，是伦理公正的试金石。理性需要判断哪些是真正的启示，如果启示是来自上帝的，那么就毫无疑问是可以相信的，但如何判断是否来自上帝呢？也就是说，人如何履行认知义务？对此，沃特斯多夫将洛克的思想归纳为四种原则：一是直接信念原则（Principle of Immediate Belief）；二是证据原则（Principle of Evidence）；三是评价原则（Principle of Appraisal）；四是相称原则（Principle of Proportionality）。① 洛克的这些观点使他在证据主义和道义主义发展史上占有一席之地。

在有神论命题（theistic propositions）的合理性方面，洛克持证据主义立场，这直接来源于他的一般认识论。证据主义的核心是，那些可知（knowing）的或被相信（being entitled to assent）的命题需要充分的证据作为支撑。每个人都有提供证据的义务，而且，不但要找到充分的证据，还要对证据进行逻辑上的评价；对于神圣命题来说，同样要用到证据原则、评价原则和相称原则。上帝的观念不能直接呈现于思想中，它不属于直觉知识，必须要有充分的证据，这是洛克宗教信念认识论的基本假设。第一，他区分了信仰与知识。宗教信念也要遵循知识的原则，"上帝"的观念以及"上帝存在"恰恰是需要被证明的。同时，洛克强调信仰的确定性与知识的确定性不能同日而语。与知识不同，信仰以自身为基础，信仰对象由上帝启示构成，而不是某个推理前提，若要把知识的基础强加于信仰之上，那么等于是毁了信仰。上帝启示不可能是根据某个基础命题推理而来，反过来，信仰也不能

① Nicholas Woterstorf, "Locke's Philosophy of Religion", *The Cambridge Companion to Locke*, Vere Chappell, ed., New York: Cambridge University Press, 1995, pp. 182–184.

作为知识的基础。第二，他提出一个人不可能同时在推理的基础上和启示的基础上相信一个事物，也就是说要么出于推理而相信，要么出于启示而相信，这与托马斯·阿奎那的观点有相似之处。第三，洛克区分了两种启示，一种是上帝的直接启示（original revelation），另一种是传统启示（traditional revelation），这是一种间接启示，需要理性的帮助。信仰属于后者。他进一步解释说，神圣命题的问题只能是信念问题，而不是知识的问题，"上帝启示 P"这个信念相较于知识来说总是缺乏确定性的，但是，如果有充分的证据证明命题 P 确实来自上帝启示，并且正确理解 P，那么就有了接受 P 为真的独立理由。对于命题 P 来说，需要的不是直接找到接受 P 为真的证据，而是要充分证明 P 来自上帝启示。洛克想要传达的观点是，理性可以充分证明神圣命题。另外，他也强调，如果 P 与直观确定的知识相左时，则必须否定 P 是上帝启示的。第四，理性也是抑制宗教狂热的有效手段。[①] 这鲜明地体现了洛克理性高于信仰的立场。

洛克所提出的宗教信念的证据主义原则在克里福德、费尔德曼、阿尔斯顿等近现代哲学家那里得到了进一步的发展。克里福德以激进的方式建立了宗教信念的更高的证据主义标准，认为任何建立在不充分证据基础上的信念都是错误的，宗教信念明显缺乏证据支持，人们应该收回对宗教信念的相信。[②] 逻辑实证主义者们更是以科学的实验方法统摄一切认识，用证实原则将形而上学和神学命题拒斥于意义之外，认为一切命题都可以被还原为经验性的、表示观察的基本命题，只有那些在逻辑上或经验中得到验证的命题才是有意义的，而这两种检验对于形而上学

---

①   Nicholas Woterstorf, "Locke's Philosophy of Religion", *The Cambridge Companion to Locke*, Vere Chappell, ed., New York: Cambridge University Press, 1995, pp. 190–191.

②   William K. Clifford, "The Ethics of Belief", *See The Rationality of Belief in God*, George I. Mavrodes, ed., N.J.: Prentice–Hall, 1970, pp. 156–160.

的陈述或命题都是不可能的，所以它们是无意义的。①

　　然而，这种证据主义的立场也受到一些人的质疑，一些哲学家旗帜鲜明地拒斥证据主义，认为宗教信仰可以无须理性评估，即使宗教信念没有证据来支持，它们仍有可能是理性的和正当的，如威廉·詹姆斯从情感和意志的角度确立宗教信念的合理性。意志主义不强调宗教信念的理性主义辩护，而是主张回归信念本身，主张情感或者意志对宗教信念的重要作用，这种辩护方式与证据主义一起，共同构成西方证明宗教信念知识合理性的两种主要传统。然而，意志主义并没有否定理性在证明信念知识合理性的作用，而是认为在理性不能证明或者判断信念的知识合理性的时候，强调发挥意志或者情感的作用。②

　　普兰丁格在新的时代背景下修正了基础主义和证据主义，他把传统的理性推理依据某个无可厚非的、自明的开端的方法称为"古典基础主义"，并且认为古典基础主义对"恰当基本信念"的界定过于苛刻，导致本该属于基本信念的命题被排除在外，使人们错过真理的可能性很大，应该扩大基本信念的范围。③他接受加尔文的观点，认为信仰是一种特殊的知识，需要特殊的认知过程，即信念-产生机制（belief-producing mechanism），"在恰当的环境中，依据一个以真理为目标（并且是持续成功的指向真理）的设计蓝图，认知能力和认知过程都恰当运行，然后产生一个信念，这个信念是获取知识所需要的。在这个有圣灵参与的过程中产生的信念是真理性的信念，由信念所构成的信仰就是可靠的。因此，信仰之中的信念就为知识提供了充分必要条件，也就是说，信仰为知识提供了担保，担保的程度越强，对某些问题的信

────────────

① 　[德]卡尔纳普：《通过语言的逻辑分析清除形而上学》，参见洪谦《逻辑经验主义》，商务印书馆2010年版，第13页。
② 　参见 William James, *The Will to Believe*, New York:Dover, 1956, p. 11。
③ 　A.Plantinga, *Belief without Evidence*, pp.423–424.

念就越能够成为知识。"①他进一步明确指出，信仰上帝也是恰当的基本信念。克拉克在其著作《重返理性》（*Return to Reason*）中，梳理了改革宗认识论的历史脉络，并且继承了改革宗修正基础信念的方法，提出"在见证的基础上接受的信念也是基础信念……起到内在价值的根本载体作用的信念是基本的道德信念，是基础信念"②。他赞同里德对"恰当基本信念"范围的修正：自明的、感觉明显的或不可改变的信念，记忆的信念，对过去的信念，对外面世界的信念，对其他思想的信念，对别人见证的信念，等等，简言之，所有我们即时产生的信念。

一些近现代哲学家们否认洛克所认同的理性调节信仰的思想，他们认为，基础主义、证据主义等理性证明方法对于说明宗教信念的合理性是毫无意义的。休谟否定一切宗教信念的理性证明方式，他认为，自然神学违背了经验的有限性原则、相似性原则和相称性原则。设计论证明是以相似性原则为基础的类比方法，由果溯因的论证过程。同类事物之间以相似性原则可以推论出较为合理的结论，但是，在不同类事物之间也以相似性原则加以类比推理的话，所得的结论就是不合理的。人与上帝不是同类事物，以人的有限经验类比上帝的无限，神学的理性证明恰恰是以有限类比无限，因此是不合理的。然而，这一方法有效性是建立在因果关系上的，休谟以毁灭性的论调说因果律是不存在的，必然联系只是心灵的习惯，因此归根结底是不可靠的。所以，他认为宗教信仰应该建立在个人良知和情感的基础之上。③康德彻底否定了以经验为出发点的宗教认识论基础，他认为，无论是"最高实在的存在者""绝对必

---

① ［美］阿尔文·普兰丁格：《基督教信念的知识地位》，邢滔滔等译，北京大学出版社 2004 年版，第 286 页。

② Kelly James Clark, *Return to Reason: A Critique of Enlightenment Evidentialism and a Defense of Reason and Belief in God*, WE. B. Eerdmans Publishing Co., 1990, p.102.

③ 参见［英］休谟《人类理解研究》，关文运译，商务印书馆 2010 年版，第 64 页；《自然宗教对话录》，陈修斋、曹棉之译，商务印书馆 1962 年版，第 20—21、23、97 页。

然存在"，还是宇宙"第一因"，都是外在于人类经验的一种必然性，康德认为，外在必然性只是一个思辨的产物，并非一个现实的存在，而宗教信念的合理性实际上是一种内在合理性，要求人们将关切从外在合理性转向内在合理性。在道德实践上设定一个道德上的创造者的存在是很有必要的，也是合理的，宗教信念具有内在的道德合理性，它符合我们的道德目的。①

本书将重点放在洛克宗教认识论所体现的证据主义和道义主义两个主要特点之上，拟在国内外已有的研究成果的基础上，梳理洛克的一般认识论思想，对其宗教信念的证据主义和道义主义试做较为详细的论述。此外，洛克的宗教认识论思想具有开创性意义和历史性意义，它不仅批判地继承了前人的宗教哲学思想，而且重点发展了宗教认识论思想，形成了一套关于宗教信念的规范认识论，因此，阐述洛克宗教认识论的历史影响，也是本书的组成部分。本书在对洛克思想的背景与渊源（第一章）做了梳理之后，在第二章集中论述了他的一般认识论思想，并在第三章和第四章中主要论述了他的宗教认识论观点，这些观点主要体现在：坚持以证据主义为核心的基础主义，并以道义主义原则加以规范。第五章对洛克宗教认识论的历史影响及其现当代意义进行了分析和阐释。

洛克认为，宗教信念必须合乎人类理性，基础主义、证据主义以及道义主义原则同样适用于宗教信念，信仰命题需要在认识论的意义上做出解释。为了更好地说明这一观点，洛克首先阐述了一般认识论，以经验主义的立场否定天赋知识，认为经验是所有知识的基础和来源，将知识定义为"对观念间一致或不一致的关系的知觉"，真理就是观念的正

---

① ［德］康德：《纯粹理性批判》，邓晓芒译，杨祖陶校，人民出版社2004年版，第5—7、476—490页。

确分合，并且按照确定性程度将知识分为三个等级，即直觉的知识、推理的知识和感觉的知识。在一般认识论的基础上，洛克将一般知识论原则引入宗教信念中，形成了一套宗教信念的规范认识论，其总体特征就是"听从理性的声音"或者"让理性成为指导"。洛克认为，基础主义与证据主义的认识论原则同样适用于宗教信念，是否接受某一宗教信念要建立在人们所能够提供的理性证据之上，依照证据予以相应的信念态度。人类只要充分使用自己的理性官能就能够对宗教信念做出正确的判断。因此，洛克强调认知责任，认为每一个理性造物都有责任提供关于某一信念的证据，并且在证据中判断这个信念，并且要"尽其所能"地履行这个责任。

在信仰与理性的关系上，洛克认为理性与信仰属于不同的领域，两者之间是有界限的，但是信仰必须合乎理性，信仰的真理性和可信度必须由理性来验证。为了进一步说明两者的关系，洛克将神学命题分为三类，即"合乎理性的命题"、"超乎理性的命题"和"反乎理性的命题"，强调以理性调节信仰，凡是与理性不相符合的信念都不应该予以接受。对于"超乎理性的命题"，即启示，人们需要履行认识责任，在确证是神圣启示的情况下才能相信；而对于"反乎理性的命题"，要予以摒弃。洛克所提倡的经验主义原则，一方面推动了英国自然神论的发展，并且以他为代表的宗教信念的证据主义主张在 19 世纪和 20 世纪的哲学家那里影响了激进的证据主义和逻辑实证主义；另一方面，洛克的宗教认识论思想不同程度地影响了休谟、康德、普兰丁格等近现代哲学家们对宗教信念合理性问题的看法。

总而言之，本书力求在观照洛克哲学思想的整体特点基础上，结合思想的历史脉络、时代特征，在西方宗教哲学史和神学思想史中对"理性与信仰的关系"和"信念合理性问题"的历史性解答中，较为系统地论述洛克宗教哲学认识论思想的基本内涵和特征。在洛克的历史处境中，若将他的认识论规范解读为是对宗教信仰和教义的一种批判则显得失之偏颇，若解读为是一种辩护则略显牵强。他的宗教认识论是对西方现代早期社会强调"确定性"的一种典型回应，在怀疑形而上学的同时谨慎地对待宗教信仰和神学命题。洛克的这种处理方式对18世纪之后的神学家和哲学家起到了导向性的影响，即使在经验论立场上更加彻底的休谟、康德，以及逻辑实证主义者，也在理性之外的领域为宗教保留了一定的可能性，这也为改革宗认识论者提供了辩护的土壤。

　　本书得以出版要特别感谢本人的导师翟志宏教授的悉心指导，感谢成书过程中给予宝贵意见和建议的诸多学者前辈们，以及在学术探索的道路上给予帮助和支持的家人和朋友们，还要感谢中国社会科学出版社的大力支持。另外，本书的出版得到陕西师范大学优秀著作出版基金的资助，同时受到国家社会科学基金西部项目"洛克宗教哲学思想研究"（21XZJ004）的资助，本人也在此表示感谢！

第一章　洛克思想形成的历史背景与思想渊源

在启蒙运动之前，无论在政治上还是在思想上，教会都具有权威的地位，欧洲社会的大多数人都认可教会的领导地位，相信真理存在于宗教经典《圣经》之中，上帝的启示是不可怀疑的真理，甚至神职人员对宗教经典的解释也同样具有权威性。而希腊哲学，尤其是亚里士多德的学说，只不过是神学的"仆人"，或者是神学的论证体系。知识的源泉是神学，而非哲学。但实际上，16世纪的宗教改革和中世纪接连不断的各种宗教战争，已经使教会在思想和政治上的权威性每况愈下，为17世纪的启蒙运动奠定了特殊的社会和思想基础。科学革命性的发展以及思想颠覆性的转变，使经验的方法论和怀疑的精神成为欧洲社会的主导力量，它们取代了中世纪以来的经院哲学和宗教哲学的议题及方法，理性与信仰联盟的传统受到重创，近代理性与传统神学逐渐有了一条清晰的界限。经验主义那种实证的方法否定了教会将启示视为自明性真理的传统，近代经验主义思想家们向宗教信念提出了证据主义的挑战，他们认为上帝存在需要在认识论的意义上做出解释，宗教信念必须以证据予以确证。

第一节 历史背景

一 洛克的生活与时代

约翰·洛克于 1632 年 8 月 28 日出生在英国西南部萨默塞特郡一个二流的贵族家庭，他的父亲老约翰·洛克在布里斯托尔以南约 7 英里的小镇潘斯福德（Pensford）及周边拥有一些房子和土地。英国内战爆发后，他的父亲在一个清教徒军队中担任上尉，这支军队由萨默塞特贵族中显赫的亚历山大·波普汉姆指挥。波普汉姆是巴斯（英国城市）的国会议员，有足够的影响力推荐男孩进入当时英国最好的学校——威斯敏斯特学院（Westminster School），洛克因其父亲与波普汉姆的联系得以进入威斯敏斯特学院学习。这所学校几乎所有的课程都以古代语言入门，首先是拉丁语，然后是希腊语，要成为一个成绩优异的学生还需要掌握希伯来语，洛克在校学习期间取得了巨大的进步，毕业之前已经能够熟练使用希伯来语写一篇演说词。威斯敏斯特学院与牛津基督教会有着长期的联系，每年至少有三名学生脱颖而出获得学校的终身奖学金，洛克由于出众的表现，在 1652 年 5 月获得了这项荣誉，并于同年秋天住进了基督教堂。

在威斯敏斯特学院学习期间，洛克尚未显露出在事业追求上的明确目标。学校开设的课程与 50 年前年轻的托马斯·霍布斯（Thomas Hobbes）所上课程几乎没什么不同，洛克对此同样以恼火和无聊予以回应。他以不太严格的要求完成了学位（文学学士 1656 年 2 月，文学硕士 1658 年 6 月），除此之外，他似乎花了更多的时间阅读轻松的文学作品——戏剧、爱情小说和文学书信，其中大部分是从法语翻译过来的。大多数学生都打算在教堂工作，洛克的父亲对洛克也有这样的期待，但他自己最终拒绝了担任圣职的想法，这也许与他对经院哲学的辩论方法及其所涉及的逻辑和形而上学的微妙之处深为厌恶不无关系，他后来的思想也没有受到任何明显的普遍法知识的影响。洛克在 17 世纪 50 年代晚期研读了大量的医学著作，从他笔记的数量和特点来看不太可能是一时的兴趣，更像是从事医学研究事业的可能性。医学研究不可避免地导致了自然哲学的产生。1658 年前后，洛克阅读了哈维的《动物总论》（*Exercitationes de Generations Animalium*），开始研究化学问题，并从丹尼尔·塞纳特的著作中摘抄了大量笔记。大约在这个时候，也就是1660 年初，他第一次见到了罗伯特·波义耳（Robert Boyle）。从 1660 年开始，洛克在医学研究的基础上又增加了一门阅读新机械哲学的课程，阅读了波义耳的有关物理与机械的新近著作《物理—机械触摸空气的春天》（*New Essays Physico-Mechanical Touching the Spring of Air*），并广泛阅读笛卡尔的著作，尤其关注《屈光学》（*Dioptrics*）、拉丁语翻译版《流星》（*Meteors*）以及《哲学原理》（*Principia Philosophiae*）的第三和第四部分，还有部分伽桑狄（Gassendi）的《哲学构成》（*Syntafama Philosophicum*）。

　　在 1660 年到 1662 年间，洛克关注的对象不仅仅局限于医学和自然哲学，也涉及对宗教仪式和宗教教义的看法，而且他的宗教观点在这一阶段大体上仍然是正统的。1658 年 9 月，克伦威尔逝世，其政治稳定岌岌可危。洛克赞成查理二世复辟，以及在教会和国家中重建专制政府，并在 1660 年 11 月至 12 月写了一篇短文，意在回应另一位基督教会学生爱德华·巴格肖的著作，在这篇文章中，洛克肯定了掌权者有权决定宗教崇拜的形式。之后在 1661 年到 1662 年继续有两部以学术辩论形式书写的拉丁文著作问世。其中一部就反驳巴格肖的论点做了更为一般和抽象的辩护（洛克 1967:185—241）；另一部则反驳了天主教所秉承的《圣经》必须有一个绝对正确的解释的立场（洛克 1977）。洛克当时读了很多圣公会的神学著作，遵循古典圣公会传统，从两个方面展开辩论，既反对罗马教会，也反对新教非国教徒。

在 17 世纪 60 年代早期，洛克继续扩大在医学和自然哲学方面的阅读。在 1661 年到 1662 年托马斯·威利斯（Thomas Wills）的医学课程上，他做了详细的笔记；1663 年，在波义耳的主持下，他参加了德国化学家彼得·斯塔尔（Peter Stahl）开设的化学课。洛克是理查德·洛（Richard Lower）的朋友，他与波义耳、胡克（Hooks）和威利斯一起专注于了解呼吸的特性，他密切关注这些研究并记录了相关问题。在这个阶段，洛克尚且得到院长和学会的好评，在 1661 年春天成为一名大学教师，向学生传授自己十年前接受的那种教育，他还主持了一种严格的传统学术辩论，其中一种被保留下来，并以"自然法论文集"为题发表。他还被委任了一系列的学院职务，如修辞学的评判员（1663）和道德哲学的审查员（1664）。时间延续到 1665 年，他一直持续着他在化学和生理学方面的研究，洛克在这个阶段的生活显得既单调也充实。

直到 1666 年的夏天，洛克遇到了一个改变他整个人生的人，这个人就是安东尼·阿什利·库珀（Anthony Ashley Cooper），也就是后来的阿什利勋爵（Lord Ashley Cooper）。阿什利 1672 年开始担任沙夫茨伯里伯爵（earl of Shaftesbury），自 1661 年起担任英国财政大臣。阿什利的医生是牛津大学的大卫·托马斯（David Thomas），他同时也是洛克在化学实验方面的主要合作伙伴，阿什利和洛克很有可能就是通过托马斯认识的。阿什利与洛克初次见面后彼此留下了良好的印象，一段牢固的友谊就此开始了。1667 年春末，洛克离开牛津去了伦敦，在斯特兰德的埃克塞特家成为阿什利的座上宾，这里将成为他接下来八年的固定居住地。洛克在伦敦的生活仍然像在牛津一样丰富且忙碌，他继续广泛阅读医学书籍，并结识了托马斯·西德汉姆（Thomas Sydenham）医生，洛克常常陪同西德汉姆巡视，补充了很多临床经验方面的知识。在两人密切的合作中，洛克记录了大量医学草稿和各种医学主题的论文，并装订成册为《医学的艺术》（De Arte Medica），从哲学的角度来看，这是一本有趣的小册子，但也有学者说它出于西德汉姆之手。这本小册子表达出洛克和西德汉姆深刻怀疑关于疾病本质的一切假设，并提倡一种纯粹的经验主导的医疗实践方法，他们不赞成包括波义耳在内的那些皇家学会成员们所鼓吹的微粒学说，并对在实践中运用微粒原理来解释特殊事物的性质的说法持怀疑态度。1668年夏天，洛克的医术受到了严峻的考验。阿什利勋爵的健康状况一直在恶化，洛克建议进行肝脏脓肿引流手术，尽管他没有实际操作的经验，但还是取得了成功，阿什利恢复得很好，从那以后他就把洛克看作救了他一命的人。1668年11月，洛克被选为皇家学会会员，很快被任命为一个实验委员会的成员，两次进入理事会（1669—1670, 1672—1673）。但即便如此，他也很少参加会议，对学会的工作贡献很少，更多的时间则用来继续他在科学和医学上的兴趣。

就像洛克与西德汉姆医生的交往拓展了他的医学研究一样，他因为进入英国卓越政治家之一的家庭而不可避免地对政治产生兴趣。在来到伦敦的第一年，他写了一篇关于宽容的短文，这篇短文表达的观点与1660年和1662年的两篇文章截然不同。此外，他还对经济问题产生了兴趣，这是他以前从未有过的。他写了一篇关于减息后果的论文，即《论降低利息和提高货币价值的后果》，这篇论文没有出版，但是洛克保留了手稿并将其用于17世纪90年代的经济争论中。

1669年，阿什利让洛克参与了最近建立的殖民地卡罗来纳州

（Carolina）的事务。那年 8 月，第一批离开英国的定居者带走了一份详尽的宪法文件——《卡罗来纳基本宪法》。洛克不太可能是这篇文章的作者，但他有可能参与了最初的草稿，而且他肯定参与了修改和改进的建议（Milton，1990）。洛克继续担任殖民地领主的秘书，直到 1675 年离开英国前往法国。至少从 1668 年秋天开始，阿什利每年给洛克发放 80 英镑的津贴。1670 年秋，出现了一个将这笔津贴转移到公共财政的机会，洛克随后被任命为税务专员注册官，年薪 175 英镑，其中 60 英镑是付给一名职员的工资，而该职员大概会完成所有需要完成的工作。但后来大概在 1675 年春，洛克失去了这份丰厚的收入，取而代之的是他从沙夫茨伯里（Shaftesbury）获得的 100 英镑年金。

值得注意的是，1670 年洛克还不是一个哲学家，根据洛克后来的著作和笔记，在 17 世纪 60 年代期间，他似乎很少花时间阅读任何关于认识论或形而上学的东西，他在医学、自然科学、旅行和神学方面积累了极其丰富的笔记，但没有哲学主题的笔记。然而，大约在 1671 年之前，洛克因与五六个友人的讨论，意外发现自己陷入了困惑，并引发了对一些遥远问题的思考。由此，洛克认为他们应该转而探究人类理解自我的能力。因此，他写下了"关于一个我从未考虑过的问题的一些仓促而未消化的想法"，并将其带到下一次会议上。洛克在《人类理解论》开篇记录了这部著作的起源。现存的两部关于认识论主题的著作中较短的一段用英文写成的拉丁文标题是"tus humanus cum cognitionis certitudine, et assensus firmitate"，现在被普遍称为草稿 A。从参考文献来看，1671 年 7 月 11 日洛克正在写这本书，这本书的前几页很可能与洛克在与朋友们会面时所产生的仓促而未经深思熟虑的想法相吻合。之后，他又写了题为"一篇关于理解、知识、意见和同意"的文章，现在被称为草稿 B，这篇草稿要比草稿 A 晚，其中留下了一些尚未解决的主要问题。

　　洛克在哲学方面的研究集中于他在法国生活的那段时间。在 1672 年到 1675 年，洛克的大部分时间都被各种各样的行政活动所占据，直到 1675 年 11 月，他结束了沙夫茨伯里那里的一切行政职责后前往法国，并在那里生活了近三年半的时间。这时洛克有一些法语交流的能力，但尚不能轻松地读懂法文。一到法国，洛克就开始写日记，并延续到他生命的尽头。1676 年 1 月 4 日，洛克抵达蒙彼利埃（Montpellier），在那里待了一年多。他在蒙彼利埃结识了两位杰出的新教医生，查尔斯·巴拜拉克（Charles Barbeyrac）和皮埃尔·马尼奥（Pierre Magnol），以及笛卡尔学派的皮埃尔·西尔万·里吉斯（Pierre Sylvain Regis），他还聘请了一位家庭教师，每天教他一小时法语，并开始阅读法语书籍。在蒙彼利埃，洛克继续他的哲学研究。他的日记中包含了大量关于哲学问题的条目，这些条目在 1676 年 6 月到 9 月这段时间中显得尤其频繁，这段时间洛克已经退休去了塞勒纽夫，那是蒙彼利埃以西约 3 英里的一个村庄。1678 年夏末秋初时，洛克第二次到法国各地旅行，此后便一直留在巴黎，直到返回英国。在巴黎，洛克继续从事哲学方面的工作，至少是断断续续地，他起草了一份笛卡尔著作的法国版本清单，并在他的日记中抄写了一份长长的备忘录，其中包含了对笛卡尔不同追随者著作的批评性评论。他还结识了两位伽桑狄派信徒（Gassendists），但没有证据表明他曾对伽桑狄哲学的具体内容感兴趣。

　　洛克在巴黎的这段时间继续写作他的《人类理解论》，1678 年 7 月，他在巴黎留下了对开本的书，被称为《知识论》，这本书既不是草稿 A，也不是草稿 B，洛克在其后的写作中也有对这一卷本的引用，如 1679 年和 1680 年在英国时，还有 1684 年和 1685 年在荷兰时。

　　1679 年 5 月，洛克返回英国，当时的英国正处于严重的政治危机之中。教皇密谋暗杀查理二世，并想让他的天主教兄弟詹姆斯取而代之，但前一年的 8 月，这一阴谋曝光。实际上，谋杀本身就是一个纯粹的捏造，但当时极少有人怀疑提图斯·奥兹（Titus Oates）及其同伙捏造的谎言，特别是在詹姆斯的秘书爱德华·科尔曼和负责调查整个事件的地方法官埃德蒙·贝瑞·戈弗雷的信件被发现后。查理二世解散了 1660 年选举产生的议会，就在洛克回国的那个月，新的官员到任了。在接下来的四年里，洛克成了一名政治避难者，转而去了荷兰，他由此被迫关心政治问题，但并不局限于此。

　　从 1679 年到 1683 年，沙夫茨伯里的溃败和死亡再一次使洛克陷入政治危险之中。这一时段分为两个阶段。起初，沙夫茨伯里和他的助手试图用宪法手段让詹姆斯放弃王位，1679 年 5 月和 1680 年 11 月，下议院通过了驱逐令，但查理通过解散国会取消了第一个法案，并使第二个法案在上议院被否决。1681 年 3 月，新一届国会在牛津召开，但在第三次驱逐法案还没有来得及在下议院通过的一周内国会就解散了，这成为事件的转折点。很明显，查尔斯再也不想召集国会，辉格党也就此分裂了。温和派变得不活跃或转向另一边，沙夫茨伯里领导的激进派开始越来越认真地考虑起义的可能性。这时，查理将沙夫茨伯里看作是他最危险的对手，并决心要粉碎沙夫茨伯里。沙夫茨伯里随之被控犯有渎职罪，但辉格党提名的大陪审团驳回了这项指控后，起诉失败了。然而，1682 年 6 月，政府保住了两名保守党人的伦敦治安官职位，沙夫茨伯里知道，一旦他们上台他就不再安全了。同年 9 月，他躲藏起来，两个月后，在一场有计划的起义失败后，他逃往荷兰，1683 年 1 月死在那里。沙夫茨伯里死后，一群激进派密谋暗杀查尔斯和詹姆斯，但并未按计划顺利实施。这一企图被出卖给了政府，随即，对这群激进派的逮捕行动于 1683 年 6 月 21 日开始。

　　洛克在这些事件中的参与程度尚不清楚，但几乎可以肯定的是，他所知道的足以将他置于严重的危险之中。他在逮捕开始前一周溜出了伦敦。接下来的两个月他在英国西部度过，把自己的事务安排得井井有

条，并安排把钱寄到国外。随后他离开英国去了鹿特丹，至于他是如何
离开英国的不得而知。

一到荷兰，洛克就迅速与其他几位英国政治流亡者取得了联系，其
中最著名的是托马斯·戴尔（Thomas Dare），他是蒙莫斯那次注定失
败的远征的出纳员。洛克与戴尔以及其他流亡者的接触被详细报告给英
国政府，1684年11月，他被基督教堂开除。次年5月，就在蒙莫斯的
远航前两周，他的名字被列入了一份被荷兰当局逮捕的流亡者名单。自
此，洛克开始转入地下，直到1685年5月之前，他一直隐藏在不同的
地方，并使用各种笔名。现在人们普遍认为，他的《政府论两篇》不是
为了1688年的革命而写的，而是在洛克离开荷兰时就已经存在了。但
有些段落肯定是在1689年添加的，有些材料可能可以追溯到1675年
之前，但普遍认为两本书的大部分都是在1679年至1683年写的，但
任何比这更精确的日期都存在很大的争议。从爱德华·斯蒂林弗利特
（Edward Stillingfleet）的论述来看，这两篇论述并不是洛克在这一时期
唯一的政治著作。

在荷兰期间，洛克继续追求他在医学方面的兴趣，阅读面和以前一
样广泛，但他的主要关注点转移到哲学方面。大概在1683年到1685年
的春天，洛克致力于写作《人类理解论》。当这部书写成时，洛克将副
本寄往英国，其中可能包含了第一卷和第二卷，非常接近现存的1686
年4月的草稿C，第三卷于同年8月出版，第四卷是在8月出版，到
1686年底，此书与我们所熟知的版本已非常接近。在这段时间中，洛
克还在写作《宗教宽容》，他长期以来一直关注英国政治背景下的宽容
问题，作品选用的拉丁文表明他是为欧洲读者设计的，洛克在离开荷兰
之前将此书的手稿托付给了林博奇（Limborch）。《宗教宽容》于1689
年5月在高达（Gouda）出版，也就是洛克回到英国三个月后。

1689年春天，洛克遇到了被剑桥大学选为国会议员的牛顿，当时

牛顿正在伦敦参加本届国会。洛克是《原理》（*Principia*）最早的读者之一，尽管他对此书的大部分内容不大理解，但在《辞海》（*Bibliothèque Universelle*）中赞美了它。尽管洛克很快就意识到牛顿非常难相处，但两人还是成了朋友。在接下来的一年里，他们偶尔会面，就各种话题进行通信。他们的共同兴趣不在于自然科学，而在于对《圣经》的解释。洛克允许牛顿在他的插页版《圣经》中写一些注释，最典型的是在《启示录》中，这是令牛顿着迷的新约部分，但对洛克来说这一部分意义不大。

在洛克修改和出版《人类理解论》（*Essay*）与《政府论两篇》（*Two Treatises*）时，《宽容书信》的英文译本也正在筹备之中。洛克本人对译本的事并不知晓，虽然译者没有得到洛克的授权，但事实上，洛克给译者威廉·波普尔（William Popple）提供了一份原版的副本。由于他仍然担心对自己作者身份的保密不便给予译者任何意见，但没有迹象表明他不赞成波普尔的翻译工作。波普尔的翻译本在 1689 年秋天开始销售，书很快就销售一空（几个月后又出了第二版），并立刻引起了争议。1690 年 4 月，牛津牧师乔纳斯·普罗斯特发表了一篇猛烈的抨击文章。洛克选择不透露自己的身份，用笔名 "Philanthropus"，以站在原始信作者一边的第三方回复了《宽容第二封信》（*A Second Letter Concerning Toleraion*），这封信出现在那年夏天的晚些时候，第二封信相当短，但 1691 年 2 月普罗斯特的进一步攻击促使洛克精心设计了一个长得多的回复。宽容第三封信完成于 1692 年 6 月，最终出现在 11 月。普罗斯特暂时没有回应，争论也随之停止了。《宽容第三封信》（*A Third Letter concerning Toleraion*）问世比较慢，其原因之一是洛克忙于处理一些经济议题的问题。1690 年夏，国会通过法案降低法定利率，通过增加票面价值，让银币贬值，他对这些问题的兴趣又重新燃起，继续研究关于《论降低利息和提高货币价值的后果》（*Some Considerations of the Consequences of the Lowering of Interest and Raising the Value of Money*），并于 1691 年出版了在 1668 年写的未出版的小册子。

回到英国后，洛克暂时定居在伦敦。他失去了基督教堂的学籍（也没有付出努力重新获得），也无心于在退休后去彭斯福德（Pensford）读书。然而，1691 年初，他被邀请作为一个永久客人住在奥茨（Oates）的弗朗西斯·马沙姆爵士（Sir Francis Masham）的家里，这是一个位于北埃塞克斯的护城河小庄园，这里成为洛克余生主要的居住地。马沙姆的妻子达马里斯（Damaris）是拉尔夫·卡德沃斯（Ralph Cudworth）的女儿，与洛克是多年的朋友。

关于宽容的第三封信出版之后，洛克的思想转向了一个争议较少的教育领域。在荷兰期间，他给他的朋友爱德华·克拉克写了一系列关于孩子成长的详细建议，洛克关于教育的观点主要是基于这些往来信件。他还参考了牛顿在《原则》中的研究成果，对其中自然哲学部分稍加修改。《教育漫话》（*Some Thoughts Concerning Education*）于 1693 年出版，两年后，增加了新材料后再次出版。这是自《人类理解论》出版以来，第一篇以洛克个人名义发表的作品，这增加了他日益增长的声望。

在洛克为《教育漫话》做最后的修改并筹备出版的时候，他也在考虑为《人类理解论》增加新的材料。新的材料来源于洛克对诺里斯和马勒布兰奇哲学的反思。约翰·诺里斯（John Norris）是马沙姆夫人的老朋友，通过她，他认识了洛克。然而，当洛克开始怀疑诺里斯窥探他的信件时，他们最初的友好关系就变坏了。对这种关系的改变，起初洛克在 1692 年写了一篇饱含气愤的小短文，标题是"JL 对诺里斯反思的回应"（JL Answer to Mr Norris's Reflection），接着是两篇重要的文章，一篇是《对诺里斯先生的一些著作的评论》（Remarks upon some of Mr Norris's Books）和《对马勒布兰奇关于从上帝中看到一切的观点的审视》（An Examination of P. Malebranche's Opinion of Seeing All Things in God），这两篇文章的发表时间都可能是在 1693 年早期，洛克曾想把这些材料增添在《人类理解论》的第二版中，但经过进一步思考，且介于长远考虑，他决定不这样做，似乎是有意避免争论，但仍然能够在第二版中看到与这些新材料相关的内容，这在 1706 年出版的版本中被省略的段落可以清楚地显示出来。

第二版中的很多其他变化都是源于洛克和威廉·莫利纽克斯（William Molyneux）的友好关系。莫利纽克斯在他的 *Dioptrica Nova*（1692）的序言中以最浮夸的术语提到洛克，而洛克总是倾向于通过他或她的思想接近自己的观念的能力来评估一个人的哲学思考能力，这给莫利纽克斯留下了非常好的印象。他们有着频繁的书信往来，一直持续到 1698 年莫利纽克斯英年早逝。两人的友谊显著体现在《人类理解论》第二版（E II.ix.8:145–146）的插入部分，这一部分后来被称为莫利纽克斯问题：一个生来失明，刚刚恢复视力的人是否能够仅凭视力就区分不同的形状，比如球体和立方体。第二版中还有一个显著的变化就是第二卷增加了全新的章节，即第 27 章"同一性与差异性"（Of Identity and Diversity），另外，第 21 章"能力"（Of Power）一章的核心部分改成了一个新的、篇幅更长的关于人类意志和自由的讨论。

第二版《人类理解论》于 1694 年 5 月出版，仅仅一年后，在 1695 年 8 月，洛克出版了自荷兰返回后写成的第一部主要著作《基督教的合理性》。这本书与《宽容书信》一样是匿名出版，并迅速引起争论。争论的原因不是洛克在合理性的意义上讨论基督教，而是对大多读者来说洛克似乎将基督教概念过度弱化了。在众多反驳者中，约翰·爱德华兹（John Edwards）对洛克的反驳可谓有力到残忍的程度。1695 年底，洛克在《辩护》（*Vindication*）中对此做了简短的回应，之后在 1697 年春天，以更长的《第二辩护》（*Second Vindication*）予以回应。1691 年之后的几年中，洛克与牛顿、雷恩等人共同从事为政府献策的工作，并于 1695 年 11 月以自己的名字出版了第一部经济著作《关于提高货币价值的进一步考虑》（*Further Considered Concerning Raising the Value of Money, in Defend of These Proposal*）。1695 年 12 月出版了《人类理解论》第三版，与前两版相比几乎没有任何变化。

1696 年 5 月，洛克被任命为贸易委员会成员，并在这个职位上工作了四年，在这四年里，不仅在经济上使洛克前所未有地富足，而且也是他公务生涯的巅峰，同时也占据了他大量的时间和精力。洛克从贸易委员会工作之余抽出的大部分时间都花在了与伍斯特主教爱德华·斯蒂林弗利特（Edward Stillingfleet）的一场冗长的争论上。斯蒂林弗利特是稍年轻的与洛克同时代的人，他发表著作涉猎广泛，在洛克几乎尚无认知的时候就已经享誉盛名了，他被誉为英国国教最有能力和最雄辩的人之一。《人类理解论》刚问世不久，斯蒂林弗利特就阅读了这本著作，他认为它不会对英国国教教义产生任何不利影响。

然而，约翰·托兰德（John Toland）使斯蒂林弗利特改变了这一看法。17 世纪 90 年代见证了英国索齐尼派教徒与它们的对手东正教徒的智力较量，斯蒂林弗利特编纂的《论为三位一体教义辩护》（*Discourse in Vindication of the Doctrine of the Trinity*）为这场争论做出了一定贡献。就在他完成这部编著之时，托兰德的《基督教并不神秘》（*Christianity not Mysterious*）以匿名出版。托兰德在神学上的理性主义方式被认为远远超过了洛克，他的知识理论是对《人类理解论》第四卷的继承，并且没有任何明显的修改。正是因为这一点，斯蒂林弗利特在攻击托兰德之前先批评了洛克。1696 年 11 月，斯蒂林弗利特出版了《为三位一体教义辩护的论述》，洛克迅速做出回应，于 1697 年 1 月 7 日完成了《一封给尊敬的伍斯特主教爱德华的信》（*A Letter to the Right Reverend Edward, Lord Bishop of Worcester*）。斯蒂林弗利特写了《对洛克先生信函的回复》，并于同年 5 月初上市销售，对此洛克再次迅速回应。《洛克先生对"尊敬的伍斯特主教爱德华的回信"的回复》于同年 6 月 29 日完成。斯蒂林弗利特两个月后以《回复洛克的第二封信函》回应了洛克，并且这是他在这场争论中的最后一次回应。洛克准备了一场声势浩大的反驳，于 1698 年 5 月完成了《洛克先生对"尊敬的伍斯特主教爱德华对第二封信的回复"的回复》，直到年底才出版。此时，斯蒂林弗利特已没有条件做出回应了，因为他的健康状况已经非常糟糕，并于次年 3 月 27 日去世。

1699 年 12 月，《人类理解论》第四版问世，补充了与斯蒂林弗利特的争论涉及的一些问题。最主要且最明显的变化是增加了两章的内容，都与人类理智的病理有关，即"观念的关系"（Of the Association of Ideas）和"狂热"（Of Enthusiasm）。《理解能力指导散论》（*The Conduct of the Understanding*）于 1697 开始写作，这是洛克唯一一部明显受到弗朗西斯·培根（Francis Bacon）影响的著作，也是他大约从这个时期开始阅读《新工具论》（*Novum Organum*）唯一的记录。洛克本想将《理解能力指导散论》出版，但出于各种原因没有实现，直到他的遗嘱执行人将这部分内容收录在 1706 年《约翰·洛克著作集》中才得以问世。大约在这个时期，洛克完成了《自然哲学要素》（*The Elements of Natural Philosophy*），这是他为弗朗西斯·马沙姆爵士的儿子撰写的简论，关于这部著作发表的确切时间，唯一确凿的证据来源于克里斯蒂安·惠更斯（Christiaan Huygen）在 1698 年首次出版的《宇宙理论》（*Cosmotheoros*）。

1700 年 6 月洛克从贸易委员会退休，结束了在那里的工作，在平静中度过了他生命的最后四年。《人类理解论》第四版在 1699 年出版之后，他再没有发表过任何东西，尽管在这段时间他继续记录了一些小的改进，但这些改进并未在他死后的第五版中显现。虽然没有以前那么忙，洛克却远没有闲着，在他的健康状况允许时，他就稳步地进行他的最后一个重大项目——《圣保罗书信的释义和注释》(*Paraphrase and Notes on the Epistles of St Paul*)。洛克长期以来对《圣经》批评很感兴趣，从 17 世纪 60 年代早期开始，他就一直在对个别章节进行详细的记录。他选择保罗书信，部分原因毫无疑问是批评家如约翰·爱德华兹指责他忽视了这些内容，但或许更重要的是因为他认为，这些内容已经被一代又一代的读者误解，读者容易孤立地理解每一节，而不是在所有的书信的整体中去理解。这部注释提供了洛克就各种神学问题的观点的详细证据。批判者在他早期的作品中发现的反三位一体主义再次出现，尽管可以理解的是，这种反三位一体主义是含蓄的，而不是明确的。尽管他广泛阅读索齐尼派著作，但他似乎不是一个纯粹的索齐尼派，而是采取了一种更接近阿里乌派的立场。《圣保罗书信的释义和注释》更能够揭示洛克对于宗教特征的理解，比《基督教的合理性》更清楚地反映了洛克早期著作中的基督教词汇既不能被理解为外显虔诚，也不能被理解为仅仅是作为世俗基础的思想残留，而应该要么被理解为一种勉强或者不能承认的一类东西。洛克最初的打算是每隔三个月分期出版完整的系列，第一部分《加拉太书》是在 1704 年 8 月完成，但在他去世之前都没有出版。完整的书稿包括《加拉太书》、《哥林多前书》和《哥林多后书》，《罗马书》和《以弗所书》，由他的遗嘱执行人在 1705 年至 1707 年出版。

此外，还有两篇洛克晚年时期的短文，一篇是写于 1702 年的《论神迹》(*Discourse of Miracles*)，另一篇《宗教宽容第四封信》(*Four Letter on Toleration*)写作始于洛克生命的最后几个月并最终没有完成。这两本著作都是在洛克死后出版的。洛克的健康状况多年来一直不佳，他患有哮喘，伦敦的烟雾使他的病情加重，1698 年 1 月，天气寒冷刺骨，威廉三世将他从奥茨召至肯辛顿宫。据他自己估计，这次旅行几乎要了他的命，而且据马沙姆夫人说，此后他的健康一直没有完全恢复。洛克在他生命的最后一个冬天尽可能地待在室内，试图保存体力，等待天气回暖会给他的状况带来暂时的改善。然而，到了 1704 年的春天和夏天，洛克的身体状况未见好转，他怀疑自己的生命可能快走到尽头了。这年 4 月，他立了遗嘱，将大部分财产留给了他的堂兄彼得·金（Peter King）。这个夏天，洛克的身体越来越虚弱。他以前喜欢骑自行车锻炼身体，但现在已力不胜任了，取而代之的是一辆特制的马车，这样他就可以驾车出行，但到了 10 月，他已虚弱得不能再这样做了，只能被抬到花园里，坐在秋日的阳光下，但他的头脑仍然既清醒又活跃。9 月，他在遗嘱上加上了一份附录，首次公开承认他是《政府论两篇》（*Two Trreatise*）的作者；一个月后，他写信给彼得·金，要求他出版《圣保罗书信的释义和注释》和《理解能力指导散论》（*Conduct of the Understanding*），并把"对马勒伯朗士的检验"（Examination of Malebranche）和《论神迹》（*Discourse of Miracles*）留给彼得·金自行斟酌决定。

写完遗嘱时，洛克的生命只剩下三天，此时的他已经虚弱得无法站立。10 月 28 日，他觉得身体稍见恢复便穿好衣服，被抬进书房，下午三点钟，当马沙姆夫人为他念赞美诗时，他把手举到脸上，闭上眼睛与世长辞。三天后，他被安葬在奥茨的高盆（High Laver, Otes）教区的教堂墓地，他的坟墓至今仍在那里。①

二　启蒙哲学与科学精神

西方现代早期哲学与文艺复兴时期的哲学有着紧密的连续性，那么，在梳理洛克所在的现代早期的思想背景之前，则有必要从文艺复兴

---

① 关于洛克的生平参见 V. Chappell, ed., *Cambridge Companion to Locke*, Cambridge: Cambridge University Press, 1994, pp.5–25。

时期说起。一般来说，文艺复兴时期是指 14—16 世纪，这一时期也被称为中世纪晚期，或前现代时期，或转型时期；17—18 世纪被认为是现代或现代早期。①文艺复兴是 14—16 世纪欧洲南部拉丁语世界中展开的思想和文化运动，它既是欧洲历史上一次重大的新文化运动，也是欧洲历史从中世纪向近代世界的过渡时期。从思想史的角度来看，任何对"现代性"的谱系和本质的理解和思考都必然要给予文艺复兴哲学一个重要位置。根据当代哲学家们对文艺复兴时期哲学的研究来看，这一时期的哲学集中表现在三方面，一是人文主义精神，二是大学中的经院哲学，三是"新哲学"。

人文主义（humanism）起初是意大利北部城邦的一场复兴罗马文学的运动。humanism 这个词有两个含义，一是在古典教育的意义上理解它，即学习和研究以原始语言书写的古代文学，这里所说的原始语言主要是指拉丁文，文艺复兴学者保罗·奥斯卡·克里斯特勒（Paul Oskar Kristeller，1905—1999）指出，文艺复兴的人文主义根植于中世纪的修辞传统，旨在复兴古代经典语言和文学，人文主义者不是哲学家，而是人文墨客，他们是语言专家。无论是职业人文主义者，还是业余人文主义者，他们的兴趣都是传统语言艺术，如语法和修辞，还有历史传记文学、抒情诗、史诗、悲喜剧、信函、演说、小说、道德论著与对话等多种中世纪被忽略的流派和形式。人文主义者们试着用新式拉丁语书写他们自己的文学作品，有意区别于中世纪的拉丁语，旨在复兴他们所认为的古代作家所具有的那种精确、雄辩和优美。这一时期的意大利人文主义者在希腊罗马文学的启发下创造了一种新的文化形式，这可以被理解为人文主义精神。

---

① James Hankins ed., *The Cambridge Companion to Renaissance Philosophy*, New York: Cambridge University Press, 2007, p.2.

二是"人文主义"还表示一种特定的哲学观点，在这个意义上，"人文主义"将神还原为人，反对任何形式的宗教教义或启示，哲学反思建立在这样一种观念之上，即人类是进化而来的结果，是一种纯粹的生物体，不存在一种非物质的精神实质。"人文主义"的哲学意义开始于 19 世纪，主要以路德维西·费尔巴哈的人文现实主义为开端，后来包括了马克思主义者的人文主义、存在主义者的人文主义、人文学者的实用主义，还包括伦理的人文主义、启蒙理性主义、功利主义、科学实证主义、进化生物学，以及美国人文主义者协会的实用主义，等等。但"人文学者"（humanist）早在 15 世纪下半叶就已经在拉丁文和意大利文的著作中出现，① 它用来指那些在大学中讲授古代著述的人文教师，他们倡导研究人文学科，推动人文和教育，还主张回归基督教信仰的源头——《圣经》和古代教父，希望复兴古典文学。

从 14 世纪上半叶开始，哲学逐渐获得了其作为一门学科的独立性，哲学与神学的分离有其内在必然性。亚里士多德的自然哲学和逻辑在中世纪和文艺复兴时期的大学中是艺术课程的核心内容，它们在意大利也是医学专业的重要课程。但这并不意味着亚里士多德思想在大学的思想教授中占据绝对权威的地位，许多神学学者批评亚里士多德思想与基督教正统相背离，如亚里士多德认为世界是永恒的，而非被创造的；否定死后灵魂会受到奖赏或惩罚。就连托马斯·阿奎那也指出亚里士多德以他的逻辑对世界永恒性所做的证明是无效的，更正确的证明应该是：世界的永恒性无法被证实也无法被证伪。在 13 世纪末到 14 世纪初，对于教授亚里士多德思想的艺术科目教师们来说，最棘手的事情莫过于如何处理哲学结论和基督教教义之间的冲突，他们努力寻求两者的和谐共处，但最终大多数艺术科目的教师们不得不倾向于宗教启示和信仰，

---

① 拉丁文为 humanista，意大利文为 umanista。

而有些人被迫承认和接受自然理性与教义不相符这一事实。这一时期，值得一提的标志性人物是简盾的约翰（John of Jandum，1285—1328），他的观点很明确，认为哲学的方法和原则与神学的方法和原则不同，人类理性来源于感官，因此难以避免地会产生诸如世界是永恒的这类与宗教信仰向左的观点；而神学以"预言的见证"为基础，其真理"高于感觉"。约翰区分了理性和信仰各自的范围，他说如果信仰的真理能够被哲学证明，那么就不能从信仰中得到任何益处了，神学用自然哲学的方法证明宗教真理，这样的做法对信仰是有害的，最终会导致诡辩和对信仰的破坏。因此，诸如灵魂不朽、上帝的全能全知全善、上帝创造世界、道成肉身、死人复活等这些宗教真理不能被理性证明，只能基于信仰而接受。约翰的观点直接挑战了中世纪以来"哲学是神学的仆人"这一主流观点，这意味着哲学宣誓了其学科的独立性和自主权，他也因此被教皇二十二世（John XXII, 1327）斥责为异端，而与他持同样观点的人也被一些柏拉图主义者和司各脱主义者认为是"阿维洛伊主义者"（Averroists）①和无神论者、信仰的破坏者、亵渎神明的传播者。无论如何，从14世纪上半叶开始，在基督教文化的背景中，从理智上和道德上证明哲学的正当性这一状况发生了变化，哲学学科的独立性在机构和知识两方面都逐渐获得了自主权。就机构方面来说，大学教授艺术和医学的教师可以将教授哲学课程作为其终身职业成为哲学家，由于个人财富、声望、机构的保护，以及不受教会施压等有利条件的实现，大学里的哲学家们拥有更大的自由来发展他们的哲学观点。因此，文艺复兴时期大量的哲学观点得以发展，其中有些与基督教教义相符，有些则不然。有的哲学家从"阿维洛伊主义"中得到新的启发，而有的哲学家则

---

① 　与"人文主义"（Humanism）一样，抽象名词"阿维罗伊主义"（Averroism）是一个现代词汇，但"阿维洛伊主义者"（Averroists）在文艺复兴时期就已有使用，且常常被用来反驳那些有争议的哲学家。

从人文主义者那里寻找新的哲学资源，有对亚里士多德哲学做出评论的古希腊哲学家，也有新人文主义者的亚里士多德哲学译著。总之，哲学在这一时期成为一门独立的世俗学科，且哲学的范围较为广泛。

文艺复兴哲学的"新"主要表现在去除亚里士多德哲学方面，人文主义者们转向古代其他哲学体系，尤其是柏拉图哲学，用以代替亚里士多德传统。库萨的尼古拉斯（Nicholas of Cusa）被誉为第一位文艺复兴哲学家。另有许多"新哲学家们"寻求被忽视的古代哲学，提出亚里士多德哲学的综合替代方案，他们做了诸多努力，提出新的语言哲学、新的自然逻辑、新的物理理论、新的宇宙学、心理学和政治学以及新的哲学词汇，并且将广泛的科目类别归属于哲学学科。也正是由于"新哲学"的多元状态，文艺复兴时期所有哲学家都关注一个问题：哲学到底是什么？它应该是什么？对此，人文主义者认为，哲学应该摒弃自负的妄想，停止探索那些超越人类理性范围的东西，而老老实实地在形塑道德的范围里行使自己的使命。当然，人文主义者对哲学的这一期望，会遭到如柏拉图主义者和自然哲学家等新哲学家的强烈反对，他们认为哲学就应该传授深奥的智慧和探索关于世界的本源问题，甚至一些受到中世纪阿拉伯思想家影响的人认为哲学是所有科学的原理，也有如蒙田、皮埃尔等怀疑论者将哲学视为一种心理治疗形式。人文主义运动希望的是彻底改变哲学的概念，以及哲学的目的。在人文主义者看来，哲学只不过是文学众多分支的其中一个而已，哲学的重点应该放在道德哲学上，因为这是唯一被认为对人类生活有用的部分，哲学应该在培养市民的审慎意识和提升道德方面发挥作用。

文艺复兴时期没有产生如托马斯·阿奎那、司各脱、奥卡姆，或者笛卡尔、霍布斯、莱布尼茨、斯宾诺莎这类杰出的哲学家，正如詹姆斯·汉金斯（James Hankins, 1955）所说，文艺复兴哲学是中世纪经院哲学和 17 世纪思想体系化哲学之间的一片"山谷"或"哲学荒地"，当代哲学家们大多更倾向于从中世纪直接过渡到现代。然而，这一时期的哲学与现代哲学之间却有着重要的关联。首先，最突出的事实是人文主义者、经院哲学家和"新哲学家"努力打破中世纪那种以亚里士多德哲学为主要哲学基础的狭窄范围。大学的哲学教师们通过学习希腊语以获得更加准确的古代穆斯林、犹太教和中世纪基督教文献信息，虽然这一做法在中世纪已是如此，但在文艺复兴时期更是如此。在大学之外，人文主义者忙于恢复古代异教哲学和神学遗产，重建和推广古代柏拉图主义、怀疑主义、伊壁鸠鲁主义和斯多葛主义，新哲学家也试图恢复古埃及、波斯、希腊和以色列的神学思想，大量古老的哲学史料得以复原、收集和整理，新的哲学史也得以书写。同时，欧洲的天主教传教士们也在研究中国、拉丁美洲、南亚、日本等地区的宗教和哲学。可以看到，文艺复兴时期的知识分子们为开拓知识疆界、吸收其他文化和宗教的智慧和知识所做的努力。也正是这些努力，使得欧洲基督教社会在哲学家的推动下朝着新的、自我理解的方向发展，知识来源的多元化也改变了基督教世界对其他文化的排他主义态度，开启了对宗教和文化多样性的宽容的新思想。其次，在这场运动中，哲学家们对哲学的目的及其与宗教的恰当关系问题进行了大量的思考，正如奥古斯丁在《论真宗教》中将基督教理解为一种新形式的哲学生活那样，一些人文主义哲学家们对经院哲学提出了这样一种可能的设想，即哲学可以恢复其古老的独立性，为人们提供幸福生活的形式，如西塞罗或昆廷利亚的哲学概念①。但是，由于新教对中世纪神哲学传统的猛烈攻击，迫使一些主张深奥智慧、探索自然界与人类灵魂之间的神秘力量的哲学家们转向地下。最后，欧洲思想界分类成相互交战的教派阵营双方，加速了哲学转变为纯

---

① 在西塞罗或昆廷利亚的哲学概念中，哲学被认为是几种公民科学之一，它的任务是引导人们面向积极的生活，同时为统治共和国做出贡献。

粹学说或立场的局面，使其成为一种生活方式的设想随之黯然失色。人文主义者通过挖掘古代智慧向人们展示英雄和圣人的理想化形象而掌握道德权威，他们希望将他们的哲学知识应用于他们所面对的问题中。不能说诸如培根、洛克、笛卡尔、休谟、康德等这些现代西方哲学家的卓越成就与文艺复兴时期哲学家们所做的以上努力不无关系。

　　如果说文艺复兴时期以文化的多样性为其特征，那么 17—18 世纪则是一个具有启发性的时代。现代早期哲学的发展与其所在时代的思想文化的变革密不可分，其中包括了现代自然科学的出现、天主教和新教教会内部以及它们之间的神学冲突、现代民族国家运动，等等。这一时期，哲学作为一个独立的学科，上承古代哲学和中世纪神哲学，下启之后的现代哲学，它的"新"就在于使抽象的哲学问题在特定的知识语境中获得"确定的"内容，且哲学家们较以往更具广泛的视野。[①] 然而，值得注意的是，这种"新"绝不是简单地以新换旧。现代早期哲学家们的目的是要以他们的批判理性来进一步打破正统观念的局限，但他们既不完全否定正统，也不完全承认理性。无论他们对经院哲学的反驳多么激进，但仍然保持或部分保持他们的观点与基督教信仰的兼容性，试图在哲学的理性结论和基督教的信条之间保持和谐。

　　现代早期哲学涉及了自然、人类、上帝的基本问题，既有共时性，也有历时性。唐纳德·卢瑟福（Donald Rutherford，1957）对现代早期哲学的总体特征进行了分阶段概括，以每个世纪为一个阶段，第一阶段延续了始于意大利文艺复兴时期的模式，16 世纪见证了一系列古代哲学观点的再现，如柏拉图主义、怀疑主义、伊壁鸠鲁主义和斯多葛主义，还包括各种综合这些古代哲学观点的尝试，以及与基督教教义和谐

---

① 　Donald Rutherford, *The Cambridge Companion to Early Modern Philosophy,* New York: Cambridge University Press, 2006, p. 3.

一致的见解。这样一来，就有了各家思想折中混合的结果，也正是这种混合为下一个世纪的许多创见提供了肥沃的土壤。第二阶段是17世纪，这一阶段最主要的成就是对自然的理解取得了里程碑式的进步，这一成就定义了现代自然科学的开端，并且在身心本质以及人类与上帝的关系等问题上产生了独具时代特色的哲学反思。其中，影响最为深远的是笛卡尔，以及对笛卡尔的思想成就做出进一步发展或反驳的哲学家们，如马勒伯朗士、阿尔诺、帕斯卡尔、斯宾诺莎、莱布尼茨，还有他此生最大的对手加森迪（Gassendi）。同样举足轻重的哲学家还有霍布斯，他同斯宾诺莎一道因在道德和政治哲学方面的一些见解对17世纪哲学产生了最为严重的挑战。此外，洛克使17世纪哲学的重心远离了传统的形而上学。第三阶段在18世纪，这一阶段的哲学建立在牛顿关于自然的数学结构这一统一理论的稳固基础之上。对于18世纪的哲学家来说，自然运行没什么神秘之处，随之，哲学兴趣的重心从理论哲学转向了实践哲学，尤其是人类道德和政治义务的基础问题。18世纪有一个基础且意义深远的问题，即人类生命以及对人类生命有价值的东西是否可以独立于上帝来定义？在过去的几个世纪里，不同信仰的人由于在这个问题上的意见不同而导致了深刻且血腥的裂痕。因此，人们强烈希望超越宗教信仰的差异，以纯粹世俗的方式理解人类。然而，具体如何实现这一愿望却并不明朗，是如斯宾诺莎所说仅仅将人类理解为自然的一部分。还是存在一种非神学但普遍的理性概念，人们可以据此定义人类的共同道德认同和价值？正如唐纳德·卢瑟福所说，这些是启蒙运动的主要哲学家们一直在努力解决的问题，且在很大程度上，它们今天仍然是当代西方思想界的问题。

文艺复兴时期，人们对包括教会、《圣经》和传统在内的宗教权威产生了质疑，理性转而占据主导位置。与此相反，启蒙运动使人们怀疑哲学的性质，开始寻求"确定性"（certainty），同时也为相互矛盾的宗教议题找出路以应对怀疑主义者的挑战。启蒙运动的根源有两个，一个是文艺复兴，即古典精神的再生，并在此基础上创立和传播的新文化、新观念和新思想；另一个是宗教改革时期弥漫在欧洲大陆的宗教冲突和宗教偏见，宗教冲突和宗教偏见带来的巨大危害也成为促使人们渴求宗教宽容和知识的确定性的动力之一。

英国和法国的思想家们率先接过意大利文艺复兴的大旗，用理性取代《圣经》和信仰的权威地位，使理性成为获得知识和检验真理的唯一途径和标准。奥尔森将启蒙运动的主要观点总结为三点：

1. 强调"理性"的力量可以发现人类和世界的真理。
2. 对于过去备受敬重的机构和传统，抱持怀疑的态度。
3. 提出一种科学的思维方法，给知识分子作为一个可行的另类求知方式，取代支配中世纪思想的方法。①

启蒙思想家们立足数学、几何学或者是近代实验科学，在理性和经验的基础上努力寻求获得知识的新方法，培根的《新工具》、笛卡尔的《谈谈方法》等都是这一努力的成果。他们强调人们要对宗教信仰存疑，以及自然律高于神圣启示，以前那种信仰统摄理性，"我相信，为了能够理解"的时代已经结束，"信仰寻求理解"不再被视为理所当然的普遍原则，它被"我只相信我所认识的"以及"先有知识，后有信仰"所取代，理性跃于信仰之上。培根创立近代归纳法，提出"知识就是力量"，笛卡尔用普遍怀疑的精神，提出凡不能清楚明白地呈现于我心灵的东西，都在可以怀疑之列，包括上帝在内。讨论神学的方式不再是以启示为特征，其内容也并非道成肉身、三位一体等这类神学命题的

---

① ［美］奥尔森：《基督教神学思想史》，吴瑞诚、徐成德译，北京大学出版社 2003 年版，第565页。

内涵，而是转向对神学命题的理性考察，上帝存在不再是不证自明的信念，而成为需要运用理性来推理论证的对象。启蒙运动在欧洲各国的表现形式各不相同。英国人以自然神论调和理性和信仰，虽然强调理性，但并没有抛弃信仰，提出信仰要符合理性，谨慎地对待信仰和理性（笛卡尔、洛克）；18世纪后，法国人将理性推向极致，大胆地宣布抛弃宗教，走向无神论（伏尔泰）；同时代的德国人辩证地对待理性和信仰，划清两者的界限，并试图在两者之间建立一种各司其职、同舟共济的协调关系（莱布尼茨、沃尔夫、康德、莱马鲁斯、门德尔松、莱辛）。

三　英国宗教改革

与16世纪宗教改革时期不同，17世纪并无伟大的神学创见，神学家们只不过是在为16世纪神学伟人的教导辩护，他们的神学风格越来越死板，越来越缺乏热情，越来越经院化，"他们的目标不再是纯粹地聆听上帝的道，而是维护与阐释前辈们的教导"①，各个宗派都在强调正统教义。在这样的时代背景下，逐渐引发了对基督教神学更加严厉的怀疑和批判，欧洲北部日耳曼语世界中也发生了轰轰烈烈的宗教改革运动。

17世纪初，詹姆士一世即位后主张君主专制和君权神授。詹姆士一世之子查理一世，横征暴敛，大失民心。1633年，查理一世任命劳得（William Laud）为坎特伯雷（Canterbury）大主教，劳得认为要巩固国教及政府的势力，英国国教就必须折中于罗马旧教和加尔文派新教之间，主张政府不限制人们的宗教自由，同时，要求国民遵守国教

---

① ［美］胡斯托·L.冈萨雷斯：《基督教史》（下卷），赵城艺译，上海三联书店2016年版，第174页。

礼仪。① 当时，英国的新教徒分为两派，一个是高教会派（High Church Party），另一个是低教会派（Low Church Party）。前者虽然反对教皇及圣餐，但却如以往那样遵守旧教仪式，所以他们对劳得的主张并无异议。后者就是清教徒，他们对劳得的主张不以为然，虽然不同于要求废除主教制的长老派，但反对教会中的一些"迷信习惯"（superstation usages），如教士的法衣，浸礼用的十字架，圣餐的跪拜礼，等等。长老会派和清教徒都仿行加尔文派的主张，所以两者不易分辨。独立派（Independents），又称分离派（Separatists），主张各地应该有各自的宗教组织，反对英国国教和长老会派，英国政府禁止其集会，至 1620 年，独立派有人乘"五月花"船移民到北美洲，这些人就是清教徒前辈移民（Pilgrim Fathers）。今天，他们的教会在北美洲称为"公理会"（Congregational）。查理一世因在与苏格兰的战役中失败，需要支付苏格兰军队的一切费用，所以再度召开国会，此为"长期国会"。长期国会于 1641 年 7 月撤销高等宗教事务法院，此法院创立于 1587 年，由国王直接控制，是专门对付清教徒的特殊机构。长期国会还要求取消主教进入议会的权力，取消主教职务。1643 年初，国会通过一项法令，规定在年底前废除主教制以及与此相应的教义和管理制度。同年 7 月 1 日，国会在威斯敏斯特召开宗教会议，提出一套完全长老会派式的教会管理制度，主张废除主教、副主教等职，由长老执行教规，管理教会，牧师经会众同意后任职。1645 年通过《礼拜规定》，废除《公祷书》，这是清教徒的一次胜利，清教的仪式合法化了。是否要用长老制代替主教制，国会开始犹豫不决，最后于 1646 年和 1647 年终于颁布实行长老制，但这个法令并未彻底实行。这次会议还针对教义制定了《威斯敏斯特信纲》和大小两种《教义问答》，体现了加尔文主义在英格兰的胜利。

---

① 何炳松：《近代欧洲史》，上海古籍出版社 2015 年版，第 168 页。

改革宗正是通过多特会议和威斯敏斯特会议确立了它此后的正统神学，它们的信条也被视为对加尔文主义最忠实的体现。

查理一世因与国会意见相左，于 1642 年爆发内战，1649 年查理一世被判以死刑，斩首于白宫门外。之后的 30 年便是克伦威尔建立的共和时代。1653 年，克伦威尔解散长期国会，并于同年 12 月被选为护国者。克伦威尔主张宗教宽容，但不主张安立甘宗的主教派、加尔文主义的长老派或激进的清教徒独占统治地位，也不主张压制异己教派；他主张主教派、长老派及其他清教徒都应该包容在国会之中。

1658 年 5 月克伦威尔去世，大不列颠又重新恢复之前的君主制，重新建立的英国教会下令容许不从国教者和反对国教者均具有宗教自由，而清教徒的这个阵营最后四分五裂，分散在好几个宗派里面，这就是英国教会的改革。这个改革在本质上是神学的。17 世纪，新教家族不同宗派之间，以及宗派内部发生了重大的神学裂痕，新教神学出现多元化趋势。奥尔森在其《基督教神学思想史》中对这一改革运动是这样描述的："在 17 世纪中期宗教战争之后，欧洲兴起了一个新的文化气息，名为启蒙运动。这个运动引起一种全新的宗教思想，虽然是在宗教改革的所有神学家族之外开始，但这个运动最后却冲击到新教的所有家族。这种宗教思想具有不同的名称，可以称为自然神论（Deism），或自然宗教（natural religion）。其早期拥护者和倡导者是新教徒，但是它的许多后代思想却沦为怀疑论（skepticism）与不可知论（agnosticism）。自然神论的影响力，无论是在新教国家教会的内外，都对新教的正统神学产生非常深远的挑战，并且为下一世纪的新教自由派神学奠定了基础。"[1]

克伦威尔之子查理庸碌无能，不久退位，新国会两院支持查理二

---

[1]　[美] 奥尔森：《基督教神学思想史》，吴瑞诚、徐成德译，第 488 页。

世复辟，共和政府逐渐覆灭。自此到 1688 年是英国历史上的复辟时代，清教徒再度处于被压制和迫害的境地。查理二世对清教徒严格限制，凡是不遵守英国国教礼仪的人都不得担任城市官吏，这些限制也波及长老会派和独立派。到 1662 年《一致法令》(Act of Uniformity) 通过，规定凡是不遵守《普通祷告书》的人都不允许担任教士职务，因此而辞职的教士就有 2000 余人。这样的议案通过后，不遵守英国国教仪式的新教徒逐渐形成一派，统称为异派 (Dissenters)，独立派、长老会派、浸体会派 (Baptists) 以及朋友会派 (Society of Friends 或通称为 Quakers) 都属于异派。异派希望政府允许其信教自由，对此，英国国王持赞成态度，但是国会生怕国王有复辟旧教之意，所以于 1664 年通过了更加严厉的《宗教集会议案》(Conventicle Act)，规定凡是不遵守国教仪式而参加集会的成年人都处以徒刑。几年后，查理二世颁布信教自由宣言，允许旧教和新教异派信教自由，为天主教恢复活动提供了条件。国会反对并强迫国王取消宣言，颁布并通过针对宗教集会的《检测议案》(Test Act)，规定凡是不遵循国教仪式的均不得担任官职。查理二世死后由其弟詹姆士二世继位。詹姆士二世是公认的天主教徒，他即位后极力恢复旧教，公开恢复天主教活动，目的在于让英国重新成为罗马天主教国家。1687 年，他颁布了一个信教自由令，施行完全的宗教宽容。此时，新教各派看出詹姆士二世要扶持天主教的用意，于是便开始联合起来对付詹姆士二世。新教徒派人赴荷兰找威廉三世入英国，1688 年威廉三世入英国，英国全国新教徒一致赞助威廉三世，国会议员和一部分公民组织临时会议，宣布詹姆士二世因为笃信旧教等背叛国法而逃亡，所以王位现已空缺。临时国会颁布《权利法案》(The Bill of Rights) 后，"光荣革命"告终，国会废立君主的权力得以巩固。"光荣革命"似乎为那些不从国教的新教徒们赢得了信仰自由，但是主教派、长老派、激进长老派之间的纠纷到 18 世纪仍在继续。

1689 年 5 月颁布了宗教宽容法，规定只要宣誓或声明忠于威廉，否认教皇管辖权或天主教的宗教仪式，承认《三十九条信纲》的地位，就有权自由崇拜。不从国教者，包括长老派、公理派、浸礼派，这时已占全国人口十分之一。尽管他们仍要向国教会缴纳什一税，但毕竟有了基本的信仰自由，而罗马天主教徒的地位则大大衰落，处于受压制的处境。新教的命运与资产阶级革命的胜利是紧紧联系在一起的。[①]

宗教改革时期，宗派之间就如何正确地阅读《圣经》以及国王的神圣权力法则所支持的皇室独裁发生争论，这一争论引发了多年的宗教冲突，整个社会不断地发生宗教和政治的偏见和镇压，欧洲大陆接二连三的混乱和逃亡使人们渴望和平与安全。欧洲大陆也因此弥漫着宗教狂热和对启示所保证的平等主义社会的盼望，这在很大程度上引起了 17 世纪 40 年代和 50 年代的社会无序和暴力。每一个宗派的正统神学家们越来越固守他们自身的教义，似乎只有完全赞同自身宗派的教义的人才能配得上是真正的基督徒，尽管这样的教条主义坚固了一些人的信仰，但是，这也让人们越来越怀疑基督教的真理，从而转向关注于真理的评价标准和知识的评价体系。现代科学兴起，重建了人们对真理的信心，精灵和魔鬼的世界逐渐被抛弃，取而代之的是一个服从物理规律，可以用数学和几何学符号来表达的宇宙自然。

启蒙运动和宗教改革的目的不是要推翻基督教信仰，而是要改变基督教的组织体制和行为方式，矛头直接指向教会及神职人员。宗教改革运动把《圣经》和信仰确立为检验一切真理的绝对标准，路德提出"唯独信仰！唯独恩典！唯独圣经！"加尔文则把奥古斯丁的预定论发挥到极致，用坚定的信仰将理性推出知识的领域，直到 18 世纪上叶，人们

---

① 　汤泽林：《世界近代中期宗教史》，中国国际广播出版社 1996 年版，第 17 页。

还保持很高的宗教热情，追求严格的正统，天主教、路德宗和加尔文宗都在为各自的正统地位而争辩。17 世纪之前，哲学和科学并非泾渭分明的两个领域，它们被统称为自然哲学，所以，这一时期的自然哲学家们也并非无神论者，开普勒正是在寻找上帝之路上发现了行星的轨迹。但是，17 世纪之后，普遍的怀疑精神和经验方法成为哲学家和科学家们的基本原则和出发点，《圣经》和信仰的绝对地位受到了普遍怀疑。

第二节　思想渊源

一　历史议题：理性与信仰的关系

理性与信仰之间的张力问题在基督教产生之前就已存在，它是哲学家与神学家必然会论及的重要议题。柏拉图和亚里士多德在探寻智慧的最初原因时设立了智慧的终极原理。① 其中，柏拉图以"善的形式"（Form of the Good）作为解释万物的最终原因，在他的《蒂迈欧篇》中，更是用"造物主"（Demiurge）作为"宇宙的形式"，称它为智慧和理性的终极原因。亚里士多德虽然对柏拉图的形而上学有所继承，但是摒弃了柏拉图思想中的神秘元素，认为神学就是对不变的实体（unchangeable entities）的研究，他用"不动的推动者"（unmoved mover）

---

① 对于希腊人来说，哲学就是关于智慧、探寻智慧之原因的学问。参见 Paul Helm, *Faith and Reason*, New York: Oxford University Press, 1999, p. 15。

来解释瞬息万变的宇宙万物。希腊哲学兴起后，柏拉图和亚里士多德关于理性与信仰关系的思想均得到进一步的发展。西塞罗的著作《众神的本质》（*The Nature of the Gods*）在宗教和哲学的思想发展方面具有重要意义，它表达了几种理性和信仰的不同观点：维莱乌斯（Velleius）认为神的观点是人类理智天生具有的；斯多葛学派（Stoicism）所理解的神是不朽的、能顾念未来的神，并不是区别于物质宇宙的形而上的东西，而是内在于宇宙之中，神可以解释宇宙的秩序与和谐，但不以某个目的创造宇宙；伊壁鸠鲁学派（Epicureanism）以怀疑的论调认为神是恐惧的产物，它也因此被认为是无神论者。普罗提诺（Plotinus）提出了一种更加深刻的创造概念，认为神就是"太一"（One），与亚里士多德所说的"努斯"（nous）以及柏拉图所说的工匠般的制造者不同，它显得更加纯粹，它不是其他存在的原因，而是一种无限的存在，一种彻底的超越。古希腊哲学家们所探讨的这些关于神和智慧的微妙关系，在元年之后的哲学家们和神学家们探讨信仰与理性的张力问题中得到更加深入的发展，两者的张力问题也成为他们无法避免的论题。①

1—2 世纪，基督教在其产生之初就受到多方面的挑战和质疑，包括来自哲学的质疑和异端派别的挑战。希腊哲学中的神是非人格的、理性化的神，基督教的神是被抽象为最高理性原则的人格神。在希腊哲学家面前，一位有人格性的神是荒谬的，而在基督教神学家看来人如何崇拜一个抽象的、缺乏感性特征的神，神应该是有位格的神，有完全的人性和完全的神性，这决定了人类被救赎的可能性。基督教神学面对希腊哲学有诸多的困难，一方面，因为是希腊哲学家提出的责难，使基督教神学家不得不在希腊哲学的话语体系中进行基督教信念的认识论地位与合理性辩护，这关系到希伯来和希腊两种不同文化的碰撞与交融问题；另

---

① Paul Helm, *Faith and Reason*, New York: Oxford University Press, 1999, pp. 15–17.

一方面，追求理性主义的希腊哲学和信仰至上的基督宗教的冲突，在基督教产生初期表现得尤为突出，基督教面临的是上帝的人性与神性、超越性和可知性的关系问题。①这一时期，神学家们出于护教的目的，利用希腊哲学的观点和议题说明基督教的逻辑观点，亚历山大的克莱门特将信仰置于一个更加牢固的理智基础之上，他说"信仰是核心的简明知识，而知识是对那些通过信仰而获得的事物的确定与肯定"②；有时，这种辩护更加侧重古典哲学，比如奥利金区分了理性与信仰，认为理性（逻各斯）是人的智慧，圣道是神的智慧，但是，他把知识置于信仰之上，理性是天赋的，以天赋理性获得知识比单纯的信仰更加接近真理。除此之外，这一时期对于理性和信仰的关系还有另外两种不同的立场，其中一种主张"替代策略"，即以基督教的启示取代古代哲学，认为基督是真正的智慧，真正的幸福就在对上帝的知识和侍奉中，这类观点在查士丁的思想中可见一斑；另一种主张"对抗策略"，以德尔图良为代表，认为基督教哲学这种思想路线是对自然理性的冒犯，"耶路撒冷和雅典并无关系"。无论如何，信仰与理性关系的议题发展越来越深入，哲学家们逐渐关注到语言的表达是否能够促进人们对于信仰的理解，狄奥尼修斯（Pseudo-Dionysius）在其著作《神圣的名字》（*The Divine Name*）中说到我们关于上帝的言辞并没有传递上帝的信息，只不过起到保护其差异性的作用。上帝的不可知论对于理性与信仰的关系来说也是非常重要的，因为有不可知论，才有后来的理性与信仰关系的不同立场，如信仰与理性相符、信仰与理性相斥、信仰高于理性或者理性高于信仰等。③

中世纪时期，阿拉伯学者翻译了亚里士多德的著作，并将它们引入基督教，这对中世纪的哲学与神学发展影响深远。可以说，这是一个哲

---

①   Battista Mondin, *A History of Mediaeval Philosophy*, Rome: Pontifical Urban University, 1991, p.8.

②   Paul Helm, *Faith and Reason*, p. 48.

③   Paul Helm, *Faith and Reason*, pp. 47–49.

学与神学并存的时代，理性在说明和辩护宗教信念的同时也显得越来越精致，不仅是基督教哲学家，还有伊斯兰教以及犹太教哲学家，都以相同的方式为他们的信仰辩护，但他们的关切点却大相径庭。中世纪早期，奥古斯丁在柏拉图思想与基督教神学思想之间建立了一种良性的关系，主张"信仰寻求理解"，认为启示真理也可以在古典哲学家那里发现。亚里士多德哲学与基督教思想结合的顶峰就体现在托马斯·阿奎那的宗教哲学思想中，他建立了神学—哲学综合体系，重新调整了神学和哲学的关系。他明确区分了哲学和神学，认为它们是两门不同的学科，但坚持神学高于哲学的立场，同时杜绝哲学批评神学的可能；提出"双重真理"，认为哲学和神学是能够到达真理的两条人类知识途径。①

启蒙运动和宗教改革时期，哲学和宗教的综合体被打破，但并非彻底被打破，近代学者做了很多工作，以说明中世纪经院主义哲学与文艺复兴和新教改革时期的思想的连续性。在这一时期，有些人认为不仅在科学发现中，而且在重新考察古代思想成就时都应该运用我们的理性，体现了一种反经院哲学的倾向；另一些人则强调古典哲学的重要性，并认为人类理性具有局限性，路德和加尔文的思想都体现了这一点。新教改革家们要求重新回归《圣经》文本，以及提倡在《圣经》文本的研究中使用原始语言，恢复《圣经》在信仰中的权威地位，指责教会传统破坏了《圣经》教导，信仰与理性的关系转而体现在启示与理性的争论中。16 世纪到 17 世纪也是科学与宗教第一次发生重大冲突的时期，伽利略争论标志着科学发现第一次对《圣经》解释学发展产生影响。然而，即使是势头迅猛的科学发展和持续不断的宗教冲突，也不乏试图调节理性与信仰的力量。这一时期所说的理性指的是"科学理性"，信仰指的是对《圣经》文本的信仰，为了平衡科学理性和《圣经》文本信仰

---

①　Paul Helm, *Faith and Reason*, pp. 85–86.

之间的张力，产生了一种调和的路径，认为虽然《圣经》语言不具备科学的准确性，但是却符合读者的需求和处境，它使用的是通俗语言，调和主义者们认为《圣经》和科学是可以兼备的。①

　　17 世纪是理性和信仰共存的时代，也是科学与宗教调和的时代，这一时期迫切需要使新科学的创新思想适应基督教思想。从伽利略、培根、笛卡尔、霍布斯、科尔内耶、密尔顿、帕斯卡、斯宾诺莎、莱布尼茨以及洛克等众多思想家的著作中可见一斑。这一时期，出现了足以使前人惊叹的理解自然和创造的新方式，开普勒、伽利略、波义耳和牛顿都是新科学的代表人物，他们的科学成就能够反映这一新的方式。科学研究的成果在产生人类福祉方面的重要作用越来越明显，也是因为这个原因，17 世纪 60 年代，在巴黎和伦敦，科学发展已经成为社会的惯例。17 世纪末，一些新教信徒，尤其是英格兰的信徒，试图调和理性和信仰，主张双重真理论，某些真理是靠理性获得的，而某些真理则是凭借上帝的神圣启示获得的，从这个意义上说，基督教是合理的。虽然笛卡尔、洛克等人以怀疑的态度对基督教信仰发出质疑，但他们同时始终保持着审慎的态度，从未用理性来否定上帝存在和基督教信仰。18 世纪之后，英国人开始对理性标准的范围进行批判性的反思，尤以休谟对理性的怀疑态度为代表。在同时代的法国，人们对理性的信心高涨，调和理性与信仰的思潮被抛弃了，将《圣经》启示视为应该被摒弃的迷信和荒唐。然而，法国启蒙思想家中，有一位"叛逆者"——卢梭，他在无神论的呼声中坚持一种基于良心的宗教信仰，重新提出理性与信仰的关系问题，这恰恰也是同时代的德国知识精英们普遍关注的问题。

　　洛克是这场思想革命的第一代最具影响力的人物，他提出了一套反经院主义的经验主义认识论。洛克的宗教观反映了那个时代普遍存在的

----

① 　　Paul Helm, *Faith and Reason*, pp. 134–136.

一种思维方式，即自然神论思想。他认为，信仰和理性各有各的领域，但是信仰必须符合理性。虽然信仰极可能是正确的，但它一定不是绝对无误的真理，它的真理性和可信度必须由理性来验证。因此，洛克反对一切"盲信的宗教狂热"（fanatical enthusiasm）。同时，洛克也赞同启示，但启示也只不过是正确使用理性和判断力的有力证明。对于洛克来说，基督教只有一个最根本的教义：耶稣是弥赛亚。只有少数基督教教义是必要的，而且这些教义"只是清楚地表达了非基督徒通过他们的自然官能就可以认识的真理和规律"[①]，这就是洛克理解的基督教合乎理性的特点。"因此，根据洛克的看法，启示展现出基督教合乎理性的特点。相信耶稣是弥赛亚以及人类合乎道德的行为，是耶稣及使徒对公义所要求的全部。这两者基本上都是理性的。"[②]

在洛克之前，笛卡尔主张清楚明白的证据观念，只接受不可否定的定理或可以通过理性证明的东西，"他的哲学体系基于对数学推理的巨大信心和对一切非绝对之事的极度怀疑"[③]。应用这种方法就是要从普遍怀疑的态度出发，一旦推理出不可被怀疑和被否定的事物，那么就可以相信这样的事物就是真理。人们普遍认为，相比较中世纪和宗教改革时期提出的证据观念而言，笛卡尔的证据观念建立在一个更加牢固的基础之上。在笛卡尔看来，他所主张的清楚明白的证据观念并不是反宗教的表达，而是一种改革，在观念的认识论规则上，让上帝退居第二位。现代主义者认为，笛卡尔这种调和分歧的做法是理性主义的。莱布尼茨彻底地继承并发展了笛卡尔诉求理性的方法，他的整个形而上学主要是提倡充分证据原则。斯宾诺莎严格地缩减了《圣经》的范围和内容，为推理开辟了自由路径。这些思想家们在人类理性优先的基础上，发展了神

---

① ［美］胡斯托·L.冈萨雷斯：《基督教史》（下卷），赵城艺译，第241页。
② ［美］雪莱：《基督教会史》，刘平译，上海人民出版社2012年版，第321页。
③ ［美］胡斯托·L.冈萨雷斯：《基督教史》（下卷），赵城艺译，第214页。

学的和哲学的体系。

　　总体来看，从17世纪到18世纪的理性与信仰关系的思想至少有三个特点，第一个特点体现的是在唯意志论的指导下，对理性诉求的回应。例如，帕斯卡的《打赌的论证》（*Wager Argument*）中所讲；休谟思想中更加激进的经验主义，这不仅体现在他对把神迹作为宗教的基础的批判中，也体现在他对设计论证明的批判和对宗教语言的批判中。第二个特点是对基督宗教的合理性问题的阐述不再那么激进。洛克和伯克利（Berkeley）奠定了18世纪宗教护教学的倾向，巴特勒（Butler）、贝克莱（Berkeley）和培力（Paley）都是典型代表，他们致力于基督宗教合理性证据的汇编，主要运用后天论证的推理方法。洛克关于基督宗教合理性的研究，其影响相当于牛顿科学，将英国引向了自然神论，例如马修·廷德尔（Matthew Tindal）。18世纪的自然神学渊源于早几个世纪，可以追溯到赫伯特·切尔伯里（Herbert Cherbury），认识一个不诉诸启示和超自然力的、理性的宗教是有可能的。但自相矛盾的是，新英格兰哲学家兼神学家乔纳森·爱德华兹（Jonathan Edwards）以使用洛克的思想反对自然神学而著称，他提倡清教徒的神学。第三个特点可能是最激进的，也是对宗教和神学影响最大的。笛卡尔的以人为本，以及斯宾诺莎关于《圣经》的领域应该归到伦理道德中的观点，在这个时期都得到了重视。康德对这些内容做了限定，在《纯粹理性批判》中，他反对一切形式的神学认识论，认为传统的证据没有说服力，不论是形而上学的上帝，还是奥古斯丁传统中那永恒的、无限的上帝，都是人类思维超出时间和空间的一次尝试而已，这不但不能增加我们的知识，反而会产生思想的自相矛盾和悖论。然而，虽然上帝存在不能被推理证明，但这有可能也有必要通过实践理性来公设，符合道德的要求。康德的"上帝"有纯粹的道德特征，其功能犹如"summum bonum"——道德底线（the final end of the imperatives of morality）。在康德看来，信仰不在于依靠上帝的话语或者基督的位格，对所有义务的认同是神圣要求，这一思想导致的结果就是纯粹的道德宗教，这种宗教既不需要经验主义的论证，也不需要形而上的支持，这也是一种有差别的宗教形式，没有启示，没有上帝荣耀的永恒约定。直到第一次世界大战，这种宗教的内在论转变为新教：在康德那里叫道德内在论，在施莱尔马赫那里叫浪漫主义内在论，在黑格尔那里叫历史的内在论。[①]

二　17 世纪欧洲的认识论发展

16 世纪和 17 世纪欧洲各国自然科学领域的巨大发展和重要突破促使哲学和科学分离，成为两大学科门类。近代西方哲学的"认识论转向"与科学和哲学的分裂有直接关系。古代西方哲学早已包含着本体论和认识论两种思想成分。早期西方哲学家们普遍认为，哲学分为逻辑学、伦理学和自然哲学三个部门，其中，自然哲学探讨自然界的存在问题，伦理学探讨人类及其社会的存在问题，两者都属于本体论性质的研究，而逻辑学则属于认识论性质的研究。苏格拉底以前的哲学家们比较偏重本体论的研究，他们几乎不怀疑认识实在的可能性，所以并不重视认识论的研究，只是到公元前 5 世纪，在"智者"的挑战下提出对真理的客观必然性的怀疑，从而开启了认识论的研究。13 世纪亚里士多德哲学重新流行于西欧，大阿尔伯特和托马斯·阿奎那重新将亚里士多德哲学用作研究神学教义的基本工具，这一趋势一直延续到近代。近代科学和哲学促进了理性主义的发展，并且成为欧洲精神的主流，人们更加强调感觉在认识真理和获得知识中的重要性，这就意味着，对世界观察可以让人获得真实而重要的知识，人们越来越将关注的重点放在自然

---

① Paul Helm, *Faith and Reason*, New York: Oxford University Press, 1999, pp. 173–174.

界，而不是中世纪那种经院哲学式的思辨，认为理性的目标就是理解自然。与此同时，哲学也将重点从形而上学的思辨转到认识论或知识论上了。自然科学和社会科学从自然哲学和道德哲学中分化出来，逐步使哲学的本体论研究显得黯淡无光，科学开始取代哲学对人与自然的存在问题进行系统的研究。那么，哲学还留下什么呢？留下的仅仅是逻辑学，或认识论，也就是说，科学解释自然界和社会的作用，哲学解释人类精神的作用。在实证主义思潮的影响下，近代西方哲学家们甚至曾一度完全排斥形而上学的研究，这就导致了近代哲学的认识论转向。

17 世纪的哲学家们的"新哲学"在认识论上表现为一种以理性来探索和解释世界的新方式，经院哲学的物质论让位于自然哲学的物质论，经院哲学被自然哲学的概念、方法和规范所取代，这种新方式是指所有的自然变化都能以数学的、物理的或生物的视角来解释，如尺寸、形状、物质粒子的运动等，莱布尼茨称为"以机械论的方式解释物质世界"。亚里士多德的宇宙论被新哲学家们抛弃，批判的焦点从亚里士多德的实体理论开始，亚里士多德主义者们就物质实体的构成问题产生了诸多争论，多见于对亚里士多德的《物理学》和《形而上学》的评论之中，也正是通过这些争论使亚里士多德的宇宙论观点在后继的亚里士多德主义者们那里得到了展开和发展。争论的重点主要集中在质料、形式、质、量以及变化等相关问题上。亚里士多德认为，质料（matter）和形式（form）是物质实体的基本构成，质料有原初质料（prime matter）和近质料（proximate matter）之分，其中，原初质料是所有物质实体的基本材料；而每一种实体都有一个相应的近质料，这些近质料使具有形式的事物具备其特有的性质（qualities），且在其中起到支撑作用。然而，亚里士多德主义者们就原初质料的存在问题的主要争论是，在每个自然变化中是否必须存在某种不变的东西，否则就不存在变化（change），只有湮灭或创造了。然而，亚里士多德主义者们普遍认为创造是上帝的特权，自然个体是不能创造的，它们只能在"事先存在的"或"不变的"质料中制造新的形式，所有的自然变化中都存在一个基础性的东西，它是原初质料或第一质料，且它存在于所有物体中，元素间的转化过程并没有产生新的元素，仅仅发生了形式的变化，如在火的作用下，水转换成气。

在质料和量的关系方面，大多数亚里士多德主义者认为，就物质实体的偶然性而言，"量"是内在于"质料"的，正是这一性质（quality）使质料能够与特殊"形式"结合在一起。托马斯主义者认为，质料是一种"纯粹的潜能"（pura potentia），它可以采用任何物质实体的形式，质料并不必然被赋予"量"，尽管没有"量"，物质事物不能自然地存在，即使实体（形式和质料的结合）消失了，实体的量依然存在。由托马斯主义者的观点引发了另一种声音，即质料不是纯粹的潜能，它本质上是在量上具有潜能，且质料在量的方面有一种自然的倾向，只有神圣力量的介入才能阻止量从潜能变为现实。这样一来，物质实体的"偶然性"（accidents）被分为两个部分，一部分直接内在于形式，另一部分产生于形式并直接内在于质料。其中，事物的主动力（active power）内在于它的形式中，其被动力（passive power）和质（qualities）存在于它的质料中，或直接内在于质料的量中。在一个复杂的实体中，生成的秩序是从形式到力量，再从力量到运行。影响我们感觉器官的不是形式，而是偶然性。

新哲学家和经院哲学家们就实体理论的争论不仅仅关乎对物质和现象的解释，实际上更重要的是关乎物质如何存在的问题。新哲学家们认为，"原初质料"这个概念既不可理解也没必要，但对它的反驳主要集中在对"形式"的批判上。他们认为，和原初质料一样，实体的形式只是一个"推理出的体"（infered entity），不能与自然科学哲学中的"理论体"（theoretical entity）混为一谈，"理论体"不能被感官直接知觉到，质料和形式是本体论意义上的独立的存在，而在自然科学中，"理论体"是诸如原子、基因之类的东西，它本身就是一个"体"（body），而且是十分微小的体，它是可感物体的组织结构，而非质料和形式那样各自是实体的一部分。

在对实体性质的解释方面，亚里士多德主义和机械论哲学是趋同的，如对感官感知到的性质（冷、热、湿、干，等等），以及观察基础之上的对现象的解释和推理（磁石吸铁、自由落体）。但是，新哲学家们否认亚里士多德主义"真正的质"（real qualities）这一说法，也否认"偶性存在"的说法。亚里士多德主义者将偶然性的本质定义为"内在的可能性"，认为即使实体消失了，主体依然能够影响我们的感官。阿奎那假设当实体消失时，实体的偶然性仍然持续存在，如一个主体的白色存在于偶然性的本质之中，即使有神圣干预，它也会偶然存在，并无须内在于任何实体中。笛卡尔和波义耳不赞同阿奎那的说法，认为偶性的存在依赖于其他事物，即它所内在于的那个实体，"没有实体的偶性"是一种自相矛盾的说法。笛卡尔认为，偶然性的本质并不是一种内在的可能性，但关于这个问题的争论，更重要的是关于"潜在的"和"现实的"区分。

经院哲学被自然哲学取代还体现在新哲学家们对"法则"和"目的"的论述。到了牛顿那个年代，自然哲学的主要研究对象不再是"力量"（power）和"运行"（operation），而是自然的法则。笛卡尔将"形式"和"质料"排除在自然哲学之外，提出了新的关于自然世界的本体论学说，以及如何解释变化的新观点。笛卡尔在其1664年出版的著作《世界》（The World）中描述的新世界没有形式，没有元素的质和可感的质，也没有原初质料，新世界的"质料"（matter）被"完全固态的""真正的物体"所取代，它在空间中有长度、宽度和深度。笛卡尔认为"质料"就是具有广延性的物体，物质实体的质就是广延的模式，他排除了物理解释中对"主动力"（active power）的需要，并且他还否定了位置变化以外的任何类型的变化，因为位置的变化是亚里士多德学说四种变化中唯一一个能够被我们清晰明白地知觉到的观念，同时它也是经院哲学中唯一一个从目的中抽象出来的普遍的研究对象。根据笛卡尔的物理学，解释所有自然现象只需要用到广延的东西（形状、大小等以几何表示的性质）、位置的移动，以及自然法则，实体的形式不再是必需的部分。笛卡尔对亚里士多德物理学说的反驳建立在他的认识论之上，他认为，唯一能够判断清晰明白地感知到对象的是"确定性"，"形式"和"质"既模糊又令人不解，即使它们存在，关于它们的确定性知识也无法被获得。

自然科学的一个主流观念认为，自然科学的主要目的是发现自然法则，这些法则应该是普遍适用的，它在模式上不同于单纯的理论概括，宇宙在这些法则下构成一个闭环系统，该系统符合一致性、简单性、结果丰富性等要求，所有事物都能够纳入其中，它们在解释中扮演公理的角色，并且在公理的基础上推导出不太基础但仍然有规律的概括。笛卡尔认为运动的原因有三个，第一是"普遍的和主要的"原因，第二是"上帝"，第三是"次要的和特殊的"原因。第一个原因的运作受世界运动总量守恒定律的支配，物质的运动在数量上守恒，这遵循上帝意志的不变性，上帝在开始时就赋予了世界总的运动量不变的法则，并且上帝的法则遵循"简单性"（simplicity）原则。计算量的方法是体积乘以速度，上帝保持了不同物体的速度不变，每个物体的体积不同，总量保持不变。第一个和第二个原因适用于单个物体，第三个原因适用于两个物体的碰撞，只有在碰撞中，两个物体都不能保持其运动状态，才会发生速度的重新分配，世界上的所有变化都是第三个原因或物体分裂和融合的结果。因此，运动的原因可以通过上帝的自由创造行为以算术和几何的永恒真理的方式确定下来，它能以自然法则的方式成为"确定的"解释。对于亚里士多德主义者来说，自然秩序来源于质料形式的存在，形式的力量（主动力量和消极力量）都指向一个目的。而在笛卡尔的物理学中，我们看到的是以发展的和历史的方法解释自然秩序的开端。他在《原则》（*Principles*）的第三和第四部分阐述了他的历史宇宙学和地球理论学说，但其中缺乏对秩序缺失原因的解释，如混乱状态，虽然不尽完美，但都是在自然法则下对复杂结构做出解释的典型例子。

与笛卡尔一样，马勒伯朗士和莱布尼茨也承认上帝在自然法则及法则的推理中的作用，但与他不同的是，马勒伯朗士和莱布尼茨恢复了物理学与善之间的联系。这在笛卡尔那里是被否认的，笛卡尔认为自然法则不是来源于上帝的善，上帝的创造行为是自由的、单纯的神圣行为，不存在神圣目的，遵循不变性和简单性。马勒伯朗士认为，上帝的智慧先于他的意志，自然法则遵从秩序（order），秩序本身在很大程度上包含在"智慧的规范条件"（formal conditions of wisdom）之中。对马勒伯朗士和莱布尼茨来说，上帝的智慧包含了所有可能的设计和所有执行的手段。上帝真正选择的设计和手段是那些具有"最明显的神圣属性特征的"设计和手段，这样一来，上帝的手段就被强加了"智慧的规范条件"，即简单性、普遍性、统一性、手段与目的的相称性。与马勒伯朗士一样，莱布尼茨认为神圣理解力先在于创造行为，每个可能的世界都是一个完全确定并相互定义的个体概念的集合，无论现实世界中的个体之间以什么样的规则相互关联，关联关系的法则都会在相应的个体概念之间获得，因为它们在被创造之前就已经被上帝理解了。它们可能没有几何学的那种必然性，但就神圣性而言，它们也不是任意的，它们产生于"完美和秩序原则"，是"上帝的智慧和选择的结果"，整个宇宙系统的法则都遵循"智慧的规则条件"。

显然，17世纪的认识论变革是不彻底的，自然哲学与"科学革命"实际上保持着松散的关系，上帝在解释物质实体和自然现象中仍然起作用。17世纪的认识论与中世纪相比而言，一方面，与中世纪那种以权威为核心的认识论不同，它试图建立一套以科学研究方法为指导的一般认识论，或者是提倡以几何及数学方法为一般的认识方法，或者是提倡将实验的方法及归纳的方法作为一般的认识方法，强调认识的确定性；另一方面，虽然科学方法已经得到巨大发展，但是经院哲学在这一时期仍然影响着哲学思想，哲学家们依然以调和启示和科学、理性与信仰的态度创立近代认识论。培根在《新工具》中提出归纳法这一新的科学方法的同时，也明确肯定上帝存在，并承认信仰也是真理，他认为人类知识有不同的来源，有些是通过人的自然理性所呈现的，有些是由神圣启示所揭示的，并且认为错误是人为的，神圣启示比自然理性更加可靠。与培根的认识论思想类似，笛卡尔将观念分为三类，即天赋观念、外来观念以及人造观念，其中天赋观念是最为可靠的。笛卡尔认为错误的根源在于人的不完满性，或者在于人的意志超越了理智的范围，也就是说，人的某些认识意愿超出了其理智能够到达的范围。他说，"那么我的错误哪里产生的呢？这只是由于意志比理智广阔得多，我没有把意志纳入同样的限度之内，而把它扩张到我所不了解的东西上去了；意志本身既然对这些东西是一视同仁的，于是就极容易陷入迷途，把假的当作真的，把恶的当作善的：这就使我错误和犯罪了"。①他进一步说，真理必然是清楚明白的，它不可能从虚无产生，像这样清楚明白的东西"必然应当以上帝为它的作者"。②无论是经验论者还是唯理论者都不会否认普遍必然的知识产生于理性和直观，然而，理性的可靠性是如何产生的？对于这个问题，17世纪的哲学家们普遍认为人类的理性官能来自上帝，其可靠性是上帝赋予的，笛卡尔正是这一观点的典型代表。莱布

---

① ［法］笛卡尔：《第一哲学沉思集》，商务印书馆1986年版，第60页。
② ［法］笛卡尔：《第一哲学沉思集》，第65页。

尼茨在天赋观念的道路上比笛卡尔走得更远，他从单子论出发，认为灵魂是没有部分、没有可供事物出入的窗户的单子，所以一切观念都是天赋的，只是它们均处于潜在的状态，只有经过后天经验的刺激和启发，这些观念才能从潜在的状态变成现实的状态，从模糊变成清晰。①

与笛卡尔和莱布尼茨在认识论上调和理性与信仰的路线略有不同，洛克对天赋观念进行了有力的批判，奠定了知识的经验起源，从知识的基本构成——"观念"出发，提出"知识就是对观念间的一致或不一致的知觉"，并对知识的等级、范围及其实在性做了详细的论述。他明确区分了理性与信仰的各自领域，提出信念的理性主义标准，包括宗教信念在内，都要以经验理性作为判断的标准。正如他在《人类理解论》开篇所说的，他的研究目的在于考察人的认识能力，哪些问题属于人类理智所能论及范围之内的，哪些问题又是超出人类理智之外的。他提出人类的知识是缺乏而有限的，对于大部分信念而言，我们是根据概然性对其进行判断的。他还特别讨论了人类理智如何对待宗教信念，明确提出信仰可以超乎理想，但绝对不能反乎理性。

三　知识、证明与方法

现代早期西方哲学家们经过对亚里士多德学说的方法和解释体系的反思，促使他们寻求全新的解释世界的方法和方法模型，他们开始对什么是知识、如何获得知识、发现知识的途径以及知识的合理性问题等展开激烈的争论，这一方面是自然哲学发展的结果，另一方面也是自然哲学继续发展的思想根源之一。方法的问题不仅直接关乎自然哲学自身的发展，也关乎自然哲学和其他学科的关系，尤其是与形而上学和神学的

---

① 　[德]莱布尼茨:《人类理智新论》(上册)，陈修斋译，商务印书馆1982年版，第4页。

关系，也关乎自然哲学的践行者需要具备什么样的技能和美德，而且方法的确定性问题很可能会转化为整个科学学科的正当化问题。与 18 世纪和 19 世纪不同，17 世纪对方法问题关注的主要目的是发现一些有利于建立自然哲学方法体系的东西，而不是对某些科学成就进行理论上的合理化，从而促进科学发展。在早期现代，方法问题是迫切的，它被认为是开展科学事业的思想基础。

亚里士多德在《论题篇》（Topics）中阐述了"知识发现"的过程，通过提供工具和策略来分类和描述问题，用以引导人们发现恰当的证据，并提出最富有成效的问题。但在其后期的作品中，如《前分析篇》和《后分析篇》，侧重点发生了变化，他的关注点从发现问题转向论证问题，开始关注推理的有效性，以可接受的前提为基础而得出结论，即三段论式的论证方法。16 世纪，针对亚里士多德的方法论产生了不同的两种声音，亚里士多德的支持者，如回归论者，试图在如何解释三段论上下功夫，目的是将其作为发现问题的方法，或至少作为发现问题的方法的一部分，如 16 世纪早期的帕多安亚里士多德学派学者贾可波·萨巴里拉（Jacopo Zabarella, 1533—1589）和阿格斯蒂诺·尼佛（Agostino Nifo，约 1469—1538）。与此相反，批评者认为，三段论不可能是一种发现问题的方法，也不能作为发现问题的方法的一部分。

三段论中隐含了一个重要的区分，即在我们有限经验内"于我们更容易了解的"和"在自然中更容易了解的"两者之间的区别，这种区别对正统的亚里士多德学派来说至关重要，其理念是从我们更熟悉的事物或最一般规则出发。回归推理将三段论纳入一个更系的科学论证中，它主张将"从一个观察到的结果到其近因的推理"与"从一个近因到一个观察到的结果的推理"结合起来，正是这种特殊的结合产生了所需的知识。然而，回归论者的解释似乎仍然没有解决"发现问题"的困难。亚里士多德的论证要求我们从感觉出发，从所观察到的事物中提取出更加普遍的原则作为推论的基础原则，然后从这些基础原则推论出我们所观察的事物，这个过程似乎是循环的，并没有超越前提中包含的信息，没有增加新的信息，也没有发现新的问题。三段论的过程更像是一种根据这些事实背后的原则阐明事实的方法，而不是一种发现事实的方法。就需要提供更深层次的科学理解而言，重要的是知道要从其中推导出结论的前提，而不是发现从给定的前提可以得出什么结论。拉姆主义者直接否定了亚里士多德学说"对于我们更容易了解的"和"在自然中更容易了解的"的区分，认为只有需要一种知识来解释另一种知识时，才能说一种知识优于另一种知识，并且这种优先性存在于最普遍的规则中。他们主张将发现问题和论证问题分开对待，坚持认为如何获得知识与论证无关，论证问题总是从更普遍到更不普遍的过程，更重要的是如何更好地传达知识。从这个意义上说，三段论与发现知识似乎没有关系，而其只是依赖观察和从观察中的推论来呈现解释的过程，它主要关乎知识的教授。拉姆主义的观点引发了更大范围的争议，并成为16世纪的重大议题，即学科的地位、教学的目的，以及知识的本质问题。

在发现问题和论证问题之间引发了一种新的想法，即证明一事物的唯一有效方法是重现它是如何被发现的，这成为17世纪的前沿哲学问题。培根试图使自然哲学成为一门实用的学科，他借鉴修辞学及其在法律推理中的应用成果，认为人类认知存在明显的障碍，这些障碍就是思维中先入为主的东西和各种自然的倾向，培根将之称为"偶像"（idols），证明的方法需要首先消除掉那些障碍，其次是需要引导思维向有成效的方向发展，前者和后者是相互关联的，因为只有了解了先入之见的东西是什么，才知道如何引导思维。但从各种现实来看，人类在从事自然哲学方面却是极其缺乏天赋的，仍然不得不依赖旧的、腐朽的文化，而这是人类堕落的结果，恰恰是无法逆转的。然而，自然哲学的践行者必须要改变他们的行为，克服自然倾向和情绪。培根的发现方法是寻求事物的最终解释，即对结果既必要又充分的原因，他的具体方法是排除归纳法，首先提出一系列因果关系，分离出各种可能的原因并对之一一检验，以确定它们是否对结果产生作用，在这个过程中剔除掉那些不必要的原因。对检验结果的合理性的评估有两种方法，一是他所说的排除归纳法，二是由排除归纳法得出的结论与其他观察结果的匹配程度，这是一个双向的过程，从经验现象到归纳出规则，再从归纳出的规则到经验现象。

在 17 世纪早期到中期的方法论问题中，很多关键问题都在于如何在物理解释中保证数学的、定量的解释。显然，培根的解释不是定量的。亚里士多德在《形而上学》中明确了物理学和数学分别为不同的学科，物理学处理那些变化的、独立存在的事物，即所有的自然现象；数学处理那些不变的、非独立存在的东西，也就是我们做的那些定量抽象：数字（不连续的量）和几何形状（连续的量）。涉及的学科不同，所使用的解释规则不同，我们要做的是根据观察对象确定其所属的学科。根据亚里士多德的观点，事物属性分为本质属性和偶性，由事物自身引起的运动是出于其本质属性，其他的运动则出于其偶性，这些属性是物理的，不能通过数学或定量的概念来解释。在古代，还有一门研究物理装置的学科，即力学，它是一门关于机械的科学，机械科学既不完全是数学的，也不完全是物理的，它属于亚里士多德及其追随者所称的"混合数学"范畴。到 17 世纪初，"混合数学"吸引了大量自然哲学家的关注，即如何将力学整合到对物质及其运动的解释中，如伽利略试图发展一种动力力学理论，使哥白尼学说具有自然哲学的意义。从方法论的角度来看，这一做法最大的障碍是一种反对的声音：力学只处理数学的假设，而不处理现实中的实际问题。而对于自然哲学中量化解释的可行性而言需要清除这个反对意见。事实上，这也是 17 世纪上半叶最大的方法论问题。伽利略、笛卡尔等人通过一系列实际实验和思想实验来证明假设，试图表明物理现象能够以数学的、几何的、量化的方式来解释。

笛卡尔提出了一套"通用方法"（universal method）用以解释物理现象和解决问题。他认为，要真正解决问题就需要一门基础学科，而算术、几何和天文学等只是学科中的特殊部分，而非基础学科，而"通用数学"（mathesis universalis）是它们的基础学科，是一门强大的解决问题的学科，其资源远远超过传统的几何和算术。但是，在具体问题的研究过程中，他对通用数学的问题解决能力逐渐产生怀疑，并认为可能存在一种更为基础的学科，他将之称为"通用方法"，"法则"（Rules）正是探索和阐释它的一种方法。笛卡尔主张将"通用数学"分离出来作为"通用方法"的一部分，"通用数学"的一般特征是对思想清晰且独特的表达，这使得他拒绝使用几何和算术来分析或呈现问题，因为几何证明通常只提供前提和结论之间的间接联系，它们由于常常必须通过辅助结构才能进行而使这种方法缺乏透明度；算术因为数字之间的关系在它们通常的算式表达中并不明显。而在数学方面，当数字非常大和复杂的情况下，我们也不能立即计算其总和。因此，几何、算术、通用数学的这些特点都无法达到笛卡尔所主张的"清晰明白地展示"这一观点。

如此一来，笛卡尔倡导的"清晰明白的"新范式从数学转向了认识论，他认为，我们需要对思想本身进行反思，即"我思"，最确定的知识就是我们自己思想的存在。但他并没有将此作为一种发现知识的方法，在他看来，"假设"在很大程度上可以被视为一种发现的方法，并且笛卡尔在其《气象学》（*Meteores*）中对彩虹在天空中出现的角度的解释中使用了假设，在《哲学原理》（*Principles of Philosophy*）中，他在对地球形成的描述中声明，他使用的假设方法是在表明一种发现方式，地球可能是在纯粹的自然过程中形成的，而不是由创造行为形成的，他再次明确称他的解释是一个假设。然而，他所说的假设实际上是在表明他的假设和我们在现实中的发现一致。

可以看到，方法问题是 17 世纪从事自然哲学研究关注的主要问题，它不仅是一个值得探索的专门领域，同时也贯穿和影响其他人文学科领域，如神学。培根和笛卡尔对问题的发现和问题的分析的种种讨论无不体现着科学的方法，这意味着，哲学传统的核心领域发生了巨大的变化，新的自然哲学向着探索新方法的方向发展。到 17 世纪末，人们普遍认为，哲学传统上采用的思辨方法在自然哲学中已经失效，新的自然哲学和其他传统哲学问题必须重新调整，这不可避免地出现了哲学本身的目的是什么的问题，以及哲学和神学的关系问题。在这一思想变革的过程中，神学理论在自然哲学的挑战下也必然面临重大的调整。

第二章　洛克哲学认识论的问题与意义

　　启蒙运动以后，怀疑精神和经验方法成为欧洲的思想家们获得真理的普遍原则，理性超越于信仰之上。在这之前，中世纪的思想家们普遍认为，获得知识，尤其是获得真理，离不开上帝的"光照"或神圣启示。安瑟尔谟虽然肯定了人类可以依靠理性认识上帝的真理，以及证明信仰的合理性，但是，他依然在上帝存在的本体论证明中预设了上帝作为一个"无与伦比"或"无法设想有比之更完美的存在者"存在于每个人的心中，这一论证的出发点表明了他"信仰寻求理解"的立场，所谓通过理性独立获得关于上帝的知识也只不过是有神学前提的、不彻底的理性主义者，他摆脱不了时代的特征。中世纪基督教哲学集大成者托马斯·阿奎那同样为理性认知路线设置了一个神学前提，那就是上帝。阿奎那提出了两种认知途径，一种是建立在第一原则基础上的自然理性认知途径，另一种是信仰途径，即通过特殊启示和上帝的话语认识真理。就自然理性认知途径来说，他认为从认知习惯来看，每一个认知对象包括两方面：一是物质对象；二是对象的"形式方面"（the formal aspect of object）。比如，就几何学来说，它得出的结论是物质性的，证明推理的方法就是认识对象的形式层面，通过这个"形式方面"才能得出结论。阿奎那认为，认识对象的"形式方面"在信仰的观照下就是"第一真理"（the First Truth），知识恰恰是以"第一真理"为基础的。信仰不是对任何对象的赞同，信仰只能是上帝的启示，它所依靠的方法（或者"形式方面"）是永恒真理，在上帝的启示中，人才能找到通往真理的方法。① 很明显，不管是自然理性的认知途径，还是信仰的认知途径，都离不开上帝的神圣启示，这实际上是一种以信仰为前提的认知方式。中世纪之后，英国自然神论虽然使理性的地位有所提高，但整个 17、18 世纪英国哲学认识论依然在理性与信仰的相互协调关系中徘徊，这可以从培根、笛卡尔、赫伯特、洛克、托兰德等人的思想中看到。

　　基督教的合理性问题也是在这样的思想背景和哲学背景下，以新的方式被提上议程。约翰·洛克（1632—1704），英国哲学家，在认识论方面有显著贡献，如《人类理解论》（*An Essay Concerning Human Understanding*）《基督教的合理性》（*The Reasonableness of Christianity, as Delivered in the Scriptures*）、《为基督教合理性辩护》（*The Vindication of the Reasonable of Christianity*）等，洛克认识论的目的是试图揭示人类如何运用理性获得知识，这种知识包括与宗教信念相关的知识，正如他自己所说："我的目的……是探索人类知识的起源、确定性和范围；还有信念、意见和赞同的基础和范围。"② 要理解洛克的宗教哲学，尤其是宗教信念认识论地位和合理性意义，就必须从洛克的一般认识论开始。因此，在这一章主要论述洛克的知识理论。

---

① Thomas Aquinas, "*On Faith*", [美] 斯图尔特：《宗教哲学经典选读》，邢滔滔选编，北京大学出版社 2005 年版，第 46—47 页。

② "My purpose", he tells us, is "to enquire into the original, certainty, and extent of human knowledge; together, with the grounds and degrees of belief, opinion, and assent". （1.1.2）

第一节 知识的来源

洛克是自然神论的主要倡导者之一，他主要的宗教论文是《基督教的合理性》，这篇论文是对之前发表的哲学著作《人类理解论》中有关上帝的知识以及理性和信仰之关系的进一步阐述。可以说，《人类理解论》是理解《基督教的合理性》的基础，他将整个基督教知识的合理性都建立在"观念与观念一致或不一致的关系"以及经验的方法之上。因此，要对洛克《人类理解论》中宗教合理性的相关内容有较为充分的理解，首先则少不了对其一般知识理论的考察。从古希腊开始，哲学家们就一直积极地探寻获得真理的方法，可以说对这一问题的讨论持续了几十个世纪。有人说通过感觉经验获得的知识比较可靠，另有人说真理存在于人类的理性中，到了中世纪之后，更有人提出感觉经验并不可靠，理性也时常会出错，还是得靠神圣启示获得真理。那么，人类到底如何获得真知识呢？洛克对知识问题的讨论也是在这一思想路线中展开的。

一 对天赋观念的反驳

在《人类理解论》第一卷中，洛克强烈反驳了当时流行的有关知识来源的观点，认为知识并不是与生俱来的，人的意识生来如白纸一张，所有观念都来源于经验，但是这些观念仅仅被洛克称为"知识的物质方面"①；与观念不同，知识本身不由我们的感官产生，而是由理性（reason）和理解（understanding）产生的，没有理性，我们的所有观念只能是信念，而不是知识，"理性必须作为所有事情的最终判断和指导"②。

简单来说，洛克否定天赋知识是基于他对经验的强调。根据洛克的看法，知识的基础来源于经验，"经验是我们所有知识得以建立的基础，而且知识也最终从经验中获得"，但是这个观点假设了一个区分：知识和"知识的物质层面"的区分。洛克在他的一份手稿中提到，他的观点受到质疑：不是所有的知识都来源于经验，有些我们知道的事物并不是通过"感觉"获得。洛克对此质疑的回答是，我们知道任何一个数字非奇数即偶数，但是我们可以通过一个方法用感觉来确定这一点，因为既不是感觉也不是思想，精通于所有数字。他的回答明确地反映了并不是所有知识都来源于感觉。洛克进一步说，除了感觉经验，人类理性是知识的另一个来源，"对那些由感觉而获得的观念的正确查探也可以成为知识，这是无法通过感觉获得的"，即推理知识，也就是说，由物质材料而来的知识，再经理性的加工而得到的就是观念，观念归根结底依然由经验而来。我们没有通过经验而知道数字是奇数还是偶数，但是，我们由经验得知关于数字的观念和有关奇数和偶数的性质，接下来再通过理性得知数字是奇数还是偶数。知识不只是来源于感觉，理性也是知识的另一大来源，所以，那些将感觉以外的获得的知识归因于天赋的或与生俱来的观点是错误的。

持天赋观念的原因有以下两点：第一，那些不能靠感觉经验而获得的知识，就是与生俱来的；第二，为什么有些事情看上去明显是真的、

---

① "the materials of knowledge". （2.1.2）

② "Reason must be our last judge and guid in everything". （4.19.14）

确定的、不需要证明的？第一点洛克已经在关于推理知识的论述中反驳了。至于第二点，洛克将这类知识称为直观知识，直观知识所涉及的观念同样来自经验。例如："白色不是黑色"是直观知识，若认为其中"白色"和"黑色"的概念是与生俱来的，那显得有些不可思议。

此外，根据洛克的观点，实践原则和道德原则（practical and moral principles）也不可能是天赋原则，因为它们和推理原则不同，并不是每一个人都认同和接受它们。至于为什么人们会毫无疑问地坚持道德原则，洛克则认为是因为在婴孩时期，人们相信它，之后由于懒惰、缺少时间，或者胆小羞怯而没有去检验那些道德原则，进而继续接受它们，久而久之就忘记自己是如何相信了它们，所以就认为是与生俱来的。尽管道德原则因群体差异而有所不同，尽管它们的无可置疑是出于人们的盲目信赖，但洛克并不认为没有道德真理或者人类找不到道德真理。道德真理不是靠口述相传，而是通过理性和探索，还有思想活动的工作而逐步得知。

二 知识的基础

在说明知识不是与生俱来的之后，洛克进一步说："我们可以假定人心如白纸似的，没有一切标记，没有一切观念，那么它如何会又有了那些观念呢？……我可以一句话答复说，它们都是从'经验'来的，我们的一切知识都是建立在经验上的，而且最后是导源于经验的。我们因能观察所知觉到的外面的可感物，能观察所知觉、所反省到的内面的心理活动，所以我们的理解才能得到思想的一切材料。这便是知识的两个来源。"[1] 根据他对知识的定义可知，知识以观念为先决条件，观念是知

---

① [英]洛克：《人类理解论》，关文运译，商务印书馆 2012 年版，第 73—74 页。

识的物质素材，它有两个来源，其中一个是感觉的对象，那么洛克所说的经验实际上就是指感觉；观念的另一个来源便是人的"心理活动"，或者说是"运用理解以考察它所获得的那些观念"。

"观念"是理解和研究洛克知识论的重要概念，他在《人类理解论》第一卷第一章引论中明确指出，"这个名词，我想最足以代表一个人在思想时，能够呈现在他理解中的任何物像；因此，我就用它来表示幻想（phantasm）、意念、影像或人心所能想到的任何东西"。"观念"关系到洛克对知识概念的定义、等级、范围、实在性等一切理论的阐述，因此，可以说它是贯穿洛克的理论思想体系的血液，是他的知识理论的基础和保证。所以，对"观念"概念的考察也是理解其宗教认识论的基础。根据洛克的阐述，观念即"人在思考时理解的对象"，和笛卡尔一样，他用"思考"（thinking）指理性和其他一切精神活动，如感觉、知觉、记忆、想象等。所以，观念不只包括"思考"和对语言的理解，它也被视为与物质及其性质的知觉，还有例如和疼痛这种感觉是一样的。而且，观念无一例外地来源于经验，例如，"我们的感觉……的确传达到理智（mind），形成了一些事物的不同看法……所以就有了观念，黄色、白色、热、冷、松软、坚硬、苦、甜"。在经验之前，理智就如白纸一样，没有任何观念，所有的思想内容都一定从经验中得来。并不是说没有经验，我们就一定没有任何观念，但是，观念一定是一个复杂的、从各种精神活动（扩大、组织和抽象等）中得到的，这种精神活动必定作用于由经验而来的观念之上。

洛克认为，观念有两个来源，其一是"感觉对象"，其二就是"心灵活动"，实际上这两个来源对应于洛克所说的"经验感觉"和"反省"。他描述了观念的经验产生过程：外在事物通过人类的感觉器官"从外面进入大脑——我们可以称为心灵的接待室——来会见心灵的那些神经中枢，有任何一个由于鼓掌而不能执行其任务，这些观念就没有旁的门户可以进入心中，没有旁的途径可以进入理智的视野，为理智所察觉"①。也就是说，观念只能以经验的方式，通过感觉被理智所察觉。第二种来源就是"心灵的活动"或者"反省"，由反省得到的观念是人心对自己已有的观念的作用，或者是心灵活动。理性主义者把这类心灵活动称为理性活动，而经验主义者则称为"反省"，不同之处在于理性主义者认为知识和观念起源于理性本身，而经验主义者认为知识和观念起源于感官经验，是心灵通过感官从外部获得了观念之后，转向自身已经具有的这些观念，将这些观念作为思考的对象，从而获得另一些观念。

此外，洛克认为观念可以分为简单观念和复杂观念。简单来说，简单观念就是不同感官受到外物的直接刺激，在心中产生的那些"单纯而非复杂"的观念，比如人因冰块所感到的冷和硬、百合的香气和白色等这一类"知觉最分明的"，就是"清晰明白"的简单观念。简单观念由不同的感官获得，心灵不能制造也不能毁灭简单观念；它也可以通过反省得到，如快乐、喜欢、能力、存在等这些直接的心灵活动。简单观念是一切知识的材料，心灵用它们造出复杂观念，或是使它们结合，或是将它们分开，这些简单观念的结合或分开，不仅在外物中是如此，而且在心灵中也是如此，也就是说，复杂观念也要与外物相契合。

---

① 　[英]洛克:《人类理解论》，关文运译，第75页。

第二节　知识的分类

洛克探讨知识的起源和范围等问题，与塞克斯都·恩披里柯所发起的辩论有很大关系，论辩的内容是关于理性在发现道德和宗教真理中的地位，以及《圣经》作为知识来源的重要性问题。这个辩论的大背景正是宗教改革，有人认为宗教真理应该去天主教那里去找，主教和宗教法庭有权判决什么是真理。马丁·路德反驳说真理建立在《圣经》之上，应该由《圣经》决定。有证据表明，可能正是因为这个关于真理以及关于宗教和道德知识的来源在哪里的辩论，促使洛克写了《人类理解论》。[①] 因此，对洛克的一般知识论的了解显得尤为重要。

一　知识的概念

洛克明确地说知识不单单是观念，观念由感觉而来，而知识是对观念的正确查探，那么，理性是如何从观念创造知识的呢？洛克对知识的定义是："所谓知识不是别的，只是人心对任何观念间的一致或不一致的一种知觉。"[②] 这个定义的基本思想是，一些观念和另外一些观念相联系，而且各种真理也表明了这些关系，这些真理知识存在于观念间关系的知觉中，由理解来识别。比如，"三角形三内角之和等于两直

[①]　J. Dancy and E. Sosa ed., *A Companion to Epistemology*, Oxford, Blackwell, 1992, p. 336.

[②]　[英]洛克:《人类理解论》，关文运译，第 555 页。

角之和"，这个命题关系着"三角形三内角"和"等于两直角"两个观念，要知道三角形的真理，就要"知觉到"（perceive）这两个观念间的关系。我们关于"三角形三个内角"的知识存在于"等于两直角"这个"知觉"（perception）中，这两个观念呈现出彼此一致的关系；再如，当我知觉到"白色不是黑色"，这呈现的就是两个观念间不一致的关系。通过这两个例子，可以说当我们以肯定的命题来表达我们所知觉到的东西时，就是对观念间一致的关系的知觉；当我们以否定的命题来表达我们所知觉到的东西时，就是对观念间不一致的关系的知觉。[①]

洛克虽然讨论知识的问题，但他的关注点并非仅仅是学术方面的，他还关注人类所处的窘境，也就是说人类在整个事物中处在一个什么位置。洛克承认怀疑论者的某些观点是正确的，世上存在我们没有认识到的东西，只能诉诸信仰的东西，或者还有我们忽略的东西，但也有一些东西是我们能够知道的，而且，我们的信仰也不应该是没有基础的盲信。同时，他认为人类的能力不能认识那些"广阔的和无限的东西"。那些我们知道的东西和我们无可非议地相信着的东西，恰恰显明了我们真实的需求和真正的兴趣。

"人类的知识也许起源于某种普世的东西，或者是对某种东西充分完美的理解。"

"人们实在应该满足于上帝所认为适合于他们的那些事物，因为上帝已经给了人们以'舒适生活的必需品和进德修业的门径'，并且使人们有能力来发现尘世生活所需的熨帖的物品，来发现达到美满的必然途径。"[②]

如果能够认识到哪些事物是人类可以理解的，哪些事物是人类不能

---

①　Nicholas Wolterstorff, *John Locke and the Ethics of Belief*, New York: Cambridge University, 1996, p.18.

②　[英]洛克:《人类理解论》，关文运译，第 4 页。

理解的，就应该避免怀疑主义的态度，那些我们所不知道的东西也没有必要非得去认识，因为，那些东西超出了人类理解的范围，不适合人类的理解能力，"我们的职务不是要遍知一切事物，只是要知道那些关系于自己行为的事物"①。在洛克看来，人类的理性能力是上帝赋予的，应该欣然接受"限制"和"界限"，而不是去做超出自己能力之外的事情。他否认天赋知识，同时肯定"天赋能力"，认为上帝给予人的不是必须且实用的知识，而是获得它们的方法或者路径。

二　知识的等级、范围和实在性

洛克将知识分为三个等级，即直觉的知识、推理的知识以及感觉的知识。他说，观念之间的联系有时是直接的，有时却不是直接的，就像刚才那个三角形的例子，我们可以说"三角形"和"三内角"这两个观念之间的联系是直接的，而"三角形"与"直角"这两个观念之间的关系就是间接的。当"人心不借别的观念为媒介的就能直接看到它的两个观念间的契合或相违"②时，就是直觉的知识，比如我们能直接认识到"3 比 2 大，3 等于 1 加 2"，所以，直觉知识这个概念就是人们能够通过经验直接把握两个观念的关系的那种知识。洛克用直觉的知识代替天赋知识，是对我们的理智在第一时间、直接呈现并赞同的命题知识的解释。推理的知识是指当两个观念的关系是非直接的、需要其他观念作为中介。通过直接的观察和比较，我们并不能得知三角形的内角之和等于两直角之和。这需要证明一下，我们的理智（mind）得"找到另外一些角，这些角等于三角形的三内角之和，发现它们也等于两直角之和，所以得知三角形三内角之和等于两直角之和"。除了直觉知识和推理知识

---

① ［英］洛克:《人类理解论》，关文运译，第 5 页。
② ［英］洛克:《人类理解论》，关文运译，第 561 页。

之外，洛克又提出感觉知识，感觉知识是"关于特殊外物存在的知识，因为我们凭知觉和意识知道确有各种观念由外界那些特殊事物而来"①。然而（除了我们自身存在的直觉知识和上帝存在的推理知识之外）前两种是有关普遍性的，诸如三角形三内角之和等于两直角之和，最后一种是有关特殊事物，诸如我眼前的东西。感觉知识不同于其他两种知识之处，还在于感觉知识并不是两个观念之间的关系，而是关于世上某物的存在呈现于我们当前的知觉或观念的知识。

既然知识建立在观念间的一致或不一致之上，那么知识自然就不能超出我们的观念，或者说，知识不能超出我们对观念间一致或不一致关系的知觉之外。由于人们并不能对所有事物产生完整的观念，因此知识的范围不仅达不到一切实际的事物，同时也达不到观念的范围，知识的范围要比我们可以拥有的观念的范围更窄。比如我们拥有"物质"和"思想"这两种观念，但是这两个观念之间的关系确是我们不能知觉到的，我们无法凭自己的思维得到"物质的东西在思想"或者"物质的东西不思想"这类的知识。观念间的关系之间会发生很多困难，这些困难不是能够凭"人智"克服的。在洛克看来，诸如上帝是否赋予物质以知觉和思想的能力这类东西只能通过上帝的默示去发现，人的理智不具备这一发现能力，我们只能发现自己的知觉和思想，在物质是不是思维实体这个问题上，我们因缺乏证据而不能产生知识。人类对于世界的认识更多的只是假设，而相信一个假设的东西是不合理的，即使人们在假设中论证了一个命题，那也是无济于事的，因为所依据的只是一些观点，而非确凿的充分的证据。所以，人类的知识是脆弱而贫乏的，在洛克看来，人类智力能力是有限的，因为我们不能获得事物的某种本质，进而

---

① ［英］洛克：《人类理解论》，关文运译，第569页。

不能获得事物的全部观念。①

　　洛克认为，由真实的感知而来的观念与记忆不同，对此，怀疑主义者对人类是否有真实的感知提出疑问，人们如何知道观念从外物而来，而不是做梦？洛克从人类如何以适合自己的方式标记外物，或者说是如何的生活角度，对此反驳道，"没有人认真地怀疑，就像没有人会不确定自己看到和感觉到存在物一样"。在洛克看来，虽然人们适合认识一些事物，但不适合认识所有的事物。但是，人类的官能和能力不是偶然拥有的，而是上帝给予的。人类认知的目的是增加生活的福祉和便利性，人类没必要用有关于物质实体特性的严谨知识，去增加生活的便利性。在他看来，实际问题是重要的，他论述过美国印第安人的愚昧落后，要摆脱这种境况，就要坚固有利条件，而不是玩味那些无用的、虚无的、满足好奇心的东西，那些只能用来娱乐满足自己，除此之外，没有任何好处。②

　　那么，我们的知识究竟能达到多远？洛克将观念间一致或不一致的关系分为四类，即"同一"、"共存"、"关系"和"实在"。就第一类"同一性和差异性"来说，由于同一性和差异性是关于直觉知识的，也就是说当心中发生任何两个观念时，人可以通过直觉知道它们的相同或不同，因此，它与观念本身有同等的范围。就"共存"来说，它关系到实体的大部分知识，人们对于实体的观念是这个实体中所集合的各种观念的集合体，共存也正是这个意思，如黄金的观念就集合了沉重、黄色、可展、可溶等观念。我们对于实体的所知道的观念却是有限的，所以在这方面的知识也是十分有限的。第三种知识"关系"，这种知识是我们的观念在实体以外的任何别的方面的关系，可以说，这种知识应该

---

① 　[英]洛克:《人类理解论》，关文运译，第570—575页。

② 　Roger Woolhouse, "Locke's Philosophy of Language", *The Cambridge Companion to Locke*, ed. ，Vere Chappell, New York: Cambridge University Press, 1995, pp.169–170.

是人类知识的最大领域，不能确定它究竟可以达到多远，因为人们凭借聪明的思维总能够找到任意观念间的关系，可以不断地发现更多的中介观念把它们联系在一起，由此间接地知道它们之间的关系。第四种知识是关于事物的现实存在的，我们对于自己的存在是一种直觉的知识，对于上帝的存在是一种解证的知识，而对于其他一切东西的知识是感性的知识，这种知识超不出我们的经验感官的范围。洛克认为，人们不但要知道自身思维理解的有限性，还应该在自身所能达到的范围内探索知识，"而不使自己陷于黑暗的深渊中"。①

如果知识只是被限制在观念间的关系方面，那么它似乎成了"幻观"吗？洛克回答说，人心并不直接认识实在的事物，它必然要以它对实在事物的观念作为媒介，才能获得关于事物的知识，因此缘故，只有我们的观念与事物相契合，知识才不会成为单纯的幻想。他进一步说，"一切简单的观念都是与事物契合的"，简单观念不是人心凭空造出的，它一定是各种事物"由自然途径"作用于人心而产生的结果。那么，人心为何能够自然产生简单观念，洛克说"只是因为造物者凭其聪明和意志，把它们造得特别宜于产生那些知觉"，并且是自然地、有规律地产生知觉；复杂观念都和事物相互契合，也属于实在性的知识，因为，一切复杂观念不以任何事物为摹本，它是"人心自造的原型"，显然与自造的原型相符，不缺乏实在性知识所需要的任何一种契合关系。除此之外，他认为数学的知识、道德的知识都属于实在的知识。当涉及各种实体时，我们必须要考察实体的观念，要获得关于实体的实在知识，就必须使关于实体的观念同事物本身相契合，如果只把不相矛盾的各个观念联系起来，那是不够的，"只要我们能看到我们观念间的一致或不一致，我们就有确定的知识；只要我们能确知，哪些观念和事物的真相相符，

---

① [英]洛克：《人类理解论》，关文运译，第576—586页。

我们就有确定的、实在的知识"。①

三　真理和确定性

"什么是真理"这一问题是西方哲学家们一直探索的问题，古典哲学家们试图建立一种确定可靠的知识体系，这一努力在"智者"的挑战下发生了对真理客观必然性怀疑的转向，这个转向同时也成为苏格拉底、柏拉图和亚里士多德等哲学家对认识论问题进行更深入思考的动力和历史契机。苏格拉底以怀疑的精神和不断追问的方式，试图建构确定可靠的知识，提出"认识你自己"，而认识自己最重要的是认识人的灵魂，即人之中最神圣的部分——理智或理性。他肯定了人的理智或理性，认为理智或理性是人类最有智慧的部分，只有它才能形成稳定不变的、永恒绝对的真正知识。柏拉图在真理性知识的问题上直接秉承了他的老师苏格拉底的衣钵，并进行了更为广泛和深入的分析。他首先肯定人类有能力获得真理性知识，并且真知识是归属思想或理性这种能力的。在《国家篇》中，柏拉图从认识对象方面考虑，提出真正的知识是关于真实存在的和不变的世界的知识，对一些有关数理对象和事物的型或"相"的世界的认识才能形成普遍永恒知识。②继柏拉图之后，亚里士多德将认识论问题推向了一个新的高度，对知识的类型、认识过程、认识方法的科学建构等方面做出了重要的理论贡献。亚里士多德从总体上把知识分为三类，即思辨的、创制的和实践的。其中思辨的知识包括数学、物理学和神学（第一哲学）三种，并且这类知识更应该受到重视，尤其是最为崇高的第一哲学，即神学，它以最为普遍和永恒不变的

---

① ［英］洛克：《人类理解论》，关文运译，第 597—600、610 页。
② ［古希腊］柏拉图：《国家篇》，《柏拉图全集》第二卷，王晓朝译，人民出版社 2003 年版，第 508E–511E 页。

实体为研究对象，是关于"作为存在的存在、是什么以及存在的东西的属性"的知识或学问。①亚里士多德对知识的分类和排序肯定了人的思辨能力，确定思辨科学比创制科学和实践科学更有智慧。他对知识的分类是基础性的也是意义重大的，对之后数世纪的知识论影响极大。

洛克认为真理"就是各种标记（就是观念或文字）的正确分合"，所谓标记的分合，就是指命题，"人心在知觉或假设观念间的一致和不一致时，它一定要默然地在自身以内把它们组成肯定的或否定的命题；这就是我所谓的分合"。命题分为两种，"一种是心理的，一种是口头的"，或者说是观念的和文字的，或者是思维的命题和词语的命题，要分别考察两种命题是不可能的，因为思维的命题不可能离开词语的表达，词语的命题不可能离开思维活动，文字即是真理和知识的载体，也是它们之间的"最大通渠"，"真理只是抛开文字以后，各观念自身的分合"。思维的命题在何时为真呢？洛克说："各种观念在心中的分合，如果正同它们（或它们所表示的事物）的一致或不一致相应，我就可以叫它们为心理的真理。"用几何学的例子更能解释清楚思维的命题为真的情状。口头的命题，或者文字的命题要符合它所表示的观念，在这个前提下，"各种文字的相互肯定和否定"对应于"观念之间的一致与不一致"，这时口头命题为真。文字的真理分为两层，即纯粹口头的真理和实在对象的知识的真理。②

概括的命题或普遍的命题是我们常常会遇到的，它的实在真理的确实性是如何得以成立的呢？概括的真理只有通过文字来表达，所以只能把它放在口头的命题中去理解。洛克把普遍命题的确实性分为两层，一层属于真理方面，另一层属于知识方面，他说，如果一个命题"能精确

---

① ［古希腊］亚里士多德：《形而上学》第六卷（E卷），苗力田译，中国人民大学出版社 2003 年版，第 1025—1026 页。

② ［英］洛克：《人类理解论》，关文运译，第 610—614 页。

地、如实地，表现出各种观念的一致或不一致，这就叫作真理方面的确实性。至于我们如果按照命题中所表示的样子，来认知各种观念的一致或不一致，那就是知识方面的确实性，我们就认为'认识那个命题'"。"在任何命题中，我们如果不知道所提到的各个物种属本质，则那个命题不能说是真的。"洛克认为，经院哲学中那些"本质意念"和"物种意念"不能准确表达物种的本质，都是"无用的想象"，必须予以铲除，人们应该"运用那些能表示确实性的文字"，这在一切简单的观念和情状方面是容易做到的，但在复杂观念或混杂情状中不易做到，因为"概括名词"的范围是很不确定的，很难知道它的实在本质。与名义本质不同，只有实在本质才能形成、决定、范围各个物种。

> 命题的概括的确实性，成立于什么——总结起来，我们可以说，任何一种概括命题之所以成为确实的，只是因为其中所含名词所表示的观念之契合与否是我们所能发现的。只有当我们察知观念的契合或相违，是与名词的互相肯定或否定相一致时，我们才能确知它们的真和伪。因此，我们就可以注意，只有在我们观念中，我们才有概括的确实性。我们如果在外界的实验和观察中，来找寻这种确实性，则我们的知识便不能超过特殊的事情以外。因此，只有我们思考自己的抽象观念，才能给我们的概括的知识。①

在洛克看来，真理与确定性与事物的名义本质和实在本质有很大的关系。事物（情状或实体）的名义的本质是关于事物的观念，所以三角形或黄金的名义本质就是我们所说的字词"三角形"或"黄金"的意思，对我们来说，描述或者性质都必须是有顺序地说明"三角形"或"金子"。洛克说，抽象的观念是附加的，所以每个包含在观念中的

---

① ［英］洛克：《人类理解论》，关文运译，第628—630页。

东西，对于它的"种类"（Sort）都是关键的。事物的实在本质（real essence）是它的最为核心和重要的部分，是物质的原因，也是名义本质以及所有"种"的性质赖以存在的，也是所有物种的性质所依赖的，都来自事物的实在本质。他以精心制作的斯特拉斯堡天主教堂的钟表为例子，表明农夫的观念和钟表匠的观念（或者说是他们的唯名的本质）一定非常不一样。农夫拥有的是他观察到的特点和特性，而钟表匠拥有的是实在的本质。①

认可实在本质就是承认有基础性的东西和作为原因的东西存在，或用来解释存在及其特点和性质。如果认为所有实在本质都只是特点，而不认为事物有某种基础，这种基础产生并解释那些特点，那么实在本质的概念就不成立了。洛克把这些思想以相对简单的方式应用到如铅和金这类实体上，一方面，它们的性质是熟知的、可观察的和可发现的：有特别的颜色、有延展性、在酸中可溶等；另一方面，人们很自然会想，铅和金是这样一种真实的存在，这种存在是其性质赖以存在的基础，是解释它们有这些性状的原因。如今的化学家可以详细地告诉我们铅和黄金是什么，以及它们为什么有那些性质。300年后的今天，化学已经有了突飞猛进的发展，但是我们关于物质的思想仍然与洛克的思想保持基本的连续性，特别是他关于物质的实在本质的概念被斯特拉斯堡钟表的运转所模仿。他假设黄金基本上是由看不见的微小粒子集合而成，只有主要的性质，如硬度、大小、形状和运动。正是这些微小粒子的排列和重新排列，构成了黄金可观察的性质，如它在酸中的延展性、可溶性，这是可以解释、可以理解的。不同实体有不同性质是因为构成实体的那些不可见的细胞的形状、大小、排列和运动不同，这构成了微粒子的"真正组成部分"（real Constitution）。

① ［英］洛克：《人类理解论》，关文运译，第631—635页。

　　洛克的思想不仅与当代一致，同时也与古典原子论哲学家一致，如留基伯、德谟克利特、伊壁鸠鲁。古典原子论哲学家理解物质世界之现象的理论方式源于 17 世纪，在伽利略、伽桑狄、霍布斯等人的努力下复兴起来，其中的核心思想被洛克吸收。但是，实体的实在本质的观点以及实在本质如何构成实体的本质特征的问题，与 17 世纪的流行思想相比，显得十分不同。他的"更加理性的意见"假设"所有的自然之物都有一个实在的、不可知的组成部分，因为这个部分而有了可见的性质，我们才能区分个别，根据一般名称分类"。

　　另外，他拒绝假设一定数量的"形式"（forms）和"情状"（molds），并认为这个观点适用于所有的自然之物。古希腊哲学家亚里士多德认为物质是由形式（form）和质料（matter）构成，洛克拒绝这种观点，他复兴原子论传统，认为物质是微粒子的集合。微粒子的实在本质与经院哲学的"形式"有些不同，但它们终究都有同样的作用，就是解释或者作为各种事物特性的来源。但是，在启蒙思想家看来，经院哲学家们有关"形式"的观点仅仅是字面的定义，不是对事物真实样子的描述，仅仅是在严格规范定义结构前提之下的事物的样子。在 17 世纪，大家普遍认为亚里士多德的思想"使自然知识显得更加让人困惑"，已经不能再成为认识和理解事物的方法了，最好用原子论的方法来理解物质的结构，而不是用亚里士多德的学说来理解物质。

　　在上文中，已经讨论过几何形状的名义本质是关于事物的观念。那么，什么是事物的实在本质？很明显，不是微粒子结构或者微粒子的组合，因为三角形不是物质，而是一个形状，或者说是一个物质组合的方式。但是我们不能直接地、清楚地知道什么是实在本质。这可能就是人们为什么对情状的实在本质缺乏热情的原因之一。洛克有时说"情状"不同于没有思想连贯性的统一整体，这似乎就是他所说的实在本质。也就是说，他认为"情状"实际上比人们描述得更简单，人们只是出于方便使用而把它说成是"由分散的和独立的观念组成，再由心灵（mind）联系起来"。然而，认为情状没有实在本质是错误的。洛克非常坦率地认为，情状有实在本质，而且他的认识论就以这个为基础。①

在这里，我们需要区分情状的特性以及使那些特性得以存在的本质（essence）的区别。洛克用三角形来阐释两者的区别。他说三角形的实在本质是"一个形状，包括三条线围成的空间"，"所谓实在的本质，就是任何物体的实在组织；包括在名义本质中而与之共存的一切特性都以这种组织为基础。这种特殊的组织是各个物体自身所包含的，并不与以外的东西发生关系。不过就在这种意味下，所谓本质亦与物种相关，亦必然要假设一个物种。因为它既是各种特性所依靠的实在组织，则它必然要假设一个物种。因为所谓特性只属于物种，并不属于个体。"②洛克做了一个对比，黄金确有的特性（名义本质）和其特性所依赖的黄金这种物质的各部分的组织（实在本质），以及三角形确有的特性（名义本质）和其特性所依赖的三边围成的三角形这种存在（实在本质），两者的区别就在于当我们凝视黄金时，忽略了它的实在本质，但是，我们知道三角形的实在本质。洛克还要说明的一个问题就是实体和情状的关系问题。虽然相当一部分感觉是情状的实在本质的观念造成，但这其中会出问题。有些人会认为"三边围起来的形状"是三角形的实在本质，其三个内角之和等于两直角，这就是从那个实在本质得出的结果，这样说未免过于武断。对于其他的情状而言，比如混杂情状，"队列"和"弑亲"，人们就很难区分其本质和特点。

总之，实体的观念，也就是名义本质，不是它们的实在本质，情

---

① Roger Woolhouse," Locke's Philosophy of Language", *The Cambridge Companion to Locke*, Vere Chappell, ed., New York: Cambridge University Press, 1995, p.160.

② ［英］洛克：《人类理解论》，关文运译，第 549 页。

状的观念通常是实在本质。为什么洛克说自然哲学不是科学，然而几何却有系统的推论？很简单，黄金的观念不是实在本质，其性质不依它而存在，黄金的观念和那些性质之间没有可辨别的关系。另外，三角形的观念是实在本质，其性质依它而存在，那些性质是从三角形的观念中得来的。所以，当观念是实在观念时，人们可以用直观或推理的方法获得确定的、普遍的知识。这就是为什么洛克说"和数学一样，道德有推理的能力"，因为，伦理的观念是被人所熟知的，它的实在本质是可知的。然而，在自然哲学中，人们没有关于其实在本质的观念，不能进行推理，不能获得真知识，但是可以依靠经验中形成的信念。

洛克的思想有其特定的时代背景。当时的思想家们为了促进科学发展，寻找适合自然科学的方法，那就是建立在观察基础上的、对实体的探究。这样看来，科学就是建立在一定方法上的知识，这种方法使人理解为什么事物必然如此。如果一个人按照严格的规则，从"第一原则"中推演出物质必然如此，那么，他可以对某物有科学的理解，如黄金有延展性。按照科学的观察方法，"形式"（form）或"性质"（nature）或"实在本质"就应该像生物遗传学那样有个定义，而且物质的特性要受到调查研究。洛克和他的同事们意识到几何可能是个例外，因为，科学知识不是通过那种方法得到的。特别是严格的演绎推理要求建立在科学结构之上，而且"实在本质"不适用于自然现象的研究，所以，科学将注意力从事物转向字词。

四　知识、信仰与意见

我们关于三角形性质的知识不是由感觉而来，而是在理智掌握了观念间的关系的基础上得到的，现在这样说似乎是可信的。但是，说我们关于银的知识（在酸中溶化）或金的知识（在酸中不溶化）也是在理智掌握了观念间的关系的基础上得到的，这就不可信了，因为在这个例子中没有发现观念间的关系，只有观察和经验。在这样的例子中，看上去知识确实由感觉或感官观察，而不是关于观念的推理而来，洛克对此的解释是，这些并不是知识，知识是对观念的关系的知觉。所以，若我们得到的不是观念间的关系，那就不是知识，而是"信念"（belief）或"意见"（opinion）。

当缺乏直觉知识或者推理知识时，我们必须要用"判断"来衡量可能性以及要相信什么，所以洛克用几章的篇幅来考察"信仰、意见和同意的基础和程度"。以观察和经验证实的普遍信念和预期，而且这些普遍信念和预期是关于超出观察范围的物质实体的性质，以及我们如何决定在它的基础上形成哪种普遍信念，洛克对这类事物没有多大兴趣。他的兴趣包括皇家科学的自然哲学、我们自身的经验范围、别人的验证和书写记录，这些一并成为关于各种个别事件的信念的可能性，普通的和超自然的。

洛克的"知识"概念与近代"先在的"（priori）或"概念知识"有紧密联系，他说"我们的一些观念之间有必然的联系，习惯，还有联系，如此明显地包含在观念本身的性质中，没有了联系，即使靠任何力量，我们也无法认识观念。有了联系，我们便能获得确定的、普遍的知识"。洛克的这个说法与当代关于"先在知识"（如数学和几何）的解释如出一辙。"信念"（belief）概念和"后天知识"（a posteriori knowledge）同样有紧密的联系，"相信"建立在"观察和经验"基础之上，是一种对已有的观念间关系的同意；"后天知识"是如化学那样的系统的经验科学。但是，洛克认为与其称经验知识为"知识"，不如说它是"相信"，所以，他不会把化学称为"科学"，"科学"是知识的一部分，而不是"相信"的一种类型。对他来说，几何学和算数是科学，道德也是，而自然哲学就不能被称为科学。有时候"理解"（understanding）

掌握了观念间的必然联系，但有时没有；有时我们有的是"知识"，但有时候有的是"相信"或"意见"，为什么会这样？最简洁的回答就是，因为有时我们的观念（洛克称为 nominal essences 名义的本质）是关于实在的本质（real essences）的观念，有时候不是。在提出所有观念都来源于经验之后，洛克区分了简单观念和复杂观念，同时，他将复杂观念分为三大类：一为情状（mode），二为实体（substances），三为关系（relations）。①复杂观念的分类在洛克的知识理论中很重要，几何形状是情状，我们可以拥有关于情状的知识；而黄金和铅一类的东西是实体，自然哲学家对这类东西的性质感兴趣，并"相信"有关这类东西性质的。

在之前的讨论中提到过洛克区分了知识与信念，这与近现代关于先在的或概念的知识以及后天的或经验的知识的区分有相似性。根据当代逻辑实证主义者的看法，先在的知识最终是空洞的。在洛克看来，这些观念之间并没有必然的联系，我们所假设的实在本质或黄金的微粒子结构和它的延展性之间的必然联系并不存在；我们确有的关于三角形的实在本质（三边闭合）和它的性质（三内角之和等于两直角之和）之间的关系也不存在。所谓确有的三角形的性质只不过是"告知性的"（informative），用来参照语词的确定性。先在知识是轻浮的和内容空洞的这一观点与为什么实体的性质不是先在的、为什么自然哲学不是科学，有着密切的关系，原因在于事物的本质，而不是理解的本质。②按照实证主义者的观点，自然世界完全是偶然的，所以除了依靠观察和经验，没有其他的途径可以获得自然世界的知识。但是，根据洛克的观点，世界是有必然性的，因为实体有实在本质，实体的特性

---

① 　[英]洛克:《人类理解论》，关文运译，第140页。
② 　Roger Woolhouse, " Locke's Philosophy of Panguage", *The Cambridge Companion to Locke*, Vere Chappell, ed., New York: Cambridge University Press, 1995, p.163.

因其实在本质而生出。因为对观察和经验的依赖，才使人们忽视了实在本质。

除了与近现代的观点的对比，洛克还考察了亚里士多德关于"科学的知识"和"意见"的区别。亚里士多德传统认为知识是必然性的和独一的；洛克认为知识是确定的和普遍的。对于亚里士多德来说，知识是在以准则和定义为前提的三段论基础上发展出来的组织结构；与亚氏不同，洛克认为科学是有关知识的推理体系，但是他并不认为三段论方法和抽象的准则有什么特殊价值，自然哲学是有关"实体"及其特性的"信念"的集合，它不是科学或者知识。这是因为理解的性质，而不是因为事物的性质。所以，经院哲学传统的"意见"关系到偶然性，而洛克认为"意见"关系到对人们来说什么似乎是偶然性的，而实际上什么可能是普遍确定的。

经院哲学传统的特点体现在对科学的追求就是正确使用人类理性，甚至可以说人是能使用演绎推理的理性人。"意见"不值得或者不能被系统地考察，在关系中谈论"系统"（system）是不合适的，因为"系统"意味着从第一原则演绎推理的组织结构。但是洛克认为，"意见"值得体统地考察，它是"自然哲学"，可以成体系，而且它不是"科学"。在这个意义上，洛克多少受到了古典哲学家们的影响。但是，正如洛克那些皇家科学院的同事所做的，"意见"是可以被系统研究的，他有时将自然哲学的"信念"称为"经验知识"，在这个意义上，他摆脱了那种影响。

尽管说人们对自然哲学一无所知，但是我们仍然拥有不止几何学和数学领域的知识。人们普遍理所当然地认为"只有数学有证明的确定性"，在洛克看来，这一说法是错误的。因为相关的观念是情状，它的实在本质要么已知，要么将会得知。他提出将道德置于科学推理之中，从自明的命题中得出必然的结果。这种道德科学有两个基础，首先，要有上帝的观念，即"至上的存在、无限的力量、至善和智慧"，这个观念不是天赋的，而是在经验的基础上形成的。这是伦理的基础，因道德法则仅仅是上帝的命令或指示，"上帝给人们规则，人们应该借着这规则管理自己……这是道德公正的唯一试金石"①。其次，人类作为有理解力和理性的存在，由上帝创造并依靠上帝。从这一点就可以不证自明地得出结论：人类可以理解上帝意志，而且人类应该顺从上帝意志，"我们当然知道要尊敬（honour）、害怕、顺从上帝，就像知道3、4和7小于15一样"②。

当然，即使在人类的上帝观念之外，上帝也真实存在，上帝给予人类理性的力量和推理的能力让人们知道上帝存在。洛克在《人类理解论》中说，不能只用传统的本体论证明来为上帝存在辩护。在后来的论述中，实际上洛克否定了本体论证明，他否定的理由是，某物的存在很难从一个观念中证明，而是从其他存在物中证明。简单地说，洛克的证明是从直观知识，即人类作为理性存在的事实，得出只有永恒的理性存在才能创造人类的结论，证明上帝存在。

洛克承认还没有人生产出一个可以推理的道德，但是，洛克认为，这不意味着人类在伟大的道德事业上彻底地失败了，因为人类确实用推理的方法获得了一些道德的知识。然而，正如他在《基督教的合理性》一书中所说的，这个过程不容易，道德知识很难获得。还有另外一个方法，那就是人类理性及其理解，那些既没有时间也没有能力的人可以幸运地找到救援——《圣经》。洛克解释说，《圣经》中有完美的伦理体系，求助于《圣经》可以免去理性，只需要信念，不需要理性和对观

---

① Roger Woolhouse, "Locke's Philosophy of Language", *The Cambridge Companion to Locke*, Vere Chappell, ed., New York: Cambridge University Press, 1995, p.165.

② Roger Woolhouse, " Locke's Philosophy of Language", *The Cambridge Companion to Locke*, Vere Chappell, ed., p.165.

念间关系的感知。洛克是在特定的历史背景下提出这个观点的，宗教改革引发了宗教真理到底在哪里的疑问，启蒙运动使人们思考理性在道德和宗教真理中的地位，以及《圣经》在提倡理性的时代中的处境。在这样的思想大变革、大讨论中，洛克在首先否定了天赋观念之后，猛烈抨击了人类轻信、误信、懒于使用理性、受制于他人的命令与控制，而这些都是需要仔细检验的。所以，宗教和道德的真理可能来源于两方面："自然之光，或者启示"。两者的关系是，理性高于启示，这并非简单地说理性知识优于以启示为基础的信仰，而是说启示是理性的结果。①

洛克认为，一些道德真理可以通过理性获得，也可以通过阅读《圣经》获得，但是阅读《圣经》并不能使思想坚定，人们需要知道启示的真实性，这没有理性基础上的知识那么有把握。但是，人类理解是有限的，有些启示真理是无法用理性发现的，但这不影响理性在启示真理中的作用，理性要判断启示是否确实来自上帝，如果确实来自上帝，那么，这个启示就是真理。但是，相信启示真理并不对"救赎"起到决定性作用，洛克说："上帝已经给予人类足够的理性之光"，人类完全可以借着这个自然能力得到"救赎"所需的必要的东西。理性下的启示规则使"信仰"有别于"狂热"。一个宗教狂热分子"把理性搁置一边，建立一个没有理性的救赎"。②洛克反对宗教狂热，强调理性在道德和宗教中的重要作用，这使他在自然神论的发展史上占有一席之地，关于这个问题笔者将在以后的章节中重点论述。

---

① Roger Woolhouse, " Locke's Philosophy of Language", *The Cambridge Companion to Locke*, Vere Chappell, ed., New York: Cambridge University Press, 1995. pp.166–167.

② Roger Woolhouse, " Locke's Philosophy of Language", *The Cambridge Companion to Locke*, Vere Chappell, ed., p. 168.

第三章　宗教信念与证据主义

　　洛克将认识论的证据主义原则扩大到宗教信念的合理性中，形成了关于宗教信念的规范认识论。①洛克这种认识论的证据主义原则更好地体现在他对信仰与理性关系的论述中。他认为，信仰与理性有清晰的界限，属于不同的领域，但两者不是奥康所认为的那种彻底分离的关系，而是信仰既区别于理性又要听从于理性，一切信念都要以理性为指导。宗教信念并非自明知识，需要以理性来说明其合理性，是否接受某一宗教信念取决于人们所能够提供的理性证据，依照证据予以相应的信念态度。总体来说，就是以理性调节信仰。对此，洛克将神学命题分为三种类型，即"合乎理性的命题"、"超乎理性的命题"和"反乎理性的命题"。"合乎理性的命题"是我们可以相信的，对于"超乎理性的命题"，我们需要确证其神圣来源，而"反乎理性的命题"是绝不能相信的。除此之外，他关于神学命题的理性分析与阐释也很好地体现了其认识论的证据主义原则。

---

①　Nicholas Wolterstorff, "Locke's Philosophy of Religion", *The Cambridge Companion to Locke*, Vere Chappell, ed., New York: Cambridge University Press, 1995, p.181.

第一节　理性与信仰的关系

一　理性之为辩护

基督教信念的合理性问题自基督教诞生的那一天起就已存在，最早为基督教合理性辩护的教父哲学家们，包括亚历山大里亚城的查士丁、克莱门特、奥利金等早期教父哲学家们，他们在当时流行的希腊哲学传统的框架内，从知识论的意义上为基督教信念的合理性做出哲学的辩护。这一知识合理性的辩护有着深厚的历史渊源，它源于西方思想对真理性知识以及知识合理性要求的传统之中。古典哲学家们试图建立一种确定可靠的知识体系，这一努力在"智者"的挑战下发生了对真理客观必然性怀疑的转向，这个转向同时也成为苏格拉底、柏拉图和亚里士多德等哲学家对认识论问题进行更深入思考的动力和历史契机。苏格拉底以怀疑的精神和不断追问的方式，试图建构确定可靠的知识，提出"认识你自己"，而认识自己最重要的是认识人的灵魂，即人之中最神圣的部分——理智或理性。他肯定了人的理智或理性，认为理智或理性是人类最有智慧的部分，只有它才能形成稳定不变的、永恒绝对的真正知识。柏拉图在真理性知识的问题上直接秉承了他的老师苏格拉底的衣钵，并进行了更为广泛和深入的分析。他首先肯定人类有能力获得真理性知识，并且真知识归属于思想或理性这种能力。在《国家篇》中，柏拉图从认识对象方面考虑，提出真正的知识是关于真实存在的和不变的世界的知识，对一些有关数理对象和事物的型或"相"的世界的认识才能形成普遍永恒知识。①继柏拉图之后，亚里士多德将认识论问题推向了一个新的高度，对知识的类型、认识过程、认识方法的科学建构等方面做出了重要的理论贡献。亚里士多德从总体上把知识分为三类，即思辨的、创制的和实践的。其中思辨的知识包括数学、物理学和神学（第一哲学）三种，并且这类知识更应该受到重视，尤其是最为崇高的第一哲学，即神学，它以最为普遍和永恒不变的实体为研究对象，是关于"作为存在的存在、是什么以及存在的东西的属性"的知识或学问。②亚里士多德对知识的分类和排序肯定了人的思辨能力，确定思辨科学比创制科学和实践科学更有智慧，他对知识的分类是基础性的也是意义重大的，对之后数世纪的知识论影响极大。斐洛也是在这个意义上开始他的犹太神学的合理性意义建构的。

斐洛（Philo，约公元前 20—公元 50 年）和查士丁（Justin，约公元 100—165 年）是最早构建宗教信念合理性的代表人物。斐洛首先改造了当时公认的学科或知识分类，在知识论意义上为犹太教思想奠定了坚固基础。在希腊化世界中，人们普遍认可希腊哲学，认为哲学分为逻辑学、伦理学和自然哲学三个部门，斐洛继承了这种哲学学科三分法，但改变了三门学科的排序，认为神学应归在伦理学一类，并且伦理学是哲学三门学科中最高的知识，即"第一哲学"，它在摩西律法中有具体的体现，而且在《圣经》中也有相关暗示。摩西律法是摩西直接从上帝得来的智慧，是最高的美德，那么，哲学就与摩西律法有了直接的关系，也就是说，哲学是对摩西律法的实践，作为"第一哲学"的伦理学，或者说是神学，也就成为对摩西律法的实践。③斐洛进一步说，人

---

① 　[古希腊] 柏拉图:《国家篇》,《柏拉图全集》第二卷, 王晓朝译, 第 508E—511E 页。
② 　[古希腊] 亚里士多德:《形而上学》第六卷（E 卷）, 苗力田译, 第 1025—1026 页。
③ 　Harry Austryn Wolfson, *Philo: Foundation of Religious Philosophy in Judaism, Christianity, and Islam*, Volume I, Harvard University Press, 1962, pp. 148–149.

类理性是有限的，宗教信念可以给人们带来具有稳定性和确定性的知识，只有上帝的启示才能为人类显示真理。①

斐洛虽然为信仰留了位置，但也没有抛弃理性。他认为哲学、罗马官方承认的学科、人所制定的法律和哲学"都是上帝设计的，用来指导那些没有被上帝所喜悦的人，那是上帝启示的特殊形式"②。可见，斐洛虽然持信仰高于理性、哲学是神学的婢女的立场，但他并没有完全否定理性、否定哲学，而是主张调和理性与信仰，《圣经》和其他那些有用的人类知识都是和谐的，并不冲突，只是后者是前者的婢女。他提出智慧是哲学的主人，并且哲学是一种预备知识，像柏拉图、亚里士多德这样的哲学家的思想是借鉴于先知或者摩西，③并且先知因为圣灵的充满才听到或看到上帝的启示，根本就没有什么推理证明。④苏格拉底等哲学家们之所以能够通过运用理性而被人们所熟知，是因为无论是理性还是上帝的话语都是在神中的。⑤斐洛将哲学定义为对智慧的实践，而智慧是关于上帝的知识，那么，哲学就成为关于上帝知识的预备知识，并且哲学这种预备知识是从天堂如雨水一般洒向人间。⑥斐洛的这些观点影响了欧洲哲学数个世纪，无论是基督教、伊斯兰教，还是犹太教都受到其思想的影响，并在之后的数世纪中形成了三种不同的真理观，即双重真理观、唯独理性的真理观，以及唯独信仰的真理观。

公元1—3世纪，一些教父哲学家受到斐洛的启发，如亚历山大里

---

① 关于这一部分的详细内容可以参见笔者《斐洛论犹太神学的合理性意义》一文，发表于《哲学评论》2017年第19辑。

② Philo, "*Legum Allegorica*", Philo, *The Loeb Classical Library*, F.H.Colson and G.H. Whitaker, trans., G. P. Goold, eds., Harvard University, 1981, III, 8I, 228.

③ Philo, "*Apologia*", Philo, *The Loeb Classical Library*, F.H.Colson and G.H. Whitaker, trans., G. P. Goold, eds., Harvard University, 1981, I, 59.

④ Philo, "*Dialogus cum Tryphone*", *The Loeb Classical Library*, I, 7.

⑤ Philo, "*Apologia*", Philo, *The Loeb Classical Library*, II, 10.

⑥ Philo, "*Dialogus cum Tryphone*", *The Loeb Classical Library*, I, 2.

亚城的查士丁、克莱门特、奥利金等早期教父哲学家们站在调和理性与信仰的立场上，将基督宗教思想和希腊哲学相结合，创造并形成了基督宗教哲学体系，用希腊哲学的理性传统为基督教信念的合理性进行辩护。查士丁相信希腊哲学与基督宗教具有内在一致性，基督教是一种真正的哲学，而且耶稣基督就是宇宙的"逻各斯"。他用柏拉图哲学和斯多亚学派的思想解释有关基督宗教信念的学说，认为任何一个人，包括希腊哲学家，都具有内在的逻各斯（理性），斯多亚哲学家们所说的逻各斯（Logos）实际上就是基督，就是基督所表明的圣道（The Word），上帝的圣道或基督宗教的真理早在希腊哲学之前就已经存在，希腊哲学只不过是逻各斯的另外一种不完全的表达而已。哲学家们因为圣道之光的照耀，通过自己的努力，部分地认识到了基督宗教的真理，但是这些认识常常伴随自相矛盾。所以，希腊哲学家们不能自觉地、完全地认识圣道或者神圣逻各斯，只有耶稣基督的到来，才能将圣道完全地启示出来。斯多亚学派所说的逻各斯的真理实际上并不是完善的，只有神圣逻各斯才是最终的完全的真理，在基督宗教的信仰中，人们才能到达真理。查士丁在一定程度上肯定了希腊哲学，更重要的是指出希腊哲学的神圣来源，它来自神圣之光。查士丁对基督宗教信念的理性辩护的方式，对3—4世纪的教父哲学产生了非常重要的影响。①

克莱门特继承了斐洛和查士丁的部分思想，并从知识论的意义上为基督宗教信仰建立合理性，例如，克莱门特认为希腊哲学来自东方，理性有其神圣来源，希腊哲学低于基督教信仰的完美。他仰赖斐洛使用过的降雨的比喻来说明上帝将"神圣的智慧"如降雨般赐给人们，人们

---

① 参见翟志宏《托马斯难题：信念、知识与合理性》，中国社会科学出版社2014年版，第69—72页。

都具有神性智慧这一点是无须解释的，这也是上帝按照自己的形象造人的体现，希腊哲学只是永恒之道（真理）的片段，但也"来自上帝的智慧和力量"①，并且"在认识上帝之前，哲学对于希腊人寻找真理是必要的……它通过表达而成为获得真理的一种准备训练。哲学是将希腊思想带领到基督的导师，正如律法曾经要带给希伯来人的那样"。②不同的是，斐洛是以柏拉图及其一脉思想为蓝本进行了一系列的改造和创造，而克莱门特是借鉴亚里士多德思想的推理传统，从必然性知识的角度说明信仰在知识论意义上的合理性，认为真理性知识是一种证明性知识，必须有一个自明的开端，信仰就是那无可厚非的、自明的基础和开端。③

到了公元 4 世纪，基督宗教逐渐取得了政治上的合法性，因为与希腊哲学的结合，在思想上也取得了合理性，在社会层面也得到越来越多人的认可，其生存的合法性问题基本解决。但是基督宗教信念与希腊哲学因联姻而产生的基督宗教哲学已经发展成为一个独立的研究领域。作为基督教早期重要的神学家、古代教父思想的集大成者，奥古斯丁将基督宗教定义为"真正的哲学"，因为真正的哲学是通向幸福生活的道路，而基督教是"达到幸福生活的唯一正确途径"，所以基督教是真正的哲学。如果说基督宗教是"真正的哲学"，那么，希腊哲学就是"现世的哲学"。希腊哲学以追求人类智慧为目标，以理性为实现目标的手段，奥古斯丁认为这是不能到达幸福的，因为人类理性带来的是相互矛盾和无休止的争论。而基督宗教向人揭示的是神圣的智慧，使人得到救赎和真正的幸福。奥古斯丁所做的"真正的哲学"和"现世的哲学"的

---

① Clement, "The Miscellanies", *The Stromata*, Book I, chap.XⅦ.
② Clement, "The Miscellanies", *The Stromata*, Book VI, chap.XⅦ.
③ 详见翟志宏、徐玉明《必然性知识与宗教信念的合理性意义：论克莱门特辩护思想对亚里士多德知识论的运用》，《武汉大学学报》（人文社会科学版）2014 年第 6 期，第 19—27 页。

界定有一个重要的目的，就是用哲学来阐释信仰的合理性。首先，他将信仰确定为"以赞同的态度思想"，信仰并不外在于思想（理性），而处在思想（理性）之中，信仰是思想（理性）的赞同结果。由此，他指出信仰和理性并不是对立的两极，两者存在彼此交叉的关系，思想可以对思想的对象持怀疑、批判和否定的态度，也可以持赞同的态度，这两种态度都是合乎理性的。任何怀疑与批判都是以某些无可置疑的前提为基础，这些前提就是信仰的对象；信仰并非无思想的盲从，而是以相信权威为前提的思想，若是没有信仰的前提，也就没有对信仰的进一步思考和理解。奥古斯丁从信仰与理解的先后关系入手区分了三种不同的思想对象：第一种是只能相信，不能或不需要理解的历史事实；第二种是既要相信也要理解的数学公理和逻辑规则；第三种是只有先信仰，然后才能理解的宗教信念。对于第三种，他虽然坚持"信仰，然后理解"的基本立场，但是两者的先后关系并不是绝对的，信仰可以为理解开辟道路，同时，理解为信仰做准备，他正是在信仰与理性之间不冲突、彼此交叉的关系中，为基督宗教信念的合理性做了理性辩护。① 其次，他认为一切真理都存在于上帝之中，真理以光的形式照耀出来，光照（illumination）使永恒真理显现。他区分了三种认知类型，即感觉（senses）、低一级的理性（inferior reason）和高级理性（superior reason），每一种认知都有各自的作用，感觉使人获得对象的特性（quality），低一级的理性让人知道自然物质世界的规则，只有高级理性才能使人获得永恒的真理，理性通过神圣光照达到高级理性的层次。与此相对应的知识是一个由低级到高级的等级系统，在这一等级系统中，高级知识与低级知识是"认识与被认识、判断与被判断、把握与被把握的关系"。与柏拉图不同，他不承认有先在的灵魂，也不可能通过回忆得到永恒真理；他也

① 　赵敦华:《基督教哲学 1500 年》，人民出版社 1994 年版，第 142—144 页。

不认为永恒真理可以通过感官获得，因为认知主体和认知对象都有偶然性。① 所以，在奥古斯丁看来，在理性与信仰的关系中基督宗教信念是合理的；人们具有日常知识的确定性，最高等级的真理性知识的源泉是神圣光照，只有上帝才能向人们揭示永恒真理。

从 12 世纪后期开始，亚里士多德的著作从阿拉伯世界传入西欧，主要沿着两条通道传入，一条通道是诺曼人统治下的西西里岛，另一条通道是沿着美索不达米亚—波斯—叙利亚—巴格达—西班牙的路线广泛传播。这一时期的大学建制，再加上伊斯兰教的征服者对希腊文化的传播持宽容、鼓励的态度，为亚里士多德著作的翻译与传播提供了有利条件。阿拉伯哲学家，如阿维森纳和阿维洛伊，对其著作做了全面的注释，并将其著作全部翻译为拉丁文，这为经院哲学提供了大量新的思想材料，注入了新的发展活力。13 世纪是经院哲学的鼎盛时期，这是一个建构思想体系的时代，也是最富有成果的时期，哲学家们总结过去的思想成果，注入新的思想，"纷纷创作逻辑的、自然的、道德的、神学的和哲学的'大全'"，托马斯·阿奎那无疑是这一时期最有成就的思想家，他创建的哲学—神学体系，是继奥古斯丁主义之后形成的又一完备的理论形态，自此便形成了亚里士多德主义和奥古斯丁主义两条思想路线，分别代表了亚里士多德主义传统和柏拉图主义传统。②

托马斯·阿奎那不赞同奥古斯丁混淆神学和哲学的做法，首先对神学和哲学做了明确的区分，将哲学从完全是神学的婢女中解放出来，成为具有独立人格的婢女，认为哲学仍然服务于神学，但她的人身并不依附主人。他承认了自然理性的独立性，赋予自然理性以认识论的意义，同时承接前人的观点，指出基督宗教信念在认识中的至高地位。

---

① Battista Mondin, *A History of Mediaeval Philosophy*, Myroslaw A. Cizdyn, trans., Rome: Urbaniana University Press, 1991, pp.90–91.

② 赵敦华：《基督教哲学 1500 年》，第 289、318、408 页。

他用古典基础主义的推理规则，提出认识对象的"形式方面"①，建立在"第一真理"之上，使用上帝启示中的推理方法或"形式方面"，得到的结果就是真理。托马斯·阿奎那不完全否定"双重真理"的说法，所谓双重真理只是达到同一真理的两条人类认知途径，所以，他区别了两种认知途径，一种是建立在第一原则基础上的自然理性认知途径，另一种是信仰途径，即通过特殊启示和上帝的话语认识到看不见的上帝，从而认识真理，因为上帝才是真理的来源。他认为区分科学的标准不在于研究对象，而在于研究方式，同样的研究对象可以被不同的研究方式所认识，哲学和神学有共同的研究对象，如上帝、创世、天使、拯救等，哲学是依理性认识它们，神学则是靠天启认识它们，所以，两者是两门独立的学科，即"自然神学以理性认识神学道理，教理神学只能依靠天启和权威来信仰神学道理"。从认知习惯来看，每一个认知对象包括两方面：一是物质对象；二是对象的"形式方面"（the formal aspect of object）。比如，对几何学来说，其得出的结论是物质性的，证明推理的方法就是认识对象的形式层面，通过这个"形式方面"才能得出结论。阿奎那认为，作为认识对象的"形式方面"在信仰的观照下就是"第一真理"（the First Truth）。信仰不是对任何对象的赞同，信仰的对象只能是上帝的启示，它所依靠的方法（或者"形式方面"）是永恒真理，在上帝的启示中，人才能找到通往真理的方法。那么，在上帝启示下的信仰对象就是第一真理，这一点阿奎那与他之前的大多数哲学家的观点是一致的。信仰对象是第一真理，并且第一真理是简单的，但是对第一真理的理性理解是复杂的。人们往往使用命题的方式，通过归纳分析来理解这个命题，从而试图进一步获得真理，这就使本来简单的真理变得复杂了。为了更加清楚地说明信仰对

① Thomas Aquinas, "On Faith", [美] 斯图尔特：《宗教哲学经典选读》，邢滔滔选编，第46页。

象是第一真理，阿奎那对科学对象是否可以作为信仰对象进行了阐述。他认为科学研究对象和信仰对象不同，同一个对象不可能被同一个人既可以感官观察到，同时又作为信仰的对象，同样，同一个对象不可能同是科学研究的对象也是信仰的对象。所有的科学都是从"自明"推理而来，并且是可见的原则，科学的研究对象也是可见的，所以科学研究的对象不是信仰对象，信仰不需要推理证明。阿奎那认为那些不能或者尚不能通过理性推理而获得的知识，就得先通过信仰来获得。而且，理性的认识是渐进的，每个人的学习过程都需要信念，信念可以帮助人更好地获得知识，宗教信念或者"超自然的善"（Divine goodness）可以让科学认识更加完美。① 总之，托马斯·阿奎那建立了基督宗教神学的独立学科地位，"神圣学说"被作为一门知识类型的学科建构起来。

二　理性之为怀疑

如果说 14 世纪之前，哲学的身份是神学的仆人，那么文艺复兴之后自然神学的兴起和哲学所发生的认识论转向，使哲学的认识论方法转而成为评判宗教信念合理性的标准。"77 禁令"结束了哲学与神学的联盟，禁令禁止用人类自然理性解释推测上帝的性质，经院哲学中科学和逻辑成分明显增加，神学朝着唯意志主义的方向发展，经院哲学也发生了思想上和组织上的分裂。14 世纪下半叶，唯名论思潮成为经院哲学的主流，唯名论思潮以"现代路线"（via moderna）相标榜，区别于以实在论为基础的老传统、"老路线"（via antiqua），"'老路线'代表了经院哲学教条主义的、思辨的、论辩的传统，'现代路线'则以批判的、

---

① ［美］斯图尔特：《宗教哲学经典选读》，邢滔滔选编，第46—47页。

经验的态度和探索精神为主要特征"。①唯名论的认识论注重直观个别事物的感觉，即直观认识，而实在论者注重抽象认识。托马斯·阿奎那的认识论以实在论为前提，综合抽象认识和直观认识，是一种从特殊到一般的认识过程。奥康颠覆了传统的认识观，以唯名论为前提，综合直观认识和抽象认识，认识的次序是从简单认识到复合认识的过程。他之所以有这样的认识观是由于他的词项逻辑的主张。领悟和判断这两种认识能力在认识过程中同时起作用，领悟活动把握的对象是词以及词所指称的事物，判断活动把握的对象是命题以及命题所表达的事实，比如，对白色的领悟伴随着对命题"这一事物是白色"的判断，白色是简单认识，命题"这一事物是白色"是复合认识，而且领悟和判断，或简单认识和复合认识，两者不是理智与感觉的区分，在认识中两者是同时起作用的。在奥康看来，简单认识不是知识，知识的对象是命题，简单认识只是形成关于事物的命题，但并不对此做判断，复合认识对命题加以肯定或否定的判断，只有对命题的真假做出判断的复合认识才能形成知识，自明知识和证据知识是复合认识的两种形式。奥康所说的自明知识与英国经验论者所说的自明的知识不同，它不是指感觉的直观知觉，而是命题自身显示出真或假。也就是说，根据组成命题的词项的关系就可以判断此命题的真假，这样的命题就是自明知识；而证据的知识是看词项与事物之间是否有对应关系，通过外部事物来判断命题的真假，比如"猫是动物"就是自明知识，因为我们通过此命题本身就可以知道"猫"和"动物"这两个词项的关系，从而判断这个命题是正确的还是错误的。而"猫是白色的"这个命题的真假就不依赖于"猫"和"白色"这两个词项的关系，我们需要依靠命题之外的事物来判断此命题的真假，

---

① 赵敦华：《基督教哲学 1500 年》，第 459 页。

所以这个命题是证据知识。①

可见，在奥康看来，知识要么是逻辑上自明的，要么是在经验上得到证据证明的。他的知识观反映了注重经验证据的新科学观，反对传统的那种把个别、具体、经验的现实归因于普遍、抽象、超验的原则，反对在个别事物之外设立普遍存在。"奥康的剃刀"剔除了上帝与个体之间、上帝与个别事物之间以及上帝与被造物之间各种等级关系，认为那些所谓的各种关系都是人"在经验基础上用概念把握的个别性"，并没有什么必要，应该被抛弃，"除非出于经验证据和逻辑必然"，否则这些人为的产物尽量少设。奥康用更严格的标准将哲学和神学彻底分离，他认为"上帝存在"这一命题既不能以经验证据证明，也不能从自明原则中推演而出，它是信仰的对象，而不属于知识的范围，关于上帝属性的命题也一样。也就是说，神学命题既不是自明知识，也不是证据知识，它的依据是信仰。他所主张的神学意志主义比司各脱的更加彻底，认为上帝意志是绝对自由的，人的理性受到上帝意志直接的、偶然的决定，上帝命令一个人做违反自然律的事不仅是可能的，而且是合理的，上帝意志并不服从人类理智的判断，上帝意志才是信仰的最高原则。奥康的知识论对后来的英国经验论者产生了直接的影响，经验论者们遵循了他的由简单认识到复杂认识的认知路线。他重视直观和证据的认识论符合自然科学研究的要求，被后来的学者用以研究自然哲学问题，但他的意志主义和信仰主义因其怀疑精神和破坏作用被巴黎大学禁止教授。

15—16世纪是中世纪向近代过渡的时期，这一时期发端于意大利的文艺复兴运动和席卷欧洲各国的宗教改革运动，以及地理大发现等都对近代自然哲学产生了深远影响。这一时期，新教精神为近代哲学提供

① 赵敦华:《基督教哲学 1500 年》，第 506—509 页。

了新的理论背景，根据韦伯在《新教伦理与资本主义精神》中的论述，作为新教教派核心教理的"职业"观念，其核心是"上帝应许的唯一生存方式，不是要人们以苦修的禁欲主义超越世俗道德，而是要人完成个人在现世所处地位赋予他的责任和义务。这是他的天职"。①这种强调个人主义的价值观旨在对自己确信的理想与信念的个人追求，这种价值观在认识论上的体现就是一种以"自我确信"为内在标准的真理观，"自我确信"也成为直接证据、信仰和知识的基础，也就是说，知识的基础、知识的确定性和真理的标准都以自我意识为中心，这改变了经院哲学以外在权威为论据、在辩论中寻找知识确定性的认识论模式。近代唯理论的代表人物笛卡尔所倡导的"我思故我在"的认识论思路，似乎就是在这样的思想背景下产生的。近代自然科学发展成为自然哲学中占据明显优势的一派，并逐渐主导了近代知识学说的发展。近代哲学理论与自然科学理论相呼应，具有近代科学所要求的那种中立、客观和确证性的特征，近代认识论注重经验主义和证据主义原则，在这一认识论原则的影响下，自然神论所关注的不是有关宗教教义的争论，更多的是对宗教信念的一种新看法。

　　洛克认为，理性与信仰属于不同的领域，两者之间是有界限的，但与奥康那种彻底分离理性与信仰的思想不同的是，洛克认为神学命题虽然不是自明知识，但它可以被当作证据知识。对此，洛克将神学命题分为三种类型，并分别就这三种命题与理性的关系做了详细的阐述，这一点将在下一节中进行详细论述。

---

①　［德］马克斯·韦伯:《新教伦理与资本主义精神》，于晓、陈维纲译，生活·读书·新知三联书店1987年版，第59页。

第二节　理性与神学命题

为了进一步说明理性与信仰的关系，洛克将神学命题分为三种类型，即"合乎理性的命题"、"超乎理性的命题"以及"反乎理性的命题"，他提出对这三种类型命题的判断都要以理性为准绳，以理性调节信仰，凡是与理性不相符合的信念都不应该予以接受，宗教信念也要符合理性，所有以信仰的名义接受那些违背理性的信念的做法都是不可取的。洛克以理性为一切宗教信念评判标准的思想，在其对保罗书信的译注中得到了更好的呈现。

一　神学命题的三种类型

概括的知识通过命题来表达，它"成立于人心对其观念所见的契合或相违"，我们对于外物的所有知识除了来源于感觉之外，很大一部分要依赖理性能力，无论是观念或证明间的必然联系，还是概然性联系都需要理性去发现，而且同意的各种等级，也是在理性活动中形成的。

在洛克看来，理性是指"人的一种能力"，它的作用在于"扩大我们的知识"和"调节我们的同意"。直觉知识和感官知识是极其有限的，人类知识远远超出这个范围，大部分知识都要靠中介观念和演绎推理，借着理性知觉到观念间的契合与相违。理性推理并非直接作用于事物，而是对观念发生认知，不能超过观念所及的范围，所以观念的缺陷就会直接影响到理性推理的确实性。洛克总结了五种影响理性推理的情况：

第一，当缺乏观念时，理性便没有推理的可能性；第二，当观念含糊不完全时，理性会陷入矛盾或者困难之中；第三，当缺乏中介观念时，理性就不能指示出两个观念间的确定的或概然的契合或相违，推理也就无法进行；第四，错误的原则使人心陷入困境，这时理性不仅不能肃清这些困难与矛盾，反而会使人在错误中越陷越深；第五，观念通过字词来表达，所以暧昧的文字和含糊的标记都会在推论中迷惑理性。由于人们缺乏或者无法获得事物的实在本质，更多的观念是关于事物的名义本质，理性的活动也恰恰建立在名义本质的基础之上，也就是在概然性命题基础上展开理性推理，这就决定了人类知识的天生缺陷，以及理性不能穷形尽相的必然性。所以，根据洛克的观点，观念的缺乏、观念的含糊不全以及缺乏中介观念就成了人类无法避免、无法抗拒的现状，甚至可以说是非人为的，但是后面两种情况则是人为的，并非理性的问题。

在追求知识的过程中，人类可以做的事情就是用恰当的方法弥补知识的缺陷，在可人为的方面增大知识的概然性，扩大知识的范围。洛克在《人类理解论》中多处强调他讨论知识的目的是促进真正的知识，促进有理性的人用正确的方法讨论真正的知识。首先是直觉的知识是把两个观念直接进行比较，人心对观念间的一致或不一致的一种知觉，这是确定性最高的知识；其次是解证的知识，这种知识需要中介观念的介入来比较两个观念间的契合或相违的关系，它的确定性次于直觉的知识。直觉的知识和解证的知识（或者说是理性的知识）其实是很有限的，如果知识只限于此，那么人类可以认识的事情就太少了，少到无法思考、无法生活。洛克明确地说想要补充知识的狭窄范围，只有"根据概然的推论来进行判断"①。大部分观念之间没有明显的、确定的关系，只有一种"常见的或概然的"关系，人们因此用"意见"去判断中介观念和观

---

① 　[英]洛克:《人类理解论》，关文运译，第737页。

念两端之间的概然性联系，最终"权且相信那些观念是相契的"。在洛克看来，意见不能算作知识，就连最低限度的知识都达不到，但是中介观念使观念两端的概然性关系显得明白且强烈，使人不得不同意它们之间的联系，从而选择相信那两个观念是契合或相违的，"意见的美点和功用正在于观察正确，并且确实估量各种概然性的力量，又从而把它们合拢在一块，选择出占优势的那一造来"[①]，有时这种关系可能不是完全匹配的，但是至少在一方面或几方面有较强的联系，那么就可以选择相信两个观念有概然性联系。就洛克探究知识的目的来看，意见虽然没有知识那般的确定性，但是对于人类认识事物仍然是有益处的。

　　大部分人类知识都来源于理性推理，但是还有一些情况不符合推理的条件，无法以理性判断的命题。推理是用中介观念为媒介，来寻找两个观念间的一致或不一致，然而，确实存在有些命题难以用理性来判断其观念间的关系，这种情况多发生在神学命题当中。为了妥善处理这些问题，洛克将神学命题分为三类：

　　　　（一）合乎理性的各种命题，我们可以凭考察自己的感觉观念和反省观念来发现它们的真理，并且可以借自然的演绎知道它们是正确的，或可靠的。
　　　　（二）超乎理性的各种命题，我们并不能凭理性由那些原则推知它们的真理或概然性。
　　　　（三）反乎理性的命题，是与我们那些清晰而明白的观念相冲突、相矛盾的命题。

　　那么，对于这三种类型的命题，我们的理性要如何对待呢？这就涉及理性对信念的调节问题了。

---

① 　[英]洛克：《人类理解论》，关文运译，第737页。

二　理性调节信仰

直觉知识和解证知识都是可以靠反省和推理得到确定的知识，其观念与观念间的一致或不一致的关系是容易被发现的，但是对于概括性命题或者宗教命题而言，其观念与观念间契合或相违的关系要么是不易被知觉到，要么是概然性较弱，这时由于种种原因，人们往往会相信它是真的。洛克认为，信仰不能与理性相反，并且在信仰中强调道德义务。"信仰和理性不论怎样相反，可是信仰仍只是人心的一种坚定的同意。"①既然信仰是坚定的同意，那么它就仍然在理性的范围中，不会超出理性这种才能，所以，换句话说，信仰不可能与理性相反。

如果一定要说信仰和理性不同，有各自的界限和范围，那么"理性的作用在于发现人心由各种观念所演绎出的各种命题或真理的确实性和概然性。……信仰则是根据说教者的信用，而对任何命题所给予的同意"②。人凭自然官能得到各种观念，观念再构成各种命题，理性作用于这些命题，发现这些命题的确实性与概然性。信仰的命题不是由理性演绎而来，而是以特殊的方式来源于上帝，即启示。但是，在洛克看来，启示仍然超不出理性。比如《圣经》中的启示，或者"传说的启示"，超不出简单观念的范围。因为，一方面，"传说的启示"以文字和标记为媒介传达给人，这些文字和标记也只限于人们已有的观念，否则人将无法接收到这些启示，它们不可能是人们从未知觉到的任何事物；另一方面，"传说的启示"也不可能传达给人们新的简单观念，因为简单观念都来自人的自然官能和理性，它们是一切其他意念和知识的基础和材料。人们在决定要不要相信一个启示时，总要以心中已经确立的观念或

① ［英］洛克:《人类理解论》，关文运译，第 740 页。
② ［英］洛克:《人类理解论》，关文运译，第 742 页。

知识为基础，判断那个启示的观念或命题与心中的观念或命题之间相契合或违背的程度，之后再决定是同意还是不同意，以及同意的程度等。在自然理性和观念中发现的那些真理，启示也可以传达给人，不同的是，由"思维自己观念"而发现的各种真理比启示的真理更具确定性。如果有启示说三角形三内角之和等于两直角，于是我相信这个传说，相信它是真命题，但倘若我用工具度量三角形三内角和两个直角，计算得知三角形三内角之和等于两直角之和，那么我对这个命题就更为确定一些。在认识事物和判断命题概然性方面，人们应该首选理性途径，以理性作为认识的主要通道。能够通过直观和理性推理而明白地知觉到观念间的一致或不一致，进而用这些观念间的关系构成各种命题，其确定性和概然性都可以在心中确立，那么就不需要用启示来帮助人们达到这个目的，洛克将之称为"知识的自然途径"。相信上帝的启示，或者说信念，不会超出人类知识的范围，明白的知识不会因为启示而发生动摇，当启示与理性的明白证据相违时（洛克称为"可疑的命题"），依然以理性的证据为根据，而不是违背理性地去相信它是真的。

再者，"可疑的命题"不是神圣的启示。洛克提出"任何命题只要和我们的明白的直觉的知识相冲突，则我们便不能把它作为神圣的启示"，那些妄以神圣的启示为护符的虚假命题，抵触了可以知觉到的观念间的关系，就不能予以同意，更不能说假借信仰之名而相信它们。否则，信仰和怀疑的界限就消除了，知识、证明、意见和同意的原则和基础都瓦解了，真理和虚妄也无异了。所以，洛克强调，信仰并不是让人去相信与理性或知识相违背的事情，信仰超不出理性和知识的范围。如果启示与人们心中已确立的知识相抵触，与理性相违，则这个所谓的启示必不是上帝的神圣启示，人们用理性这个天赋官能发现知识，不能想象上帝会让这个天赋官能全然无用，这与上帝的全知、全能、全善完全不符。在确实性更强的理性知识和有疑义的启示面前，人们不能丢弃明白的理性证据，而同意一个启示的命题。

有一类事物不是理性能力所能发现的，也就是"超乎理性的命题"，人们对这类事物只能有很不完全的意念，或者毫无意念，但它们被启示出来时，就成了"信仰的固有对象"，比如"有一部分天使曾经背叛上帝，失掉乐土，死者要起来、复生"等事情，都不是理性认识的对象，它们都属于信仰的事，与理性无关。①

洛克强调信仰不与理性相抵触，信仰在理性的范围内，信仰与知识不同，它是一种心灵坚定的同意，或者成为意见，意见作为知识的补充，与知识一起构成人类的认识。我们联系洛克关于"知识的改进"部分的内容，便可以发现，他提到人类的知识天生是缺乏的，概然性可以弥补这种缺乏，当观念或命题之间没有明显的一致或不一致的关系，或者人们难以发现它们之间的关系时，则可以依照概然性根据，选择较明显的一面并给予相应程度的同意，这可以促进人们认识事物。其中概然性根据有两种，"一种是与自己经验的相契，一种是别人经验所给的证据"②，如果同意的根据只在事物的概然性，所用证据若是取之于"别人"，而且这个人信用极大，又是权威，那么这个命题是可以被相信的。所以，上帝作为全知、全能的"悠久源泉"，来自他的启示自然是可以被相信的。从这个意义上说，人们就需要"判断它之为启示，而且要来判断表示启示的那些文字的意义"，这是理性的义务。洛克进一步说，即使是"超乎理性的命题"，人们除了要考察确定它是神圣启示，还要在心中确实知道它即使是和自己的明白原则和明显知识相反，也比后者更具有确定性，或者说，它比自己心中已经确立的原则和知识的概然性更大，"理性不会使人心接受较不明显的事物，而排斥较明显的事物，

---

① ［英］洛克：《人类理解论》，关文运译，第 747 页。
② ［英］洛克：《人类理解论》，关文运译，第 703 页。

亦不使它只相信概然性，而把知识和确实性忽略了"①。总之，对待"超乎理性的命题"，或者启示，仍然要经过理性的审慎考察，万不能不加考察，就假借信仰之名而轻易相信。当理性能够提供确定的知识时，就要听从理性；当理性只能提供概然性判断时，在确知是神圣启示的情况下，应该听从启示，这不会有损于理性和知识，只能"扶助理性、促进知识"。

三　对《圣经》的理性主义诠释

《保罗书信释注》(*A Paraphrase and Nots on the Epistles of St. Paul*)出版于洛克去世后的1705—1707年，这是洛克平生最后一部重要著作，也是一部未完成的著作。从洛克的笔记来看，他本打算评注所有的保罗书信，包括希伯来书，他认为这些都出自圣保罗之手，但到去世时，他只完成了《加拉太书》、《哥林多前书》和《哥林多后书》、《罗马书》，还有《以弗所书》。②在主题方面，《保罗书信译注》和《基督教的合理性》是相继的关系，其主题有两个，即"两个亚当"的遗产和因信称义，这两个主题是保罗所关注的两个传统主题，洛克就以此为标准来推进自己的研究。在洛克看来，圣保罗和其他十二使徒不同，他受过良好的教育，"思维敏捷、脾气温和，非常熟悉《旧约》内容，对《新约》的讲义也了然于胸"③。

他（保罗）在迦玛列学习了大量的犹太知识，还因为他在基督教方面的知识，以及分得荣耀的神迹，上帝已经亲自临到他，成为

---

① ［英］洛克：《人类理解论》，关文运译，第749页。

② Victor Nuovo, "The Reasonableness of Christianity and A Paraphrase and Notes on the Epistles of St.Paul", in Matthew Stuart, eds., *A Companion to Locke*, Wiley, 2015, p.497.

③ John Locke, *The Works of John Locke,* Landon, 1823, p. 104.

他的导师。（Para, 114）

"……只要是他（保罗）涉及的知识，都完全储存于心，因为他拥有天堂的光，那是上帝亲自赐予他的，即使他并不想要。"（Para, 1:112）

正是因为保罗受到神圣启示，洛克才在生命的最后几年致力于研究保罗书信。在《基督教的合理性》的第二部分中（A Second Vindication of the Reasonableness of Christianity），洛克评论了"为信仰辩护"和"信仰至上"，前者简洁明了，指接受耶稣是上帝派来的弥赛亚，后者包括《圣经》中叙述的整个神圣历史和超乎理性的暗示：人和天使的堕落、弥赛亚在地上和灵里的成就，以及关于降临到世上。洛克认为尽可能地了解这些是每一个基督徒的责任，他主张要通过保罗理解以上内容，保罗的思想从总体上包含了某些神学和基督教的启示，从其书信中便可见一斑。

在《保罗书信释注》的开篇，洛克就提出"从圣保罗本人来理解其书信"①，人们如何确定他所理解的保罗书信就是保罗本人想要表达的意思？对于这一点，洛克在《人类理解论》的赠读者中就提到过，读者会将自己的想法加之于他们所读的内容之上，那么，保罗所写的上帝的道是否也有同样的问题呢？保罗的书信有太多令人费解的地方，再加上他声称自己直接得到上帝的神圣启示，这让很多人认为保罗是个狂热分子，认为他对那些模糊不清的地方也是知之甚少。如果事情真是这样的话，那一定是违背上帝意愿的，但事实上，上帝不会做徒劳的事，"保罗从上帝那收到了光和福音，据我推断，他还没有在这种不可思议的方

---

① John Locke, "An Essay for the Understanding of St Paul's Epistles by Consulting St Paul Himself" and "A Paraphrase and Notes on the Epistles of St Paul", *The Works of John Locke,* Landon, 1823, p. 108.

式中装备自己……"①洛克确定圣保罗所表达出来的意思和他得到的启示的本意是一致的。接下来，他认为有必要阐明保罗是达意的，尤其是对于那些没有希伯来传统思想的非犹太读者，他们是诙谐的和变化多端的人，追求新奇事物，有各种各样的概念和派别，他们的一般用语都有巨大的自由性和多样性。②洛克说《使徒行传》中路加所说的保罗的演讲是合理的、清晰的和可以理解的，这些演讲的优点之一是在历史叙事中向读者传达其来龙去脉。在对个别书信的前言、梗概和注释中，洛克尽可能地提供背景材料，包括写作时间和地点、体裁、习语、风格、保罗写作的特点和他的境遇以及相关的议题和争论，等等。然而，由于保罗的文字都是书信，并且使其脱离上下文被个别提出来并整理在一起，相关背景就要从书信本身中梳理。

洛克认为要把保罗的所有书信看作一个连续的论述，阅读时要相互对照。一般读者必须关注章节划分，习惯于这种人为的划分，因为这种划分用来支持神学的、仪式的和祷告的实践，它们向读者呈现的不是保罗的意图，这是正确理解保罗书信的唯一原则和试金石。保罗的意图是他的演讲的要旨，只有反复认真阅读之后才能悟到其中的道理。在这个意义上，圣保罗只是他自己的译者，这也是洛克所认为的每一个作者都应该做到的。

讲到这里，一个呼之欲出的问题将要出现。洛克说，保罗花了相当大的篇幅维护他作为使徒的权威，因为这是反对者所关注的问题。这个问题是基督宗教的本质和犹太民族的关系，圣保罗辩护说，虽然福音早被希伯来先知预言，但是人们并没有理解其中意义，以色列人的后裔依

---

① "The Light of the Gospel he had received from the Fountain and Father of Light himself, who, I concluded, had not furnished him in this extraordinary manner, if all this plentiful Stock of Learning and Illumination had been in danger to have been lost, or proved useless, in a jumbled and confused Head …" Para, *The Works of John Locke*, p. 110.

② John Locke, Para., *The Works of John Locke,* p. 103.

然将"上帝的智慧保存于神话中，在先知费解的话语中，依然是神秘的方式"，① 在这种情形下，他区分了两种契约，即《新约》和《旧约》。摩西建立了犹太联邦，向人们传播上帝的启示的同时遮住了上帝的面，所以，在基督降临之前所有的《圣经》预言都是隐藏的。

> 现在基督降临，《旧约》中所有的关于他的预示和预言都应验了，现在，将我们的目光转向他，他有计划地以人的样子出现，所有关于他的那些晦涩难懂的章节都将云开雾散。②

接下来，洛克提出弥赛亚的降临开创了一个自由和启蒙的新时代，这个新时代也是理性发展的时代。洛克认为保罗超过了其他使徒，因为他向非犹太人传播福音，创造了一个伟大的"长期的奇迹"（standing miracle），福音得到传播，一神教和道德宗教得以建立和维系。和所有神迹一样，保罗建立了基督教的真理，这个"长期的奇迹"从来没有被驳倒。③ 洛克坚信，这个"长期的奇迹"在他的时代依然发挥其神圣作用，基督教福音的传播继续成为世界启蒙的工具，而启蒙将消除一切黑暗，让世界充满文明。④ 显然，洛克将保罗作为理解《新约》时代基督教的典范和主要突破口，在他看来，保罗在确认得到上帝的神圣启示后，运用天赋理性，将上帝的道加以理性理解之后传向外邦，这本身既是履行神圣义务，同时也开启了一个理性新时代的篇章。洛克的《圣经》解释学既反映了时代思潮，也符合他本人所主张的理性和信仰的关系，即理性高于信仰，且理性与信仰共存。

---

① John Locke, Para., *The Works of John Locke,* 1:175.
② John Locke, Para., *The Works of John Locke,* 1:281.
③ John Locke, "Discourse of Miracles", *The Works of John Locke,* WR, 48; also RC, 141–159.
④ John Locke, *The Works of John Locke,* PE, pp. 160–181.

第三节　证据主义的规范意义

洛克认为人类的知识是极其有限的，我们所能够得到的更多的是信念或意见，而信念或意见不会超出理性的范围。宗教信念或者信仰是人心中一种坚定的同意，它不应该与理性相斥。洛克提出"超乎理性的命题"是属于信仰的事，但信仰也在理性的范围之内，对于神圣命题或启示，人们需要以证据确证它来自上帝的启示，而不是凭心中的印象臆断它的来源，当确定它来自上帝的启示时，我们就可以相信它。另外，上帝的启示不会与理性相斥，当一个神圣命题与理性相矛盾时，那它一定不是上帝的启示。可见，洛克对宗教信念的理性批判是温和的，他并没有完全否定那些"超乎理性的命题"。

一　基础主义与证据主义的含义

基础主义者认为，确定的知识和被人们接受的信念有两个来源，一是我们通过感官观察（知觉）得到的知识，这些知识是确定的、可靠的；二是我们通过推理获得的其他信念，推理的前提必须是确定、可靠、无误的知识，推理为我们接受某一信念提供证明或辩护，信念并不作为推理的前提。简单来说，基础主义有两个基本主张：首先，知识的论证分为基础的和非基础的信念。基础信念是"非推论的"信念，即它本身是自明的、独立的，可以作为论证的基础，用以支持、证明其他的信念。非基础信念建立在一个或多个基本信念基础上，通过推理得到辩护。其次，断定有基础信念的存在。

基础主义可以追溯到古典基础主义时期，柏拉图认为基础信念或者第一原则就是"型式"，型式的知识作为天赋观念潜存于人们心中，人天生就有平等、善、正义、红、三角形等天赋观念，它们都是确定的且永恒的知识，独立于可感事物而存在。因为灵魂受到身体的"污染"，忘记了这些天赋观念，所以必须接受合适的培训或者"助产"，才能"回忆"起天赋观念。亚里士多德认为可以被知觉直接把握的"直观"是一切其他知识的基础，"一切科学知识都是推论的，从这些思考可推知，不存在关于最初东西的科学知识，并且既然除了直观之外没有任何东西比科学知识能更真，那么理解最初前提就是直观"①，如数学与逻辑学的公理就是可以被知觉直接把握的，是自明的第一原则。中世纪经验哲学家托马斯·阿奎那认为真理可以通过两种方式进入人的心灵，一种是"可以在自身中被认知"，另一种是"通过他物而被认识"。在自身中被认识的东西就是被心灵直接知觉到的东西，诸如原则一类的东西；通过他物而被认知的东西可以被理智所理解，但这一过程不是直接的，而是用第一原则、通过理性的演绎推理完成，上帝的存在和属性的知识也可以用理性的演绎推理获得。

近代基础主义的开端者是笛卡尔，他的"我思"构成了其全部知识论的基石。在他看来，知识一定是无可怀疑的，只有两种方法能保证人们达到知识：直观和演绎推理。直观是"一个平静而专注的心灵的不可怀疑的概念，单独从理性之光跃出；它比演绎本身更确实，这在于它是更简单……所以每一个体可能在精神（心理）上对他的存在和思想这件事实有直观，同样也直观到三角形只是被三条线封住，而球体是由一个

---

① ［古希腊］亚里士多德:《后分析篇》第 1 卷，苗力田译，中国人民大学出版社 1990 年版，第 89 页。

面形成"。① 直观就是理性之光，是"平静而专注的"心灵提供的"有序和明晰"的概念，是非推理的，确实不可错（infallible）的信念；而推理演绎是用直观的知识推理出保证为真的知识。笛卡尔认为"我思"是最确实不过、最清楚明白的、公认的直观知识，其他一切知识都是建立在这个最清楚明白的知识之基础上的演绎推理，关于上帝存在的知识也是建立在这个直观知识之上的。他的论证依赖于一个前提，即在有效的和整体的原因里的实在一定与在结果里的实在一样多。② 他说"凡是我能非常清楚明白领会到的所有一切都是真的"，由观念的清楚明白可以推理出"一个真正的事物和真实的存在"。"我思"是清楚明白的，"我在"也是真实的，没有人能否定这一点，他进一步说，"上帝"的观念在他的心中是清楚明白的，所以是真实存在的。那"上帝"这个观念是从何而来呢？笛卡尔在这个问题上持天赋原则，即上帝的观念及其属性是先天具有的。

与笛卡尔理性论的立场不同，约翰·洛克持经验论立场，认为知识来源于感官经验，把知识的范围扩大到包括知觉信念。在洛克看来，知识是对观念与观念间的契合与相违的知觉，所有的观念都是由感觉或反省而来的。人在思想时，心灵作用的对象是心中的观念，所以，可以确定人心中一定是有一些观念的，而且这些观念不是天生具有的，而是来源于经验。我们的感官可以按照"可感物"刺激感官的各种方式，把这些物像的清晰知觉传达在心中，形成关于外物的观念，这就是观念的"感觉"来源。观念的另一个来源就是反省，反省是一种对心理活动的考察，心理活动作用的对象是心中已有的观念，当发生心理活动时，人们可以知觉到这一心理活动，这便供给理解以另一套观念，这些观念不

①   Descartes, " Rules for the Direction of the Mind（1644）", in *The Philosophical Works of Descartes*, trans. G. Ross and Elizabeth Haldane, Cambridge University Press, 1911, Vol. 1:7.

②   Descartes, *The Philosophical Works of Descartes*, Vol. 1: 162.

能直接从外获得，它是人在反省自己内心深处的活动时所得到的。反省虽然与感官直接与外物发生关系不同，但"它和感官极相似"，所以可以称为"内在感觉"，反省而来的观念是人在自身中观察到的，是一种人人都有的内经验，所以仍然是经验的。从洛克对观念的论述可以看到，理性论者和经验论者的不同之处，理性论者把这类心灵活动称为理性活动，而经验论者称之为"反省"，不同之处在于理性论者认为知识和观念起源于理性本身，而经验论者认为知识和观念起源于感官经验，是心灵通过感官从外部获得了观念之后，转向自身已经具有的这些观念，将这些观念作为思考的对象，从而获得另一些观念。"观念"是洛克知识理论大厦的基本组织，知识便是对观念间关系的精心考察，只要能够对经验材料用精确的语言或文字进行精确描述，这种"经验陈述"就可以成为知识的基础，我们的信念只需要建立在这些"经验陈述"之上就可以了，它就是知识的基础，这是一种内在经验的确证。正如复旦大学陈嘉明教授所说："在主张一切知识来源于经验，以及信念的确证性在于经验陈述的基础上，经验主义强调，一个不是关于我们自己的感觉状态（知觉经验）的信念如果要被证明是合理的，就必须诉诸我们经验陈述的信念证明。"① 另外，根据洛克的论述，虽然感觉知识的确实性不如直觉的知识和解证的知识，但仍然是知识。经验基础上的直觉知识是其他各种知识的基础，任何其他知识以直觉知识为推理的起点，通过理性推理得到。同时，经过推理论证为真的知识也可以用来判断其他命题的概然性，进而决定同意还是不同意这个命题，形成关于其他各种事物的意见，这些意见与知识一起，构成人类认知的大厦。

　　大卫·休谟坚持经验主义立场，把知识建立在感官印象之上，但不扩大到形而上学信念。印象是指"我们的较活跃的一切知觉，就是指我

---

① 陈嘉明：《知识与确证：当代知识引论》，上海人民出版社 2003 年版，第 189 页。

们有所听，有所见，有所触，有所爱，有所憎，有所欲，有所意时的知觉"，印象是感官对外物最直接的知觉，比思想或观念（休谟所说的知觉的另外一种类型）更加"强力并有活力"。不论思想有多自由，也不能超出感官和经验给予我们的材料，也就是说，思想中的一切材料都是由外部的或内部的感觉来的，"人心的全部创造力……只不过是把它们加以混合和配列罢了"①。观念的两个来源，即印象（Impression）和思想（Thoughts），相比较而言，印象比思想更加可靠，因为思想可能会因为各种原因不能准确"描摹"事物的真实景致，思想中的抽象观念"天然都是微弱的、暧昧的"。所以，休谟认为感官印象是"较为精确而确定"的，它是一切知识的基础，其他各种观念都要建立在这个"明白的"观点之上。

一般来说，我们把这种认为存在自明的、不可纠正的非推论知识的传统观点称为"古典基础论"（classical foundationlism）。②理性主义者和经验主义者所持的基础概念有些不同，对于理性主义的基础论者而言，基础信念是（A）"信念 B 对于某人 S 是真正基本的，当且仅当 B 对于 S 是不可怀疑的或自明真的"，而经验主义的基础论者认为，基础信念是（B）"信念 B 对于某人 S 是真正基本的，当且仅当 B 是不可

---

① ［英］休谟：《人类理解研究》，关文运译，商务印书馆 2010 年版，第 20—21 页。

② *A Companion to Epistemology* 对"自明性"（self-evidence）的定义：自明命题是那些本身明显并不依赖于所有其他命题和证据而被知的命题。理解这样的命题就是完全有证成地相信它或知道它。这类命题首先可以包括逻辑的某些必然的真理，例如无矛盾律和同一律；其次分析的真命题，诸如"所有单身汉都是不结婚的男人"；再次某些偶然的命题，诸如"我存在"或"某个红的东西在我面前"。对"不可纠正性"（incorrigibility）的定义是："在一个信念里面的被拒绝的修正的被证明是错误的东西具有不可修正的不可能性，尽管经常存在对是错误的不可能性的语词的误用（不可错性）。正如不可错性一样，不可纠正性常常大多是对我们关于意识的发生状态的信念的肯定。认为某人在他正在思考、当下感觉的事物上有最后权威，他的认真的报告将总是胜于任何相反的证据，这是可能的。反之，假设生理学的心理学能够发展到我们可以有证成地对主体的报告（他们是有冲突的）宁愿采取中立的态度，这也似乎是可能的。"J. Dancy and E. Sosa eds., *A Companion to Epistemology*, Oxford, Blackwell, 1992, pp. 446, 195.

怀疑的或自明的或对感官明显的"。① 理性主义者想要找到一个不可怀疑的、自我确证的基础信念，由此演绎出"上位信念"（superstructure beliefs），其他一切知识都是在这个"上位信念"上演绎出来的，所以，基础信念就是逻辑上自明的、无可怀疑的、确定无误的。近现代经验主义的基础论认为，基础信念必须是对感官明显的，一个与我们自己的感觉经验无关的信念要被证明是合理的，就必须诉诸感觉经验的信念来证明，所以，基础信念就是独立的、无须经过理性证明、对感官明显为真的信念。

当代哲学家们认为古典基础主义自身存在根本问题，（A）和（B）都存在自我涉及不融贯的问题，也就是说，它们本身并未通过检验。"不可怀疑的或自明真的"信念也可以是知觉信念和记忆信念，当我回忆 10 秒前我看到一棵树并听到它在风中瑟瑟地响，所以我现在认为知道短时间前看到一棵树并听到它瑟瑟地响，这个知觉的信念和记忆的信念似乎可以作为基础信念并构成知识，那么（A）就是自涉不融贯的。对于（B）来说也一样，我们的感觉时常并不那么确定。比如一个容易受骗的人，他感觉肩膀疼，然后他去找医生，医生认为这个人是疑病症患者，并告诉他，他关于自己的疼是误解了，实际上是瘙痒，于是他对家人说，他的肩膀有瘙痒的感觉。古典基础主义对于"基础信念"的界定由于过于严格，显得难以使人信服，或者不能给予人们足够的基础信念以建立其他知识。所以，当代基础论者倾向于相对化个体的自明性和经验的确证性，于是就出现了一些较为温和的基础主义，温和基础主义（modest foundational）和古典基础主义的区别在于对基础信念的看法。温和基础主义者不再认为基础信念必须是不可错或不可纠正的，而认为

---

① ［美］路易斯·P. 波伊曼:《知识论导论——我们能知道什么?》，洪汉鼎译，中国人民大学出版社 2008 年版，第 113 页。

基础信念也可以是由非推论的经验证实或辩护，也就是以证据证明为真的命题，其自身就是知识，并且可以作为其他信念证实的前提。由此可见，温和基础主义者认为可以作为知识的基础，推理的出发点的命题应该有两种，一种是无须证明的、清晰的、自明的或者公认为真的命题；另一种是以证据证明为真的命题。在基础信念对非基础信念的关系上，温和基础主义不再将其局限在演绎关系上，而主要看作是一种归纳的推论关系，或者是一种以观察为基础的"最好的解释"的推论（inference to the best explanation）关系，也就是说，如果对于某一命题的解释符合基础信念，而且不存在能够否定这个基础信念的有关证据事实，那么，对该命题的信念就是被证实或辩护的。

在这里需要说明的是，基础主义的出现是为了要解决无穷倒退的问题。在论证中存在两个层级的信念或命题，一层是有待论证的信念或命题，另一层是作为论据的一个或多个信念或命题，它们之间可能形成几种情况，一种是回溯论证（regress argument），如信念 A1 的论证根据是 A2，A2 的根据是 A3，A3 的根据是 A4 等等，会陷入一个无穷倒退链；一种是两信念间形成一种循环关系，如信念 A 的根据是 B，信念 B 的根据是 C，而信念 C 又以 A 为根据，这样就陷入一种循环论证中。循环论证实际上并不能证明什么，假如有人问一位基督徒，你为什么相信《圣经》，他说因为《圣经》是上帝的启示，那个人继续问，你为什么相信上帝，他说因为《圣经》说上帝存在。如果循环论证的圈足够大，内在关系足够复杂，就可以使很多人，包括哲学家，接受这种循环格式，这也被称为"融贯论"（coherentism）。基础主义者认为，解决回溯论证和循环论证的办法就是找到一个最初的、终极的出发点，也就是基础信念，这个信念本身是自明的、非论证的、为非基础信念提供根据和辩护。

经典基础主义所主张的基础信念遭到质疑，一是满足定义的基础信念少之又少，不足以建立知识体系；二是基础信念的自身涉及不融贯。温和基础主义所主张的基础信念实际上妥协并承认"融贯主义"，即信念体系中的各种信念彼此相互依赖，互为因果，以连贯的关系（推论关系、解释关系等）很好地组合在一起，从而形成一个相互支撑、相互联系的信念系统。① 所以，基础主义似乎导致要么怀疑论，要么融贯论的结果。对于这些质疑，基础主义者们给予了两方面的回应，一是"内在主义"的回应，二是"外在主义"的答复。"内在主义"主张某个基本信念对某人来说并不一定是"在认识上拥有理由"，只要这个信念是以正确的方式产生的，主体是否能解释它如何是一基础信念，就无关紧要了。阿尔文·普兰丁格以"保证"的概念解释了这种基础信念的证成机制。"外在主义"坚持经典基础主义的观点，认为基础信念是一种自明的直观，不需要进一步证明，也可以称为"所与观念"，即"经验上基本的信念仅是被给予的或被呈现的，它们不能有（或不必有）任何进一步证成"。②

作为一种为内在主义进行辩护的证据主义理论，它建立在将知识看作是一种确证的真信念的立场之上，认为确证就是信念与证据之间的契合关系，费尔德曼给了证据主义一个较为精确的表述：

> EJ. 对处于时间 t 的 S 而言，有关命题 p 的信念态度 D 是认识上确证的，当且仅当有关 p 的 D 契合于 S 在 t 的证据。③

其中有两层含义，第一层含义是认识主体 S 在特定的时间 t 拥有关于命题 p 的证据，而且这个证据由认识主体在特定时间所拥有的所有信

---

① 　胡军：《知识论》，北京大学出版社 2006 年版，第 233 页。
② 　[美]路易斯·P.波伊曼：《知识论导论——我们能知道什么？》，洪汉鼎译，第 119 页。
③ 　Earl Conee and Richard Feldman, *Evidentialism : Essays in Epistemology*, Oxford University Press, 2004, p. 170.

息构成，包括认识主体 S 的记忆和其他合理的信息，尤其是那些用以形成信念的"材料"；第二层含义是认识主体 S 在时间 t 的证据能够支持命题 p，或者说，该证据能够成为"有关命题 p 的信念"的正确理由。费尔德曼进一步说，信念态度 D 依证据的情况而定，或者说命题的确证状况依证据的情况而定，命题的确证状况有三种，一种是得到确证的命题（或信念），即证据与命题相契合，此时，关于信念的态度是肯定的，例如"一位精神正常的人看到在他面前有一块绿草坪，这时他相信有个绿色的东西在他面前"，他看到的（证据）与他所相信的（信念）相契合，所以该信念得到确证；另一种是得到否定的命题（或信念），即证据与命题相违，此时，关于信念的态度是否定的，例如"球是方的"，这个命题与我们的视觉经验（证据）相违，所以，关于这个命题的信念的态度就是否定的；还有一种命题是"未决的判断"（suspension of judgment），例如"鸭子成偶数地存在"，对于这个命题，我们的证据表明鸭子也有可能成奇数地存在，所以，关于这个命题的信念的态度就是不做肯定或否定的判断。

证据主义理论自身也存在缺陷，这种缺陷主要体现在"证据"本身上。首先，人们最初相信命题 p 时的证据可能是不充分的，或者忘记最初相信命题 p 时所用的证据，现在并不能说明相信 p 的充分理由，命题 p 似乎不能得到确证。其次，证据 e 支持相信命题 p，当且仅当证据 e 使得命题 p 在概率上是可能的。也就是说，证据 e 在概率上可以支持命题 p 是确证的，也可以在概率上不支持命题 p，证据 e 在概率上是否支持命题 p，并不能说明人们是否会相信命题 p。还有一种来自实用主义者的挑战，实用主义者认为，人们可以在没有充分证据的情况下相信一个命题，威廉·詹姆斯提出"拥有充分的证据对于认知者确证

地相信某一命题并不构成必要条件"①，很多时候，人们被动地面对选择
时，决定选择这个而不是那个，或者选择相信或不相信某一命题，并
不是基于充分的证据和理性的推理，而是基于我们的"情感的本性"②。
针对第一种，证据主义者的回应是人们可以通过"感觉冲动"来相信
记忆中的命题，而且"似乎是真的"这本身就是一种类型的证据。针
对第二种，费尔德曼认为，证据的概率对于命题的确证与否是不充分
的，因为一个命题既可以通过充足的证据而得到充分确证，也可以在
没有通过充足证据确证之后而相信它，比如一个人已经学习了一套区
分有效论证和无效论证的逻辑规则，但是他尚不能将这套逻辑规则应
用到特殊的论证形式中，当要他确定某个论证是否有效，他在恰当的
方式下确定地相信这个论证是有效的，但尚不能用学到的逻辑规则来
说明这个论证的有效性。这里就需要做一个区分，即命题的确证和信
念的确证，两者的区别可以解释为命题 p 的确证依赖证据 e，但是信念
态度 D 并不一定依赖证据 e。

　　关于证据主义的辩护必须要提的就是"道义主义"，费尔德曼认为，
证据主义的 EJ 原则设定了一个评价信念行为的标准，这个行为标准就
是人们的认知义务，即"人们在认识上应当具有契合自己的证据的信念
态度"，他结合齐硕姆（Roderick Chisholm）的义务论，给出了自己的
认知义务原则：

　　　　CJ. 对于在时间 t 的某 S 而言，有关命题 p 的信念态度 D 是正
　　当的（justified），当且仅当 S 在 t 考虑 p，并且 S 在 t 之间具有与 p
　　相关的 D，产生于 S 尽最好的努力去做到 S 在 t 之间相信 p，当且

①　William James, "The Theory of Knowledge", in *The Will to Believe*, 3rd. Louis P. Pojman, eds., CA: Wadsworth, 2003, p. 519.

②　William James, "The Theory of Knowledge", *The Will to Believe*, p. 526.

仅当 p 是真的。^①

齐硕姆认为人们应该在理智上要求在考虑一些命题时，努力做到只相信所有的真理，不相信命题的任何错误。但是，费尔德曼认为这是错误的，因为人在努力只相信真理时，可能遇到命题恰巧为真的情况，这种情况就不是"认识上确证的信念"，他进一步说，"尽最好的努力"是指尽力根据自己的证据做出相信与不相信的判断，那么结合他关于证据主义的表述 EJ，认知义务就是：认知主体 S 对自己实际考虑的命题 p 所具有的正当态度 D 是作为一种"事实性的东西"而契合于认知者的证据的，而且态度 D 的正当性形成于认知者的证据义务之努力中。

二 存在命题与推理

在前文中，提到的概括的确定的命题只有通过文字来表达，只能把它放在口头的命题中去理解，所以它与"实在的存在"无关。洛克要着重探讨的是关于"存在"的知识，以及研究它是如何得来的，这直接关系到他对宗教信念的定位以及宗教信念的合理性问题。在他看来，关于事物存在的知识及其来源可以分为三类，第一，关于"自己的存在"，是凭借人类的直觉而来；第二，关于"上帝的存在"，是凭借"解证"或推理得来的；第三，关于"其他事物的存在"，都是凭借感觉而来的。

洛克对于"自己的存在"的知识，似乎是直接继承了笛卡尔的思想。笛卡尔由"我思"这个再明白不过的事实推论出"我在"这个结

---

①   William James, "The Theory of Knowledge", *The Will to Believe*, p. 526.

果，由"观念的清楚明白"解证了"一个真正的事物和真实的存在"，用人类普遍认同的直觉的清楚明白，得到事物的真实存在的结论，正如他说的，"凡是我能非常清楚明白领会到的所有一切都是真的"。笛卡尔在这个一般认识论的前提下，进一步阐述了他的宗教认识论基本立场，"上帝"的观念在他心中是清楚明白的，所以就是真实存在的。上帝的属性不是单独存在或者非存在，它是依"上帝"观念而存在的，上帝的属性同时包含在"上帝"观念中。那么我们会有疑问，上帝的观念及其属性是如何获得的呢？对于这个问题，笛卡尔继承了经院哲学的传统路径，认为是先天具有的，并且上帝存在是获得可靠性知识的基础和保障。洛克赞同笛卡尔"我思故我在"的说法，从他经验论的立场出发，认为人类关于自己的存在是"很明白地、很确定地所知觉到的"，是直觉的知识，心灵能够直接知觉到，不需要别的证明，一看便知，具有最高度的确实性。

　　洛克认为宗教信念应该属于理性调节下的信念。信念建立在观察和经验基础之上，是一种发现已有观念间联系的心灵活动，而知识是"人心对任何观念间一致或不一致的关系产生的一种知觉"①。他否定天赋观念，但同时肯定天赋官能。感觉、知觉和理性都是上帝给予的能力，只要人类注意这些官能，按照演绎规则，从直觉知识就能证明上帝存在。所以，按照洛克的看法，不需要超出自身之外，在自己存在这个直觉知识的基础上，就能推出上帝存在的确实性。

　　基础主义和证据主义是洛克定义宗教信念的方法论根据，他把上帝存在的知识理解为解证的知识。以基础主义的立场，一方面以普遍认同的清楚明白的直觉知识作为基础，进而推理出上帝存在这个结果，这其中涵盖了推理的基础和推理能力两方面，直觉知识就是"自己的存

---

①　[英]洛克：《人类理解论》，关文运译，第555页。

在"的知识，人作为推理主体具有天赋官能；另一方面他预设了完善性等级，认为"各种事物是由逐渐推移的等级渐次升到完善地步的"①，这种预设与他所论述的人类知识的一般情形有关。洛克说，一定有一种东西存在，作为其他一切东西的开始，一切事物及依属于它的东西一定有"悠久的源泉"，那么，这个根源一定是全能的、全知的上帝。依据完善性等级，由"自己的存在"的知识推理出"上帝的存在"的知识。事物的实在本质是人所不知的，所以没有办法直接认识事物，人们只能在有限的直觉知识的基础上，凭共同的经验，用天赋官能，经过推理得到关于宗教的知识。值得注意的是，洛克并不认为所有的宗教信念都是合理的，只有符合理性的宗教信念才是合理的。

在洛克看来，就人类认识的一般情况来看，在各种事物方面，只有特殊事物存在知识的确定性，没有普遍的确定性。除了自己存在的知识和上帝存在的知识之外的其他知识都是由感觉而来，感觉可以提供特殊事物存在的确定性，除此之外便无所知。所以，关于存在的特殊命题，即与特殊事物存在相关的观念之间的关系是可以知道的，并且是具有确定性的，至于那些"上帝所造的有智慧的神灵"的存在只能自足于信仰，而且在这方面永远都达不到普遍确定的命题。抽象观念的概括命题也是可以知道的，而且可以达到普遍性，"这类命题多半都叫作永恒的真理"，之所以是永恒真理，是因为"它们在抽象方面，如果有一次被造成真的，则不论在过去，在将来，任何时候，具有这些观念的人心只要复做一次这些命题，则这些命题永远被他认为是真实的"②，而不是因为它们以与命题相应的真实存在为来源，那是特殊存在命题的确定性的原因，更不是天赋观念，这是洛克所否定的。

---

① ［英］洛克：《人类理解论》，关文运译，第 714 页。
② ［英］洛克：《人类理解论》，关文运译，第 685 页。

推理知识以清楚明白的直觉知识为基础，不能以公理为基础，同时，公理也不是知识的原因。公理只是"把较概括、较抽象的观念加以比较，而这些观念又只是被人心所造作、所命名的，而它之所以如此，乃是为求在推论中容易进行，并且把它的各种复杂的观察纳于较概括的名词中，较简短的规则中"①。公理和哲学家的原则都不能当作是确定无疑的，如果不经考察就盲目相信，把它们当作是确定的原则，那么不但不能凭此达到真理，反而会因为它们沉陷在错误中。想要获得确定的原则和真理，就要"在心中确立明白、清晰和完全的观念，而给予它们以恰当的、恒常的名称"，洛克称之为"促进知识的途径"，清楚、明白、确定的观念通过文字表达出来，所以恰当及稳定的名称更有助于人们观察观念自身，知觉到观念间的契合或相违的关系，以获得确实性的真理知识。

因为人们极少能获得物质的实在本质，所以，知识必然是有缺陷的；同时，由于上帝赋予人以理性才能，人因而可以在日常的经验中感觉到自身的有限性，人也因此才会不断地探索，追求更完善的知识。知识的缺陷除了极少获得实在本质这一原因之外，还有更多的人为因素。人会因为懒惰、笨拙或草率，没有充分地、恰当地运用上帝赋予的才能，没有经过仔细的解证就随便决定。洛克进一步说，上帝还赐予人以"判断"的才能，人就是在上述情况下用判断来决定两个观念间的关系，直接作用于事物就是"臆断"，作用于真理性命题就是"同意或不同意"。判断可以补充知识的缺乏，但判断并不必然等于知识，因为臆断是"在未知其然时，就假定其然"，最多只能算作意见。概然性也是弥补知识缺乏的途径。人在未知事物为真的情况下，可以借概然性相信命题为真，这叫作"信仰、同意或意见"。他认为，"信仰"就

---

① ［英］洛克：《人类理解论》，关文运译，第687页。

是"虽不能确实认知一个命题是真实的",可是人们往往会因为各种论证或证明容易让人信以为真,就相信它们是真的。由此可见,概然性和确实性的区别,或者说信仰和知识的区别就在于,"在知识的每一部分,都有一种直觉,而且每一个终结观念,每一步骤都有其明显的、确定的联系。在信仰方面,便不如此。使我们信仰的,乃是与我能信仰的事情无关的另一种东西。这种东西两边并未明显地链接起来,因此,它便不能明显地指示出我们所考察的那些观念的契合或相违来。"① 知识是确定的,其观念与观念间的一致与不一致的关系是明显的,并且可以被人知觉到,而信仰属于概然性命题,观念与观念间的联系不明显、不确定,人们只能根据自己的经验、别人的证据或者他人的意见,凭臆断或同意与不同意去相信命题为真。若要获得概然性较大的知识,就要用概然性的各种根据来衡量命题的确定性,洛克列举了详细的概然性根据。但是实际上,出于种种原因,人们往往无法充分收集各种证据证明,所以只能选择一面,大部分仍然要凭意见来决定。在特殊事物、经公共观察的事以及与人类利益无关的事等方面,概然性很明显,容易判断。但是,当"证据与普通经验冲突,而且历史和见证的报告,又和自然的普通程序冲突,或者它们自相矛盾起来",则就要"勤恳,注意,而精进才行"。② 或许这也是洛克要在其知识论中强调伦理道德的原因所在。

有些事物是感官所不能发现的事物,有时也是不能证明的,对于这类事物来说,"类推是概然性的最大规则"。洛克预设了各种事物的完善性等级,这是类推的前提。在缺乏直觉知识和实在本质的情况下,可以作为推理的基础命题显然是远远不够的,不足以获得其他知识,尤其是

---

① 　[英]洛克:《人类理解论》,关文运译,第703页。
② 　[英]洛克:《人类理解论》,关文运译,第704页。

宗教知识。根据普遍的经验来看，人们心中确实有已确立的真理，当遇到无法感知或无法证明的事物时，只能看这些事物的观念或命题与心中已确立的真理观念或命题是否契合，来决定它们的概然性程度，这就是类推，只有在类推中才能找到一些概然性的根据。

洛克想要说明的是，宗教信念是符合理性的，上帝存在的知识是解证的知识，其他宗教信念也要符合理性，推理、类推、判断都是理性能力，不论是经理性推理的确定性知识，还是经类推或判断的概然性意见，都是合乎理性的；不论怎样，信仰仍是人心中的一种坚定的同意，那么它就仍然在理性的范围中，不会超出理性这种才能禀赋，所以，信仰也必须符合理性要求。

三　信念与认知规范

在了解了基础主义、证据主义的含义以及洛克关于宗教信念的基本态度之后，这一部分将对洛克的宗教信念的证据主义原则展开论述。近代改革宗认识论的领袖人物之一尼古拉斯·沃特斯多夫（Nicholas Wolterstorff，1932）在他的《洛克与信念的伦理学》（*John Locke and the Ethics of Belief*）前言部分明确提出洛克的认识论是一种规范的认识论（regulative epistemology），而非分析的认识论（analytic epistemology）。所谓分析的认识论就是在信念中所呈现的某种这样或那样的特点之下去探索问题，像知识理论和合理性理论就属于分析的认识论，它并不是要给人们提供一种指导，但是，如果非要说指导的话也只是为那些希望从非知识中找出知识，从非合理性中找出合理性的人们提供指导。而规范的认识论探讨的是人们如何去理解，如何形成信念，以及如洛克在《人类理解论》中所说的，人们调节信念形成机制的义务和责任。①
洛克关注的重点在规范的认识论，他对分析的认识论有所涉及也是为规
范的认识论起辅助作用。洛克的规范认识论的总体特征就是"听从理性
的声音"或者"让理性成为指导"。他对于"听从"和"指导"的解释
是，人们有义务这样做，这只适用于命题，而且是人们给予最大关切的
命题。是否要相信某个命题对于人们来说是重要的问题，而在洛克所处
的欧洲文化危机的时代背景下，这个问题显得尤为突出。洛克所给出的
答案就是，相信或不相信某个命题取决于"尽最大的努力触碰事物的真
实面"，他所说的"尽最大的努力"指的是什么呢？对于这个问题，洛
克的整个思想所体现的是以证据主义为核心的基础主义，并且以道义主
义为补充。洛克的提议含有改革的意味，他认为他所处时代的人们在信
念问题上并没有履行"尽最大努力"的认知义务，人们应该改革他们的
"信念的实践"，即搁置传统的意见，关注事物本身，并以此来克服欧洲
文化危机。

沃特斯多夫借用威廉·阿尔斯顿（William P. Alston）"信念的实
践"（doxastic practice）的概念来理解洛克的规范认识论。所谓"信念
的实践"在沃特斯多夫看来就是一套信念形成的模式，这一理解与阿尔
斯顿是一致的。但是，他们的不同之处在于，在阿尔斯顿看来"信念的
实践"是一个习惯体系，并且有着更加广泛的社会性因素。这个习惯
体系的形成不单单是自主的行为（voluntary activity），还有其他各种原
因，"'实践'的含义广泛地包括了知觉、思想、幻想、信念形成以及
自主行为"。当然，更重要的是这些习惯根本就是社会性的，即社会监
控下的学习和社会分享。所以，考察"信念的实践"的形成，要同时考
虑到天生的机制和社会学习两方面，而最终的结果仍然归结为"社会性

---

①   Nicholas Wolterstorff, *Jone Loke and the Ethics of Belief*, Cambridge University Press, 1996, xvi.

的组织、加强、动机和分享"。① 也就是说，阿尔斯顿认为"信念的实践"是一个习惯体系，这个习惯体系形成的根本原因是社会性的、非主动的行为。沃特斯多夫并不认为"信念的实践"是习惯或者习惯的集合。洛克所说的"尽最大努力"的"信念的实践"包括了各种主动行为，如搜集证据、评价证据和决定可能性等，他要说明的是我们并不具备信念形成的习惯，或者说，信念并不形成于人们的内在性情（innate dispositions），人们都要被辅导和约束，包括自我约束或社会约束，进而知晓如何使用这些"习惯"，比如怎样使用感官知觉的习惯，当我们怀疑眼睛所看到的东西时，怎样才能克服怀疑，怎样以最佳的方式判断物体的形状，怎样判断光线是否有利于决定物体真正的颜色，等等。

　　洛克所处的时代是一个思想变革的时代，宗教改革、启蒙运动、自然科学的兴起等改变了西方思想的传统路线。唯独《圣经》和上帝至上的时代一去不复返，宗教信念的稳固地位也遭到挑战。在这之前的几百年里，宗教信念是人们认识真理的根基，《圣经》启示和上帝的权柄是无可置疑的，其合理性是与生俱来的。不论是宗教正统派还是异端都普遍认为如果使用合适的方法、恰当的理解以及做出正确的区分，一些错误就会被剥离，任何争论都会消失，大量清晰的真理就会浮现出来；再者，当人们面对大量的伦理、宗教甚至是宇宙论事物而不知该相信什么时，最好的途径就是诉诸《圣经》传统，它是一种历来得到人们尊敬的传统，给人以明晰的指导。很多中世纪的哲学家也认为，辩证地使用这一传统是投入最高智力活动——科学实践——的最佳准备。然而，17世纪下半叶之后，首先在英格兰和荷兰，《圣经》传统逐渐被抛弃，随之出现的就是文化危机，人们该如何决定相信什么？该如何去理解？以

---

①　William P. Alston, "A 'Doxastic Practice' Approach to Epistemology", in M. Clay and K. Lehrer, eds, *Knowledge and Skepticism*, Westview Press, 1989, pp. 5–8.

及人类的知识和判断的能力是否是有范围的？

以上问题集中在洛克《人类理解论》的第四卷中，体现为人们如何决定相信宗教知识以及宗教知识的范围。正如前文所说，洛克的经验论立场必然延伸到他对待宗教信念的态度上，关于上帝存在的知识、启示以及其他教义教理，洛克遵循的是以证据主义为核心的基础主义，并且以道义主义贯穿始终。接下来我们就具体考察洛克宗教知识的"规范认识论"路径，也就是说，接受基督教信念是不是合理的、理性的，或者说是在理智上值得尊重的。

约翰·洛克是继培根之后英国经验论者的主要代表之一，在对待宗教信念的规范性问题上，他一改信仰主义的传统路线，以符合自然科学精神的时代要求来重新考察基督宗教信念的合理性问题。在那样一个动荡不定的时代里，一切传统的思想经历着新科学、新方法、新知识的质疑，宗教内部的分裂和多样性，以及宗教意见上的分歧等，使人们应该如何决定相信什么以及如何去理解成为时代的困惑。笛卡尔对此的应对策略是：重新开始。"……把我先前形成的所有意见从我这统统赶走，从基础重新开始建立新的东西……"他要求人们抛弃所有被怀疑的、不确定的东西，找到确定的东西，并以确定的东西为根据，重新建立思想结构。洛克显然接受了笛卡尔的策略，他以感觉经验为开端，否定了以"天赋观念"作为知识的一切来源和基础，他没有以严格的教义作为判断宗教信念合理性的标准，而是以是否在理性上是确证的作为其合理性的标准。他认为一个信念是可接受的，只有当它本身要么是确定的，要么相对于我确定的东西来说是可能的，基督教信念不是感官所能发现的直观知觉，不是确定的、明显的那类命题，它属于概然性，人们只能根据经验、凭借判断相信它是真的。所以，要决定是否相信基督教信念，就得将它与心中已经确立的信念相比较，相对于已经确定的东西而言，它是否是可能的。只有通过检验的宗教信念，才是可以被相信的，这是洛克在基督教信念的合理性方面的核心立场。

那么，什么样的宗教信念是通过检验的呢？概括地说，洛克的答案是：宗教信念P是理性上可接受的，当且仅当P是得到证据q支持的。洛克将他的一般知识理论延伸至宗教信念的问题上，在这个问题上他是典型的证据主义者，正如普兰丁格所说："洛克的经典的证据主义是一个更大的整体的一个要素。这个整体也包括经典的基础主义和道义主义。自从启蒙运动以来，这些论点和态度的集成已经在认识论中影响卓著，尤其是对我们的问题——宗教信念的理性可接受性问题——深有影响。让我们把这个集成称为经典套装。"① 普兰丁格所说的"经典套装"与沃特斯多夫所说的"规范认识论"，都是从基础主义、证据主义和伦理道德等方面对其宗教知识学说进行了阐释，实际上，这也是洛克本人阐释这个问题的思路和方法。

洛克在"上帝的存在"这个有神论命题上持严格的以证据主义为核心的基础主义立场，同时以道义主义加以规范。洛克关于"上帝存在"的知识是以"自己的存在"的知识为基础的，或者说，"自己的存在"的知识构成了解证"上帝的存在"的知识的基础信念。作为近代经验主义的代表，在洛克看来，基础命题必须是自明的、不可更改的，或者是对感官明显的。与理性主义者以某个"上位信念"为基础的信念不同，经验主义者普遍认为感觉经验是基本信念的来源，一个对于自己的感觉经验不明显，或者与感觉经验无关的命题，要证明它是合理的，就必须以明显的、确定的感觉经验的信念为基础信念来证明那个命题。"自己的存在"对于每个人都是"一种明白的认识，都知道他存在着，都知道自己是一种东西；这是毫无疑义的。……这个说法是一个真理，是人人

---

① ［美］阿尔文·普兰丁格：《基督教信念的知识地位》，邢滔滔等译，北京大学出版社 2005 年版，第 90 页。

的确实知识使他确信不疑，无法怀疑的"①，它是自明的、对于我们的感官是明显的，属于基础命题；而有神论命题"上帝的存在"不属于直觉的知识，而且对我们的感官而言也是不明显的，所以，它不是基础命题，而属于解证知识。解证知识必须建立在基础命题之上，通过演绎推理而得出结论。洛克的演绎推理所体现的是一种严格的基础主义立场，即一定有一种东西存在，作为其他一切东西的开始，而且他认为这个开始就是"一位悠久的、全能的、全知的主宰"，这位主宰是否被叫作上帝，都无关紧要，只是一定有这样一个开端。"自己的存在"是明白无疑的，是"上帝存在"的解证基础，"自己的存在"必然有一个开端，这是演绎推理所遵循的原则，那么，接下来的问题就是：这个开端是什么？根据人们的经验，"悠久""全能""全知"不能只是物质的，也不能只是精神的，更不能是虚无的，所以，这个开端只能是"上帝"。显然，洛克将其基础主义的分析建立在经验之上，是一种经验主义立场的基础主义。

在有神论命题上，洛克的分析除了遵守严格的基础主义之外，还遵循证据主义的原则。证据主义的核心是"有符合要求的证据"（satisfactory evidence being required），首先命题是可知的或至少是被相信的，其次证据作为命题的组成部分是可以被理解的。一切有神论命题，包括神圣启示，都不能违反理性的明白证据。洛克认为信仰不能等同于知识，信仰并不具备知识所具有的确定性，它以自身为基础，若要信仰如知识那样以某个共同的、确定的东西为基础，那等于是毁了信仰。信仰也不同于有神论信念，某个有神论信念首先是根据传统或别的什么，以意见的形式被人所持有，接受它的理由是以某个确定性命题为基础，经过推理或者概然性比较而得出的结论。信仰的对象只能是上帝的启示，

---

① ［英］洛克：《人类理解论》，关文运译，第663页。

而不是理性或者意见，当一个命题可以被理性所理解和判断时，那一定是属于理性的事，而不是信仰。所以，人们接受启示 P，当且仅当 P 是上帝的启示。

可见，洛克的证据主义原则体现在两个方面，第一，当信仰的对象是上帝的启示时，人们必须有充分的证据证明 P 确实是来自上帝的启示，而不是别的什么，"上帝已经启示出来的不论什么东西一定是真的：对此不可能有任何怀疑。这是信仰的恰当对象：但是理性必须判断是否它是神的启示"。[①] 充分的根据就在于启示的来源必须是上帝，只要能证明是来自上帝的启示，而不是凭心中的印象去臆断它的来源，这个启示就可以作为信仰的对象予以接受。值得注意的是，在信仰中始终是以理性的证据主义原则为指导，虽然需要证明的不是启示 P 本身的真伪，但是要将 P 作为信仰的对象，就要以充足的证据证明 P 的来源，即证明"上帝启示 P"的确实性。在这个意义上，人们需要做的与以往不同，不是用理性把上帝启示的命题以自然原则的方式阐明，而是用理性来证明这个命题是不是来自上帝的启示，如果以充分的证据证明是"上帝启示 P"，那么"理性就会宣称对它的支持，就像宣称对任何其他真理的支持一样，并且使之成为理性的一个命令"[②]。这体现了洛克对理性和信仰的区分，他不赞同以往的哲学家们将理性与信仰融合在一起的做法，他认为理性和信仰有各自的范围，对此他做了明白的说明：

　　理性如果与信仰对立起来，则我的分别是这样的：就是，理性的作用是在于发现出人心由各观念所演绎出的各种命题或真理的确实性或概然性（这里所谓各种观念，是人心凭其自然的官能——感

---

①　转引自［美］阿尔文·普兰丁格《基督教信念的知识地位》，邢滔滔等译，北京大学出版社 2005 年版，第 89 页。

②　转引自［美］阿尔文·普兰丁格《基督教信念的知识地位》，邢滔滔等译，北京大学出版社 2005 年版，第 89 页。

觉或反省——得来的)。

在另一方面，信仰则是根据说教者的信用，而对任何命题所给予的同意；这里的命题不是由理性演绎出的，而是以特殊的传达方法由上帝来的。这种向人暴露真理的途径，就叫作启示。①

第二，其他的有神论命题，比如"传说的启示"，即《圣经》文本，"指用文字语言向他人所传的那些印象而言的，亦就是指平常互相传达思想的那种途径而言的"②。对于这一类的有神论命题，洛克认为要以理性的证据或者概然性的支持，甚或是见证为原则。他承认"传说的启示"也是发现真理的一条途径，但它所传达出来的信息同样可以通过理性发现，而且理性的证据比《圣经》文本更具有确实性，由自己的思维产生的观念与文本所揭示出来的观念相比较而言，前者更为确定，所以，如果一个命题的确实性可以由理性证据证明，那么就可以不需要传说的启示来揭示它；如果启示的命题与理性的证据相反，那么就不能相信这个启示，而要以理性的证据为标准。洛克曾明确地指出信仰不具有知识那种确实性，信仰属于概然性判断，也就是说，命题与我们心中已有的观念之间的联系不明显、不确定，人们只能依照概然性根据来比较两者契合和不契合的方面，从而选择概然性较大的一面，决定同意或不同意这个命题。在理性的调节下，信仰不会超出理性的范围，或者说，一个被接受的宗教信念（神圣命题）不会与我们明白的直觉知识相冲突，也不会和我们心中已经确立的知识相抵触，否则就不能把它当作信仰的对象，更不能说它属于信仰的事情，不能以神圣的启示为借口，使信仰与理性相违背，信仰是万万不会与理性的证据相冲突的。

---

① ［英］洛克：《人类理解论》，关文运译，第 742 页。
② ［英］洛克：《人类理解论》，关文运译，第 743 页。

就理性的证据而言，洛克并没有明确地做一个系统的阐释，他只是将证据原则隐含在他的知识学说中。他说"所谓知识不是别的，只是人心对任何观念间的联络和契合，或矛盾和相违而生的一种知觉"，这种"对观念与观念间关系的一致与不一致的知觉"似乎就构成了洛克的证据主义原则。直觉的知识是自明的，不需要通过中介观念的支持，解证的知识和信仰都不能立即确知，需要通过中介观念的参与得出结果。在他看来，理性的证据无非就是通过中介观念知觉到一个待定的命题与另一个已经得到确证的命题之间相契合或相违背的关系。这个得到确证的命题就是基础信念，是自明的、不可更改的或对感官明显的命题，如果人们的证据可以确定一个命题与基础命题相契合或相违，就可以产生知识，如果人们的证据不能明显地指示两者之间的关系，那就要诉诸信仰，而且信仰也是建立在已有证据在多大程度上能够指示两者的关系之上的，选择相信还是不相信一个命题，依靠的是证据所表现出的概然性大小，概然性大相信的可能性就大，概然性小相信的可能性相应就小，万万不可在无理性证据和无概然性判断的条件下，盲目地相信一个命题。

第四节　信仰与理性调节

洛克认为超乎理性的命题是属于信仰的事，与理性无关。但是，信仰决不能与理性相抵触，当一个神圣命题被揭示出来时，在确证它是上帝启示的前提下接受这个神圣命题是合理的，理性要做的是提供充分证据证明这个命题的神圣来源，而非判断命题本身内容的真假。在这个意义上说，洛克将基督教信念的核心问题视为一个命题，即"耶稣是弥赛亚"，试图通过证明耶稣的弥赛亚身份来说明基督教信念的合理性，其证据的来源是《圣经》叙事。此外，他否定笛卡尔以观念上的"必然存在"推理出事物真实存在，认为事物的真实存在只能由"其他事物的真实存在来证明"，或者说，上帝存在只能在可靠证据的基础上加以证明。

一 弥赛亚认知的理性维度

1695 年 8 月，洛克匿名出版了《基督教的合理性》，从这本书的内容来看，他没有直接应对当时的神学危机，其内容也不是人们所熟知的神学危机的相关议题，如三位一体危机、关于正义的争论以及神学危机等。洛克没有论述三位一体问题，对正义问题的论述也只是略论而已。他将基督教信仰作为一个命题来看待，即"耶稣是弥赛亚"。

"基督"这个称谓是由与希伯来语"Messiah"所对应的希腊词派生出来的英语词汇，不是所有的基督论都是弥赛亚的基督论，基督教传统有两种主要的基督论，即弥赛亚的基督论和道成肉身的基督论，前者赋予基督宗教以名称和历史观，而后者已经成为西方正统的官方基督论，而且成为希腊和拉丁基督教神学沉思的催化剂，两者在概念上有所区分。虽然两者都将基督作为救赎的核心，但是弥赛亚的基督论通过"作工"完成这个目标，而且，作为王，他的拯救行动指向那些经审判后成为救赎对象的人；而道成肉身的基督论，虽然不是没有"作工"，但主要是通过上帝的存在的传播完成救赎，它以假设人类本性为途径，使上帝的存在对于他的受益者是可获得的，也就是说，人类是按照上帝的样子被造的，人性中也具有神性，这一假设使上帝的救赎成为可能。当然还有其他形式的基督论，如把基督视为上帝和人的中介，或者把基督视为神圣的人，还有作为新世界的建立者，第二个亚当，等等。这些不同形式的基督论不是相矛盾、相排斥的关系，它们通常融合在一个神学体系中。从其他神学学者的论著中可以看到，洛克对各种基督论都做了一定的研究，但洛克已出版的著作中所体现的基督论更倾向于弥赛亚的基督论，这一倾向是他经过深思熟虑之后做出的选择。

《基督教的合理性》是洛克主要的神学著作，它的主题是：在神的历史叙事中的"罪"和"死"中的人类的救赎。洛克在本书的开篇说明了他做此工作的原因，他所接触的神学体系都不能满足宗教研究或提供一个连贯一致的基督教宗教学说，其所指很有可能是新教或者更加具体的加尔文主义神学体系。洛克查阅了威斯敏斯特信条，在给林博奇（Philipp van Limborch，1633—1712）的信中，他提到在阅读了加尔文和土雷丁氏（Turrentin）的辩护之后，发现它们语无伦次，前后不一致。①洛克希望辩护是一个神学系统，这个神学体系不再让人忍受现有的辩护都有的那种前后不一致的缺陷，特别是，这个神学体系通过显明基督教提供了关于救赎的优势，来提出主要的宗教关切，这种优势也是别处找不到的，并且在一个计划中表现出这些优势，这是除了《圣经》本身的方式之外的一种有充分根据的和有说服力的方式。洛克因此专门研读《圣经》，以《圣经》为根据，以求理解基督教。根据理查德·穆勒（Richard Muller，1948）的说法，加尔文的《基督教要义》（Institutes）已经成为新教神学系统的标准，它的目的是为《圣经》研究提供一个可靠的指导，其方法就是以《圣经》为根本，在《圣经》中找到救赎教义的根据和基础，主张回到《圣经》，洛克的《基督教的合理性》正是这种方法的体现。

首先，洛克将基督教信仰作为一个命题来看待，即"耶稣是弥赛

---

① John Locke, *The Works of John Locke,* V, pp. 370–371.

亚"。对于一个有神论者来说，只要相信耶稣是弥赛亚，就可以成为基督徒。和当时很多自由主义的神学家相似，洛克主张教义极简主义，以求一个更具理解和宽容的教会，他的神学主张也因此简单地以理性为基础，既不是教义的也不是教会的，他主要使用两个方法来证明耶稣的弥赛亚身份，即耶稣的神迹和自我见证。洛克对弥赛亚的解释是"受膏的王"，"救世主和王"，"王和拯救者"，"首领，与这个世界的国君相反"，①弥赛亚所掌管的国是永恒的国度或神的国，这与地上的社会行政国家是不同的。洛克更多地使用"弥赛亚"，而不是"耶稣"，其目的就是要强调耶稣"奉神国和天国的名义"，"履行职分以显明自己"，让人们相信耶稣是弥赛亚，耶稣职分的全部意义在神圣历史的背景中呈现出来。"耶稣是弥赛亚"这个信念是一个"神话的信念"，需要人们以《圣经》叙事为证据，从而相信它，这在洛克看来完全是真的，也就是说，《圣经》中所记录的神迹，以及为了"兑现关于他的预言"而做的工作，就是"很好的证据"或者"充分的证据"。②在当时的历史背景中，无论是犹太人还是外邦人都知道弥赛亚的意义，因此，相信耶稣是弥赛亚正是基督教合理性的体现，洛克所要做的所有工作就是证明"耶稣是弥赛亚"这个命题的确证性，他的方法是回到《圣经》本身，用《圣经》中的历史叙事来证明它的合理性。

根据洛克的阐述，拯救的历史从亚当的堕落开始，亚当的堕落导致亚当以及后裔丧失永生，被逐出有永生的乐园。从他的"第一论述"（First Treatise）来看，亚当违约对其后裔的影响有所降低，这一事件

---

① John Locke, *The Works of John Locke,* Reasonableness, p. 26 etc. 洛克所使用的对弥赛亚的称呼有："Anointed King"，"A Saviour and a King"，"King and Deliverer"，"A Head and a Chieftain, in opposition to The Prince of this World, the Prince of the Power of the Air"，等等。

② John Locke, *The Works of John Locke,* Reasonableness, p. 26 etc.

的后果是"永死"，死是上帝给予亚当的惩罚，延续到后裔的身上就不是惩罚，而是自然的继承（natural descent），洛克认为上帝的惩罚只限于亚当本人以及亚当失去的永生，并不扩大到其后裔和"死"以外的领域，这正是上帝的善和正义的体现。然而，耶稣不是由亚当而来的"自然继承"，耶稣虽然有自然的母亲（natural mother），但是没有自然的父亲（natural father），他是圣灵受孕而生，所以"必死"不适用于他，而且，耶稣完全顺从"神国的律法"①。耶稣的死是一种自愿的行为，而非不可避免的死亡，他的工作是传播神的福音，让人们相信他是弥赛亚，相信他所行的神迹以及他为自己做的见证，包括死亡和复活，耶稣要完成这些工作，以证明神的国度和重新获得永生的始作俑者，这些工作都是要证明给世人看，让世人相信耶稣是弥赛亚，相信神的国度，绝对服从神的律法。

洛克的论述中存在矛盾之处，他强调亚当是因为被逐出有永生的乐园，他和他的后裔才会永远处于死亡的阴影笼罩之下，也就是说，只有在乐园之中才有永生，那么，耶稣并不出生于乐园中，他如何永生呢？对此，洛克以"信主之法"和"立功之法"来解释这个问题，"信主之法"就是要相信耶稣是弥赛亚；"立功之法"，即要求人绝对服从律法，"服从律法就活，违背律法就死"，立功之法里面所包含的，不仅有摩西设立的律法，还有可以理性加以理解的自然法。摩西设立的律法并没有传给全人类，它是传给犹太人的法，那么，既然犹太人以外的人没有律法，也就不会存在对律法的违背的问题。也正是这个原因，基督徒享有"信主之法"的特权。但是，洛克在解释"信主之法"时是很谨慎的，

---

① 根据洛克的论述，"耶稣在任何场合中，都反复教导人，神的国度即将来临。他指出，被接纳进神国的方法是忏悔和洗礼；他教训说，神国的律法要求人按照最为严格的品德和道德规则过虔诚的生活"，因此，亚当失去的是绝对地服从的状态，而耶稣是绝对服从神的律法的，也就是"正义"的。

并没有仅仅以信心为基础就把人算作义。他说摩西律法中包括仪式法、犹太法和道德法，其中道德法符合"正义"的永恒法则，没有被"信主之法"否定，它属于所有人类的永久的立功之法，因此，除了相信耶稣是弥赛亚之外，还要遵守"立功之法"的道德法部分。

《基督教的合理性》中虽然没有论及"三位一体"的问题，但不代表洛克没有就此问题做过仔细的考察。1690年，牛顿将自己对三位一体相关内容的批判手稿给了洛克，这表明洛克在这之前已经向牛顿表明了他反对三位一体的立场。从1671年开始，洛克就从托马斯·菲尔明（Thomas Firmin，1632—1697）那里知道了"一位论"（unitarin），并且到1700年，他的个人收藏中已经有很多关于"三位一体"和"一位论"的著作，包括斯蒂芬·奈（Stephen Nye，1648—1719）的8部著作，其中就有《三位一体简史》（*Brief History of the Unitarians*），还有索齐尼派作者的很多著作 ①，直到1704年，也就是洛克去世那年，他已经搜集了大部分重要的索齐尼派著作。从1694年到1695年，洛克做了大量的关于"一位论"著作的笔记，并以"Adversaria Theologica"② 为名写了大部头的手稿，主要内容包括关于一位论的笔记，以及对三位一体相关内容的论证和反驳，反对"基督是最高的上帝""基督只是一个善人""圣灵是上帝"等，他的阐述都来源于一位论著作的论述，而每一部一位论著作都是反三位一体说的。③ 在这部手稿中，洛克给出了一

---

① "Socinians and Pelagians did not deny that men were extremely sinful in practice; they disagreed about its genesis and whether it was essential to men." Cf. H. Chadwick, *Augustine,* Oxford Press, *1986,* pp. 108–109.

② 一套重要的神学笔记，洛克很可能在1694年12月前后制作了这本笔记，他制定了要研究的神学主题大纲（第1—7页），其中许多以对题的形式出现，相反的观点在相对的页面给出，如"Triitas"（第12页）和"Non Trinitas"（第13页）。笔记主要由相关经文段落的列表组成，但也有许多原始评论，标有洛克的姓名首字母。

③ Jone Marshall, *John Locke: Resistance, Religion and Responsibility*, Cambridge University Press, 1994, p. 390.

系列一位论立场的反驳，用以说明基督只是人类的一个前提："因为他的灵（或者说是理性灵魂）在古代先知中"。① 在他给《罗马书》一章 4 节的注释和批注中，区分了人类的心灵部分和弥赛亚的存在，前者的来源是母亲的子宫，后者是神圣血统，直接从上帝而来。关于先存的弥赛亚更加成熟的论述，体现在他对《以弗所书》所做的批注中，他说先在的弥赛亚既不是理智的原则，也不是一个被派来的修复亚当及其后裔的神圣角色，而是善的弥赛亚形式，是天国的王，王的国被叛乱的天使毁坏，弥赛亚的工作就是要重新掌权失地。②

其次，洛克弥赛亚观点的特点关系到摩西之约。曾有预言说弥赛亚是大卫的后裔，玛利亚沿袭大卫一脉，耶稣通过他的母亲满足弥赛亚的预言，这是可信的。③ 作为新契约的建立者或立法者，较之于摩西来说，弥赛亚这个角色的工作范围要更大。两者都是立法者，都是神圣启示的直接接受者；两者的律法在道德上都与自然之法相一致，都能被理性所发现。然而，摩西律法中包含了律法的公共机构和宗教责任，因此被称为仪式法；弥赛亚的信仰和主日的圣礼完全是主动的，"白白的荣耀"只能通过启示而获知。这两种律法的主要不同点在于人们的顺从程度，摩西律法可以被称为"立功之法"（Law of Works），要求绝对地顺从，弥赛亚律法可以被称为"信主之法"，较之于"立功之法"而言，没有

---

① Victor Nuovo, "Locke's Christology as a key to understanding his philosophy", Peter R. Anstey, ed., *The Philosophy of John Locke,* New Perspectives, 2003. p.134.

② John Locke, *The Works of John Locke,* Paraphrase and Notes, II, p. 616f.n.

③ The genealogy in Luke3:23–38, which differs from the one given Matt.1:1–17, was taken to be an account of Jesus' descent through Mary's line. Cf. J. Lightfoot 1684, I , p. 211: "*Matthew* derives his Line by the Pedigree of *Joseph* his supposed Father, and draws it from *Solomon: Luke* by the Pedigree of *Mary* his Mother, and draws it from *Nathan*: For as the Jews looked on him as the *Son of David,* they would regard the Masculine Line and the Line Royal … But looked on, as the seed promised to Adam, the seed of the woman [Gen. 3: 15], he was to be looked after by the Line of his Mother. And whereas this seed of the woman was to destroy the power of *Satan* by the word of truth, as *Satan* had destroyed men by words of falshood, *Luke* doth properly draw up his line to Adam, now when he is to begin to preach the Word".

那么严格，它是对人类薄弱意志的一种调节。

根据洛克的论述，在弥赛亚来临之前，上帝建立了一个地上的国度，那是一个神治国，直接由上帝掌权。[①]这个国度指犹太王国，给所有犹太人建立了严格的律法，弥赛亚的国度被恢复，犹太王国就如同是异教徒恶行的黑暗中的一个一神论公义的灯塔，其仪式和惯例由上帝设计，以期望被用来使以色列人脱离异教并且受到保护。[②]这样一种特殊的社会机制持续发挥作用直到弥赛亚降临。洛克认为，犹太王国决定性的结局发生在公元 79 年，也就是罗马人攻陷耶稣撒冷，洛克把这等同于第二基督的降临。洛克对这一事件的理解有两方面：第一，这在救赎的历史上是一个过渡到新纪元的时刻。洛克将耶路撒冷的毁灭描述成是对犹太民族的报复行动，"毁灭他们的教堂、崇拜、联邦"，他把犹大地的政治处境视为神圣意志的作用，即罗马的帝国统治，服从犹太统治者，尤其是犹太公会、祭祀和拉比的委员会，他们是摩西律法的保护者和解释者，人们的最高政治期待就是弥赛亚的降临，将他们从罗马的压迫中解放出来。祭祀和拉比都应该受到谴责，因为他们了解《圣经》的内容，知道弥赛亚预言，洛克将他们的失误归因于境遇和情感倾向。和民众一样，犹太统治者们期望弥赛亚建立一个现世的王国，但是他们却对这个结果感到忧虑不安，一方面，罗马的权力似乎难以克服，另一方面，如果弥赛亚的国成功建立，那么他们现有的地位和权力很有可能丧失或者变得有限。第二，洛克认为耶稣撒冷的毁灭是一次、也是全部事件，直接反对犹太宗教联邦以及它的特权。必须要说明的是，洛克既不是反犹分子，也不是犹太追随者，他的古代犹太主义的特点是大多数犹太学者能够接受的。

---

① John Locke, *The Works of John Locke,* Reasonableness, 1823, p.144. TOL, pp.116–117.

② John Locke, *The Works of John Locke,* Paraphrase and Notes, II, p. 617n.

和摩西一样，耶稣也得到了神圣启示，这可以通过他施神迹来证实。但是，他的任务和他特殊的身份也可以通过他自己的行动和事件来证明为真，如他的死和复活，以及福音的传播，包括起初他亲自传播以及后来由他选择的使徒来传播，或者直接指示使徒进行传播。洛克将传播福音的胜利称为持续的神迹。万物的结局都会随着弥赛亚的降临而揭晓，到那时，就会有普世的复活，弥赛亚王会根据适宜于实情的律法审判所有的亚当后裔，将分出圣人和恶棍，前者将重获永生，后者将经历可怕的折磨之后第二次死亡，到时，死亡将被废除，亚当的时代将会终结。弥赛亚将恢复上帝的国，并与上帝同作王，直到永远。①

赎罪的教义是指耶稣的绝对服从和自愿死亡满足上帝的"正义"，那么"罪"必然就是冒犯上帝的"正义"，救赎之路也正是因为罪而开启。交易型基督论（transactional Christology）的多样化对于新教徒是主要的教义，尤其是加尔文主义者。约翰·爱德华兹（John Edwards）指责洛克故意忽略交易型基督论。在《第一辩护》（*First Vindication*）中，洛克以嘲讽的方式对约翰·爱德华兹的指责不予理会，但是他后来似乎改变了观点，在《基督教的合理性》中，他承认基督是上帝和人之间唯一的中介，而且上帝和基督之间必须有某种"交易"，即使人们无法知道这些东西是什么。然而，在《第二辩护》（*Second Vindication*）中，洛克表明他赞同撒母耳·博尔德（Samuel Bold，1649—1737）②的观点，他的辩护者反对约翰·爱德华兹及其他批评，认为"熟知赎罪的教义对基督徒很重要，而且，对于一个熟知《圣经》的基督徒来说，不带偏见地否认基督的赎罪是很困难的事"。③洛克在一篇手稿中根据《罗

---

① 洛克关于末日的阐述可参见 "Resurrectio et quae sequuntur", Bodleian MS. c. 27, fols 162–173, *Paraphrase and Notes*, II, pp. 679–684。

② Samuel Bold（1649–1737），was an English clergyman and controversialist, a supporter of the arguments of John Locke for religious toleration.

③ John Locke, *The Works of John Locke,* Second Vindication, p.465.

马书》5:12—14，明确地肯定了赎罪的教义，从这篇手稿的内容可以看出，它的目的在于得出《基督教的合理性》中的结论，但是因为其中没有注明写作时间，所以不能肯定它所针对的是哪个版本，这也不是洛克想要为他没有使用它而做什么暗示，至少可以说明洛克在赎罪的问题上曾经犹豫不决。①

　　总的来说，洛克的弥赛亚的基督论主张弥赛亚是神指派的王，弥赛亚的理性灵魂道成肉身到拿撒勒的耶稣，耶稣是圣灵感孕。耶稣即弥赛亚，他是永恒之国的建立者，是这个世界所有王国的继承者，他的降临早被希伯来先知预言，表明了上帝救赎的目的，最后的审判即将来临，上帝的目的是完美的。洛克将《圣经》文本作为证据来源，以证明基督教信念的核心观点："耶稣是弥赛亚"这一神学命题的合理性，这既符合他在认识论上的证据主义立场，也符合他对如何处理超乎理性的命题的主张。

二　"必然存在"的批评性解释

　　洛克认为，当人们理解了上帝的完满性时，才能更加充分地认识到自己的神圣义务，才能明白上帝已经给予人类通向幸福的足够途径。他认为上帝是绝对合一的和绝对完满的，主张证明上帝存在应该在"行动中"，或者说是在经验中证明上帝存在；他反对笛卡尔对上帝存在的本体论证明，认为笛卡尔的证明只是在字词中主张上帝存在，而没有在实存的意义上证明上帝存在，这实际上最终并没有证明上帝实际上存在。这些内容在洛克1696年出版《人类理解论》之后的一些未发表的手稿中可见，在《人类理解论》第四卷中，他论述了关于上帝存在的宇宙论

---

① 　Peter R. Anstey, *The Philosophy of John Locke,* New Perspectives, 2003. p. 137.

证明，始终如一地坚持了他的证据主义和经验主义的立场。

关于"存在"，与亚里士多德将"存在"划分为"偶性的存在"和"本质的存在"的主张不同①，洛克认为"概括的"或"普遍的"命题只是人心中"抽象的观念"，是"理解中的东西"，它们与"实际的存在"没有关系，而真正与"存在"有关的知识有三类，一是凭借直觉而来的"自己的存在"，二是凭借推理而来的"上帝的存在"，三是凭借感觉而来的"其他事物的存在"。②在洛克看来，知识是"人心对两个观念之间一致或不一致所生的一种知觉"③，且由于人类不能对所有事物产生完整的观念，所以知识的范围不仅达不到一切实际的事物，也达不到观念的范围，知识的范围比我们可以拥有的观念的范围更窄。他将知识分为三个等级，即直觉的知识、推理的知识以及感觉的知识。对观念间关系的知觉有时是直接的，有时不是直接的，当"人心不借别的观念为媒介的就能直接看到它的两个观念间的一致或不一致的关系"时，就是直觉的知识，它是理智在第一时间直接呈现并予以赞同的对象；推理的知识则需要其他观念作为中介来判断两个观念间的关系；感觉的知识是"关于特殊外物存在的知识"，在经验中我们凭知觉和意识可以确实地知道一些观念"由外界那些特殊事物而来"。④

推理的知识在"知识"方面是"次一级的知识"，它没有"直觉的知识"那般确定和明白，但也是人心可以凭借其他观念发现"观念间一致或不一致关系"的对象，因为人心不可能"永远立刻看到两个观念间的关系"，或不能"直接比较"和"互相并列"，那么就倾向于借用媒介来发现它们的关系，这个过程就是推理。第一，推理的知识依据证据，

---

① Aristotle, Metaphysics, Vol. 1 Ari Bk 5 Lsn 9 Sct 435, p. 343.

② John Locke, The Woks of John Locke, Vol. III, Book IV, Chapter IX, Sect 2.

③ John Locke, The Woks of John Locke, Vol. III, Book IV, Chapter I, Sect 1.

④ John Locke, The Woks of John Locke, Vol. III, Book IV, Chapter II, Sect 1–15.

证据指的就是用以发现两个观念间关系的"中介观念"。第二，通过推理发现的知识并不如直觉知识那般"直接迅速"，要达到确实无疑的程度则必须倍加"勤勉不懈"和"努力研求"，经历多个步骤和多个等级才能达到确定性。第三，在证明之前必然会经历怀疑，因为人心在分辨各个观念间关系之前总是不确定的，推理的知识的确定性发生在人心"清晰的知觉能力"发挥作用之后，而在这之前知识的确定性尚不明了。第四，由推理而来的知识虽然是"明白的"，但这种认识远没有直觉的立即反应那般"辉煌光亮和充分确信"；因此，推理的知识中必然包含"直觉的明白性"，"在推理的知识方面，理性的每一步，都必然伴有一种直觉的知识"，必须通过直觉的清晰明白的观念和中介观念来"知觉"到它们之间一致或不一致的关系，但有时人心可能需要通过不止一个中介观念，往往由于在冗长的演绎中，使用的证据太多而不能"精确地保留"每一个部分，所以推理的知识不及直觉的知识那样完全而"把谬误当作证明"。更为重要的是，洛克认为推理不限于数量方面，推理的知识不是"数目、广袤和形相等观念"的特权，只要"能凭直觉知道两个观念与别的中介观念的一致或不一致的关系"，就可以进行推理。① 因此，"上帝存在的知识"是需要被证明的，也是有可能被证明的，并且必然包含"直觉的知识"。

以证据主义为核心的基础主义是洛克推理"上帝存在的知识"的确定性的基本思路。与理性主义者不同，洛克否定天赋观念，将"上帝"排除在基础信念之外。基础主义有两个核心观点：首先，知识的论证分为基础的和非基础的信念。基础信念是"非推论的"信念，即它本身是自明的、独立的，可以作为论证的基础，用以支持、证明其他的信念。非基础信念建立在一个或多个基础信念基础上，通过推理得到辩护。其

---

①   John Locke, The Woks of John Locke, Vol. III, Book IV, Chapter II, Sect 1–15.

次，断定有基础信念的存在。基础主义者认为，确定的知识和被人们接受的信念有两个来源，一是我们通过感官观察得到的知识，这些知识是确定的、可靠的；二是我们通过推理获得的其他信念，推理的前提必须是确定、可靠、无误的知识，推理为我们接受某一信念提供证明或辩护，推理的结果并不作为推理的前提。在理性主义者那里，"上帝"是先在的观念，从某种意义上说是"基础信念"，是证明的基础、知识的来源。洛克一反经院哲学传统，将"上帝"与基础信念分离，认为信仰与理性分属于不同的领域，信仰是理性调节的对象，"直觉的知识"是推理"上帝存在的知识"的基础和前提，他创造性地提出了一条具有"现代"特征的证明方式。

洛克虽然否定了天赋观念，但肯定"天赋官能"，感觉、知觉和理性都是上帝给予的能力，只要人类注意这些官能，从直觉知识，按照演绎规则，就能证明"上帝存在的知识"的确定性。他说：

> 上帝虽然没有给予我们以有关他自己的天赋观念，虽然没有在我们心上印了原始的字迹，使我们一读就知道他的存在，可是他既然给了人心以那些天赋官能，因此，他就不曾使他的存在得不到证明；因为我们既有感觉、知觉和理性，因此，我们只要能自己留神，就能明白地证明他的存在。……而且我们的心亦必须从我们的某一部分直觉的知识，按照规则演绎出它来……因此，我们如果要想指示出，我们能够认识并确信有一位上帝并且指示出，我们怎样得到这样确知，则我想我们并不必跑出自身以外，并不必跑出我们对自己存在所有的确定知识以外。①

对此，洛克阐明了基础主义的论证思路，由"我存在的知识"演绎

---

① ［英］洛克：《人类理解论》，关文运译，第662—663页。

"上帝存在的知识",从"直觉的知识"推理"上帝存在的知识"。在这里,他所说的"直觉的知识"依赖于"自己的存在",反过来说,"自己的存在"使"直觉的知识"成为可能。他认为,任何从外在于我们的事物到一个智慧的创造者的论证,其结论只具有概然性,证明上帝存在需要从"直觉的知识"或"确证的知识"这类前提出发。他进一步说,通过"一个绝对可靠的内在知觉"来获知"自己的存在",上帝存在的知识正是以确知的"自己存在的知识"为基础,自己的存在是可知的和可知觉到的,由这种可知的、可知觉到的存在才能确定地知道"直觉的知识"或"确证的知识",这种具有"确定性"的知识才能被当作证明上帝的存在的有力证据。与笛卡尔不同的是,洛克从自己的存在出发,目的在于确定以自己的"直觉的知识"为基础"演绎"或"证明"上帝存在的可能性,而笛卡尔则是通过确定地知道"我思"的对象,即"最清楚、最明白"的"上帝"观念,进而将其作为基础信念。在笛卡尔看来,上帝存在包含在"上帝"观念中,它是知识的来源和基础,而洛克则是以"直觉的知识"作为知识的基础,"上帝"观念不是先在的,"上帝存在的知识"是被证明的对象。

对于"上帝存在的知识",洛克展开了宇宙论的证明。他从普遍认同的、清楚明白的直觉知识出发,认为"普遍认同的"直觉的知识指的是"宇宙中一定从无史以来就有某种东西,而且这种说法乃是明显不过的一种真理"。他根据人类知识的一般情况预设了事物的完善性等级,认为"各种事物是由逐渐推移的等级渐次升到完善地步的",而且一定有一种东西存在,作为其他一切东西的开始,一切事物及其属性一定有"悠久的源泉",那么,这个根源一定是"全能的"和"全知的"。他从经验论的立场出发,否定物质是宇宙万物的原因,从"人类社会是有秩序的"这一切身体验出发,认为"无认识力"的物质运动和"有认识力"的思想活动都有其存在的最终原因,"虚无"不可能产生物质,也不可能产生思想，他进一步说，"运动""思想"这类东西不可能是"物质及其各分子的永久不可离的一种性质"，也就是说，物质本身并不是"运动"和"思想"的原因。假设有很多有限的物质作为各种各样"运动"和"思想"的原因独立存在，那么世界就没有现在这般规律与和谐。所以，洛克认为，作为运动的原因、思想的原因，"悠久的存在者"一定不是物质，或者说，一定不是"无认识力"的东西，而必然是"一个有认识力的东西"，"一种悠久的大智"，这个"从无史以来的某种东西"和"永久的存在者"就是"上帝"。

针对笛卡尔的上帝存在的本体论证明，洛克明确否认存在天赋观念，洛克在"Deus"中论述道，笛卡尔的本体论证明从上帝的天赋观念出发，认为上帝的天赋观念具有完满性，这是个失败的论证。对此，洛克给出了三方面的批判，第一，每个人都拥有完满上帝存在的观念，这个说法是假的，因为不存在天赋的上帝观念；第二，即使人们有完满上帝存在的观念，也不能说明这个存在观念实际上存在；第三，"必然存在"这样的说法只是在回避问题。

根据洛克的观点，笛卡尔的论证并没有给唯物论的无神论者一个充分的回应。洛克认为，没有人会怀疑有某种东西作为永恒而存在，而且无神论和有神论主要的分歧在于这个永恒存在的东西是什么。无神论者将"无感觉的质料"（senseless matter）视作宇宙的永恒原因和秩序，而有神论者认为这个永恒存在是"一个可知的非物质的永恒精神"（an immaterial eternal knowing spirit）。笛卡尔关于上帝存在的论证之所以失败是因为他所说的第一存在必然实际存在，这本身就是无神论者和有神论者共同维护的观点，洛克在 Deus 中写道：

> 他们之间的问题在于恒久之物到底是什么。现在我要说，任何人都要用必然存在去证明上帝，也就是说，如果一个可知的非物质

的永恒的精神是从必然存在而来，那是毋庸置疑的，而无神论者则认为是永恒的全能的无知觉的东西……无论什么是永恒的都必须包含必然存在。哪一方会在证明第一存在上增加必然存在的概念中更有胜算呢？实际上……只能看两边。（"Deus", 314–315）

在洛克看来，在上帝存在这个复杂观念中包含必然存在，并没有使有神论比物质主义的无神论显得更加优越。因为，无神论者可以说他所说的永恒物质也包含必然存在。他进一步说我们不能从事物的观念中推论出真正的存在，他说，"实在（real existence）只能由真实的存在（real existence）来证明，所以，上帝的真实存在只能由其他事物的真实存在来证明"（Deus，315），不能因我们有关于事物的观念就能够证明事物的真实存在。我们只能通过表明与其他实际存在的事物有因果关系来证明事物真实存在，而且正是在检验存在事物及其为人所知的性质中才知其因果关系的。洛克认为，我们可以通过感官知道外在于我们的事物存在，对于感官明显的是知识，而对于感官不明显的只是具有概然性的意见。所以，任何从外在于我们的事物到一个智慧的创造者的论证，其结论只具有概然性，要证明上帝存在，就要从直觉的知识或确证的知识这类前提出发。根据洛克的阐述，可以通过"一个绝对可靠的内在知觉"来获知自己的存在，上帝存在的知识正是以确知的自己存在的知识为基础，所以自己存在的原因必须是可知的和可知觉到的，这种可知的、可知觉到的东西，或者说直觉的知识或确证的知识，才能被当作证明上帝的存在的有力证据。

洛克的这些观点广受批判，包括他同时代的人和哲学历史学家，如莱布尼茨（Leibniz）、班尼特（Bennett）、艾耶儿（Ayer）、沃特斯多夫（Wolterstorf）等。洛克的论述被指出有多处错误，其中最主要的有两条逻辑错误，第一个不合理之处是已经确定有永恒存在，然后说某一个东西就是这个永恒存在，第二个不合理之处是确定了一个永恒存在，然后说某一个事物是各个事物的原因，这个事物就是永恒存在。但是，洛克最终关注的不是个别事物的存在，而是一种作为最终原因的"存在"（being），如果理解了这一点，可能会淡化他的那些看似不合理之处。他想说明的是：所有个别事物必须有个确定的原因，这个确定的原因是有思考力的（cogitative），而不是没有思考力的，问题的关键就在于探讨永恒存在是有思考力的还是没思考力的，而不是探讨永恒存在是否存在，他用此来反驳无神论的物质主义者。如果有思考力的存在有一个开端，那它必然有个原因，为了避免有思考力的存在的无限倒退，这个开端的原因必须是它自身，而不是其他，这鲜明地体现了他的基础主义立场。洛克为了进一步说这个开端也不是由众多个体组成的，如果是那样，上帝的存在就受到威胁了，就此，他说有限的存在（比如物质）不足以成为第一因，因为它们不能产生"秩序、和谐和美，它们依自然而成立"。

1697 年，林博奇写信给洛克，要求他证明上帝的合一性，洛克对此予以回复。[①]洛克对上帝合一性的论证建立在上帝的完满性之上，他将上帝视作"一个非物质的永恒的无限的完满的存在"[②]，认为一个完满的存在不需要任何属性或完满的程度，否则，他就需要更多的完满性来使自身完满。[③]他从三个方面阐述了上帝的合一性，即全能、全知、全在。

首先，洛克说："有力量比没有力量更具完满性，有更多力量比

---

① 林博奇（Philipp van Limborch, June 19, 1633 – April 30, 1712），Dutch Remonstrant theologian, was born at Amsterdam, He was a friend of John Locke, whose A Letter Concerning Toleration was likely addressed to, and first published by, Philipp van Limborch。

② 原文为 "an infinite eternal incorporeal being perfectly perfect"。

③ "a perfectly perfect being cannot want any of those attributes, perfections, or degrees of perfection which it is better to have than to be without for then he would want soe much of being perfectly perfect"（*Corr.*, 2395, English Draft Appendix II）.

有更少力量更具完满性，有全部的力量（即全能的）还更加有完满性……"① 但是不可能有两个完满的存在，洛克对这一点的论述可以阐述如下：

（1）假设有两个完满的上帝。

（2）如果是这样，那么一个上帝所意愿的总是另一上帝所意愿的，或者一个上帝所意愿的总与另一个上帝所意愿的不同。

（3）如果一个上帝所意愿的总是另一上帝所意愿的，那么这个上帝的意志就会由另一个上帝的来决定，那这个上帝的意志就不是自由的。

（4）没有自由意志的上帝，其选择就没有自由的力量，那就不是全能的。

（5）如果一个上帝所意愿的总与另一个上帝所意愿的不同，那么其中一个上帝就会做另一个上帝不愿做的事。

（6）如果一个上帝不能做他意愿做的事（因为他不能阻止另一个上帝做他不愿做的事），那他就不是全能的。

（7）所以，无论是一个上帝所意愿的总是另一上帝所意愿的，还是一个上帝所意愿的总与另一个上帝所意愿的不同，总有一个上帝不是全能的。

（8）所以，存在两个全能的上帝是不可能的。

（9）上帝必须是全能的（根据"上帝"这个定义）。

（10）所以，不可能存在两个上帝。②

其次，洛克的第二方面的论证建立在上帝的全知之上。他说如果有两个或更多的不同的存在，它们有不同的意志，那么就有因为不能隐藏自己的想法而不完满地存在。然而，如果其中一个存在能隐藏他的想

---

① John Locke, *The Works of John Locke, Corr, 2395*, English Draft Appendix II.

② John Locke, *The Works of John Locke,* Corr., 2395.

法，那么其他存在就不是全知的，因为总有一些存在不知道第一个存在的想法或知道得不如他多。

最后，他第三方面的论证是关于遍在性（全在）。这方面的论述建立在他关于上帝是非物质的和广大的观点之上。存在于每一个地方比存在于一些地方更有完满性，因为，一个被一些地方"关在门外"的存在不能执掌这些地方，也不知道这些地方发生了什么，所以，如果不能遍在，就不能全知和全能，也就是说，上帝既然是全能的和全知的，那他也必须是全在的。① 但是，因为洛克认为能力和知识是一种力量，这种力量必须是实在的，要得到例证，上帝必须实存于（substantially）每一个地方。接下来，他论证了不可能有两个全在的上帝，并给出了一个命题：对于任何两个个体 x 和 y，任何性质 P，如果 x 有 P，当且仅当 y 有 P，那么 x=y。他要证明的结论是同一个地方不可能有两个完全相同且有相同性质的存在，因为如果是那样就不能区分它们作为不同存在的区别在哪里。说明了有着相同性质的相同类别的存在不能指上帝之后，洛克转而论述上帝的全在性。他说如果上帝是全在的，那么就不可能有其他一样的存在遍在于任何地方，因为两个存在之间会相互排斥，所以，不仅存在两个相同性质和力量的上帝是不可能的，而且也不可能存在两个相同种类的上帝共享一些性质。②

收到洛克的论证之后，林博奇单独与勒克莱克（Le Clerc，1630—1695）一起研读了他的论证，之后回复洛克要求他做一些修改，以免冒犯胡德（Johannes Hudde，1628—1704）有关上帝遍在性的笛卡尔哲学观点。洛克同意省去上帝遍在性的相关论证，因为他说笛卡尔也持有上帝遍在的观点，只是笛卡尔的观点不是字面意思的遍在，而是因为可

---

①　John Locke, *The Works of John Locke,* Corr., 2395.

②　John Locke, *The Works of John Locke,* Corr., 2395.

以在任何地方作工，所以几乎在场于每个地方，而洛克的观点和牛顿（Newton）一样，即上帝是遍在的，①如果上帝不是遍在的，他就不能在每个地方作工，也不能知道所有事情。在对林博奇的回复中，洛克写道，如果笛卡尔主义者们被理解为有关"精神"（Spirit），那就是"思想"（Thought / Cogitatio），而不是思考的物质对象，他们在"字词"（words）中主张"上帝"，而取消了上帝在"行动"（deed）中的意义。思想就是行动，行动不能独自存在，而是某种物质的行动。②

  洛克对基督教信念的核心观点，以及关于上帝存在证明的传统问题进行了证据主义和基础主义的解读与阐释。他一方面将基督教信念的核心观点以一个超乎理性的命题的形式呈现出来，然后提出这个超乎理性的命题依然要符合理性的判断，并且以《圣经》文本为证据，证明"耶稣是弥赛亚"这个神圣命题的合理性，从而得出基督教信念具有合理性的结论；另一方面，洛克从必然存在与上帝存在的关系入手，说明以笛卡尔为代表的近代哲学家所主张的在上帝存在这个复杂观念中包含必然存在，并不能很好地证明上帝的真实存在。他进一步提出，上帝的真实存在只能由其他事物的真实存在来证明，而不能从概念中的必然存在推论出事物的真实存在。洛克认为，自己的存在作为既可知又可被知觉到的真实存在，才能作为证明上帝存在的有力证据。

  然而，实际上，洛克对人类就"上帝存在的知识"的认识范围和确定性最终持怀疑的态度。他在《人类理解论》第四卷中指出有一位"永久的存在者"，但是"人们叫作上帝与否，都无关系"，并在对这位"永久的存在者"的性质做了一番探讨之后，在第十章的结尾指出，根

① 洛克在《人类理解论》中关于上帝的论述可以与牛顿 1718 年的著作《光学》中的疑问（28—31）做比较，也可以与莱布尼茨与克拉克的通信中关于牛顿所说的概念"知觉器官"（sensorium）做对比。

② John Locke, *The Works of John Locke, Corr*., 2413.

据"我们自身恒常经验到"的东西，可以知道，我们的理解和行为均因"我们的意志"或"我心中的一种思想"而发生，但是，它们只是些"狭窄的才具"，所以，我们对这位"永久的存在者"的理解被限定在了"我们对它所能了解的范围内了"。[①] 所以，我们关于"上帝存在的知识"是否具有确定性是存疑的。

---

① John Locke, The Woks of John Locke, Vol. III, Book IV, Chapter X, Sect 18-19.

第四章　宗教信念的道义主义原则

　　根据人类认识的一般情况，知识是缺乏而有限的，信仰、同意或意见都是知识的补充，同时也是人类认识的常态。洛克揭示了这一问题，同时他也将道义主义原则引入人类认识以及宗教信念中，目的就是促进真正的知识，使人们得到概然性更大、确定性更强的知识。宗教信念既需要理性的调节，也需要道义主义原则来规范，以免假借信仰之名相信那些虚假命题，从而陷入宗教狂热。他强调用理性调节信仰，以道德规范理性，"一个人如果能应用上帝所赐的光明和能力，并且诚心用自己所有的那些帮助和能力，来发现真理，则他已经尽了理性动物的职责"①，理性的认知义务要求人们坚持以证据主义为核心的基础主义原则，即是否接受一个命题必须是在充分的证据基础上的判断。

---

① 　[英]洛克:《人类理解论》，关文运译，第741页。

第一节　合理性的概念

一　合理性与宗教信念

　　基督宗教信念的合理性问题在历史上是通过两种路径加以讨论的，一种是辩护的方式，另一种是证明的方式。辩护的方式，顾名思义就是指基督教信念在哲学的意义上或者其他某个意义上得到辩护，这种方式在基督教产生之初就开始形成，早期教父哲学家们在希腊哲学的意义框架内对基督教信仰及其教义进行了辩护式的阐述，并形成了基督宗教哲学体系，克莱门特、奥立金、奥古斯丁等都是沿着这一辩护传统去为基督宗教信仰在哲学上建立其牢固的地位的。安瑟尔谟、托马斯·阿奎那、司各脱以及近代以来笛卡尔、洛克、莱布尼茨和康德等人则是以理性推理的方式来阐述基督宗教的合理性问题的。

　　坎特伯雷的安瑟尔谟将辩证法运用于解决神学问题，主张以信仰寻求理性，以逻辑所要求的那种简明性和必然性论证信仰的真理性，他在《独白》中阐述的关于上帝存在的"后天证明"，是从公认的经验事实出发推理出上帝的必然存在。这个公认的经验事实就是一切事物按照完满性程度被安排成一个等级系列，在这个等级系列中，最高的完满性是唯一的，那就是上帝。安瑟尔谟在《宣讲》中还做了一种本体论的"先天证明"，以"上帝"的概念作为证明的出发点，对"上帝"概念做逻辑分析，以三段式的推理证明上帝实际上存在。托马斯·阿奎那认为任何关于上帝存在的证明都是演绎证明，而且只能是后天演绎论证，按照后天证明的思路，托马斯提出了五个证明，第一个证明依据事物的运动，推论出上帝是"第一推动者"；第二个证明依据事物的动力因，从动力因按序列排列这一明显事实，说明存在一个终极的动力因，那就是上帝；第三个证明依据可能性与必然性的关系，包括两个步骤，第一步由可能存在推导必然存在，第二步由事物的必然存在推导自因的必然存在，这个必然存在的终极原因或自因就是上帝；第四个证明依据事物完善的等级，包括两个步骤，第一步证明有一个最完善的东西的存在，第二步证明这个最完善的东西是其他事物完善性的原因；第五个证明依据自然的目的性，所有的自然物都朝向一个目的而活动，那么必定有一个目的之预谋者安排世界的秩序，那就是上帝。托马斯的五个证明与安瑟尔谟的本体论证明一起构成了基督教哲学关于上帝存在证明理论的主体。司各脱提出神学是信仰的学问，而不是知识，是一门实践的学问，他的学说淡化了神学对哲学的影响，开启了哲学非宗教化的演变进程。他的上帝存在的证明属于后天证明，其证明思路是：从不完满的有限存在出发，追溯到一个完满的无限存在的可能性，并且证明它就是上帝。

现代早期西方哲学发生认识论转向，哲学家们在知识论的意义上提出基督教信念的规范性问题，即基督教信念何以成为可能。首先由笛卡尔和洛克提出，一个信念要被称为知识或者被接受，必须在可靠的基础上以充足的证据证明其为真，包括基督教信念在内，都需要经过证据证明为真，或者在概然性上是可能的，才能被接受，不能在没有经过验证的情况下轻易相信或接受，并且这是所有有理性的人都应该尽最大努力去履行的义务。近代以洛克为代表的经验论者与以托马斯·阿奎那为代表的理性传统的不同之处在于，前者注重感觉经验，将信念的合理性建立在以基础主义、证据主义和道义主义为方法的论证上，证明一个命题与心中已确立的命题的关系，从而决定相信或不相信这个命题；而后者的信念合理性则是通过三段论式的论证，证明一个命题在概念上或在理论上是成立的。然而，考察合理性的问题，不仅限于洛克和阿奎那的方法，下面我们首先讨论一下合理性的几种方式。

二　合理性的几种方式

阿尔文·普兰丁格在其《基督教信念的知识地位》中指出，"合理性"是个多义词，首先要确定所要谈论的合理性的概念。他区别了五种合理性的方式：（1）亚里士多德提出"人是理性的动物"，其中"理性的"是人区别于其他动物的特质，从这个意义上看，确实有很多人接受基督教信念，那么，基督教信念也就符合人的理性，或者说，基督教信念是合乎理性的。但有人质疑说"是否只是功能失调的理性造物"才接受基督教信念，这就将合理性的含义与恰当功能联系起来。理性官能的功能失调是一种非理性的状态，偏执狂和病理上的原因都可能导致功能紊乱。（2）由此，我们可以说，如果理性恰当地发挥功能，那就是合理的。普兰丁格将合理性分为内在合理性和外在合理性，内在合理性就是在信念产生的过程中，理性官能恰当地发挥作用。理性官能对应感觉印象，即视觉、听觉、嗅觉、味觉和触觉等感官，事物向感官的呈现就是感觉印象，（a）"知觉信念是在对感觉印象的响应中和在感觉印象的基础上形成的"。除了知觉信念，还存在记忆信念和先天信念，这两种信念都与现象经验无关。还有一种类型的现象经验，就是对某个命题的正确的感觉，也就是说，（b）将一个命题相较于我们已有的信念经验，并在此基础上形成正确的信念。如果信念经验发生了异常，即使是感官功能恰当地发挥作用，这种情形下形成的信念就会表现出外在的不合理性。例如，某个疯子想象他的脑袋是由玻璃制成的，并且他已经形成了这样的信念经验，那么"他的脑袋是由玻璃制成的"这个命题对这个疯子来说完全是明显的，和直觉知识一样明显，这显然是外在不合理的。一个人是内在合理的，那他的信念必须是充分融贯一致的，满足恰当功能的要求。如一个人相信他的脑袋是玻璃制成的，那他会相信踢球是危险的，他最好有一副好的头盔，对他来说合理的事就是避免撞击。也就是说，一个内在合理的人要做恰当功能要求他做的事。一个外在合理的人，首先，要在恰当功能发挥作用的前提下，根据感觉经验形成知觉信念；其次，要形成正确类型的信念经验，也就是恰当功能所要求的那种信念经验。[①]

还有一种合理性是普兰丁格对亚里士多德所说的合理性的延伸，包括自明的命题和在自明命题基础上的推论，或者说，（3）如果一个命题是合理的，那么它是自明的命题或者是在理性的衍生之中的命题，如果它是不合理的，那么它的否定在理性的衍生之中。他指出，在这个合理性的意义上，基督教信念既不是自明的命题，也不是理性的一个衍生。然而，洛克正是在这个意义上谈论基督教的合理性，他将包括基督教信念在内的所有命题分为合乎理性的命题、超乎理性的命题和反乎理性的命题，主张理性先行，只有那些合乎理性的命题才能被接受，这符合证据主义、基础主义和道义主义原则；至于那些超乎理性的基督教教义也要以理性证明其来源，若证实是来自上帝的启示，就要接受它，若只是狂热者的幻想，就不能相信；还有一些命题，既不能以理性证明其为真或具有概然性，也不能证明其来自上帝的启示，而且明显与理性相违背，那就不能接受它，而要予以摒弃。[②]

（4）当一个有理性的人欲想取得某个目标时，他的合理性就体现在选择最有效的手段获得那个目标的行动之中，即手段—目的的合理性。

[①] ［美］阿尔文·普兰丁格：《基督教信念的知识地位》，邢滔滔等译，第123—128页。
[②] ［美］阿尔文·普兰丁格：《基督教信念的知识地位》，邢滔滔等译，第129—131页。

"理性地选择来作为达到一个目的的手段的东西依赖于你相信的东西"，也就是说，你相信某一与手段有关的信念对你来说是达到目的的有效方法，你相信这个手段，这个信念对你来说是真的，所以，相信一个信念是真的，那么采纳相信这个信念对你来说就是合理的。如果是这样的话，是否一个理性的人相信基督教信念，那么他接受基督教信念就是合理的呢？简单地说，基督教信念是不是手段—目的合理性的问题？那么这个问题可以归结为：基督教信念在何种意义上可以被人相信，或者说在何种意义上是理性的，例如在亚里士多德的意义上，或者在恰当地发挥功能的意义上，等等。① 这似乎又回到了（2）和（3）的那种合理性问题。普兰丁格认为，基督教信念不可能是手段—目的的合理性问题。洛克对基督教信念合理性的阐述似乎涉及这种合理性的方式，他在验证某一命题或信念时所坚守的基础主义、证据主义和道义主义原则，以及根据概然性给予某一命题的判断等，不能说和手段—目的的合理性没有任何关系。

最后一种合理性的解读方式就是（5）道义论的合理性。洛克在谈论宗教信仰的问题时，不是仅仅在谈信仰的问题，他是将宗教信念当作命题来看待，在一般意义上谈论意见或同意，他主张在意见或同意的调节上存在责任和义务，即在有"可靠的证据支持或指示者（indicator）的基础上"②，才有可能给出同意或不同意，这是有理性的人必须履行的义务。所以，在履行这一认知义务的前提下相信一个命题也可以被认为是合理的。

---

① 　[美]阿尔文·普兰丁格:《基督教信念的知识地位》，邢滔滔等译，第 132 页。
② 　[美]阿尔文·普兰丁格:《基督教信念的知识地位》，邢滔滔等译，第 104 页。

第二节　道义论与合理性

近代哲学家们提出在认知责任的意义上探讨认知合理性或恰当性的问题，即"认知道义主义"（epistemic deontologism），持这一观点的哲学家们认为，"对某一信念应该持什么态度，可以用义务论的概念做出恰当的判断"①，或者说，一个道义论者会认为，如果认知主体 S 尽了认知责任，那么他相信信念 p 就是得到辩护的，不会因为相信 p 而受到责备。笛卡尔和洛克是近代"认知道义主义"重要的倡导者，笛卡尔初步建构了认知道义主义的含义，洛克在笛卡尔的基础上对此做了进一步的发展，并将它扩展到宗教信念中，开创了一条道义主义的认识论思想路线。

一　道义主义的含义

笛卡尔在他的《第一哲学沉思集》第四个沉思"论真理与错误"中指出，当某个认知不够清楚明白时，放弃对这个认知的判断是正确且不被欺骗的，但如果对它做出同意或拒绝的判断，那么就是没有正确地使用自由意志；如果接受了非真理的东西，那就表明欺骗了自己；即使是根据真理做出的判断，那也只是偶然的结果，依然要因为错误使用自

---

① Jonathan Dancy, Ernest Soca, Matthias Steup, ed., *A Companion to Epistemology*, Chichester: Wiley Blackwell, 2010, p. 332.

由意志而受到责备，"因为自然之光告诉我们，理解应该总是先于意志的决定"，笛卡尔想要说明的是应当避免在没有充分清楚明白地知觉到某个信念的真理性之前，最好不要接受这个信念为真。① 洛克进而将这一认知义务延伸到对宗教信念的判断中，在《人类理解论》第四卷中，他提出对宗教信念而言，人们同样必须履行认知义务，信仰需要有理由，并且不能与理性相反，否则无异于"爱好自己的幻想"。② 克里福德（W. K. Clifford）将洛克在认识论上的证据主义发展到极致，认为"不论在任何地方、对于任何人而言，相信任何没有充分证据支持的信念都是错误的"，认知义务是人类应该履行的义务。③ 克里福德激进的证据主义带来的严苛的义务论受到威廉·詹姆斯（William James）的反驳，詹姆斯在其《信仰的意志》（*The Will to Believe*）中指出，对于某些特定的命题，即使在缺乏足够证据的情况下，实用性的考虑同样可以使信念具有合理性，他认为"我们必须知道真理"和"我们必须避免错误"是人类作为认知者的首要律令。詹姆斯与洛克的区别在于，洛克强调人类的认知义务是寻找真理，而詹姆斯强调人类的认知义务是认识真理。④

　　到 20 世纪，包括艾耶儿（A. J. Ayer）、齐硕姆（Chisholm）、吉内特（Carl Ginet）以及费尔德曼（Richard Feldman）在内的道义主义者们将笛卡尔、洛克以及克里福德等人提出的"认知道义主义"做了进一步的发展与完善。根据艾耶儿的观点，知识的一个必要条件就是"确信的义务"。与艾耶儿的观点相似，齐硕姆提出接受一个信念为真，不仅要有关于这个信念的真观念，而且还要有对于这个信念的确信义务，但

---

① Descartes, *Meditations on First Philosophy: With Selections from the Objections and Replies*, tran. Michael Moriaty, New York: Oxford University Press, 2008, p.139.

② 参见 [英] 洛克《人类理解论》，关文运译，第 740 页。

③ Jonathan Dancy, Ernest Soca, Matthias Steup, ed., *A Companion to Epistemology*, p. 333.

④ Paul K. Moser, *The Oxford Handbook of Epistemology*, New York: Oxford University Press, 2002, p. 363.

他认为信念可能不是自愿的,道德或其他责任会胜过认知责任,所以他没有说我们的义务是相信真理,而是说要试图去相信,尤其是在我们考虑范围内的那些真理。[1] 现代更有一些哲学家提出人类的认知义务是为每一个不确定的命题寻找更多的证据。

这些讨论使认知义务问题变得越来越复杂,根据费尔德曼的观点,认知义务的问题包括:(1)我们的认知责任是什么,(2)是什么构成了认知责任,以及(3)认知责任与其他类型责任的关系。有些哲学家认为认知责任就是根据证据去相信,另一些人认为认知责任是相信真理,更有人认为认知责任包含了更广泛的意义,比如恰当地收集证据,或者寻找更多的证据,等等。费尔德曼根据不同的意见,总结了认知责任的几种含义,第一种是以克里福德为代表的意见,认为我们的认知责任是相信那些有证据支持的命题或信念。对此,有些哲学家指出,对于命题或信念而言,我们的态度不只有相信,还有不相信或者悬置,应该依据具体情况给予相应的态度。因此,第二种意见认为,对于命题 p,在时间 t,以及认知主体 S,如果 S 在 t 中考虑 p,那么 S 有责任使其就 p 的态度符合 S 在 t 关于 p 的证据。这个定义不仅提出人们有责任相信有证据支持的信念,也有责任保留那些没有证据支持的信念,洛克和克里福德都对后者讨论较多,但对前者论及较少。洛克认为,没有好的理由的相信无异于相信"幻想",克里福德则提出要对所有的信念持怀疑的态度,认为没有好的理由的相信就是犯罪,同时,他们也指出这样一种情况:即使有好的理由人们也会不相信。在齐硕姆看来,相信作为一种行为,它是否在我们的控制之内,或者说是否是自愿的,这是值得怀疑的,那么相信作为一种责任也是值得怀疑的,因此,齐硕姆给出了第

---

①   Paul K. Moser, *The Oxford Handbook of Epistemology*, New York: Oxford University Press, 2002, p. 364.

三种意见：对于任何一个命题 p、时间 t、认知主体 S，如果 S 在 t 考虑 p，那么 S 有责任相信 p 当且仅当 p 为真。现代哲学家霍尔（Richard J. Hall）和约翰逊（Charles R. Johnson）增加了收集证据的义务，认为对任何命题 p、时间 t 和认知主体 S，如果 p 在 t 对于 S 而言缺乏确定性，那么 S 有义务在 t 中收集更多的关于 p 的证据，这就是第四种意见。第五种意见是从历时性的角度来看，认为每个人都有从事扩大真信念和减少错误信念的认知义务。[①]

"道义主义"（deontologism）在伦理学和认识论中均有涉及，而伦理学意义上的道义主义与认识论意义上的道义主义是不同的。以康德的无条件道德律令（Categorical Imperative）以及黄金规则（Golden Rule）为基础的伦理学体系，可以看作是伦理学意义上的道义主义的代表，主张判断一个行为的对错，不在于其结果，而在于是否赞成相关的道德规则，按照这个观点，即使是坏的结果也可能是道德上正确的。[②] 认识论意义上的道义主义关系到评价某种信念时所涉及的评估性术语的合理性，如应该（ought, should）、可以的（permissible）等，也就是说，从狭义的认知责任概念来看，认知责任就是相信某个命题或持有某种认知态度。[③] 我们可以从一个例子中加深对伦理责任和认知责任的区别和联系，假如有个消防员正在阅读他爱好的园艺书籍，并相信书中所讲的玫瑰护理的相关认知结论，但是就在这时火警拉响了，他不得不去救火。救火的责任并不属于认知责任，与相信或不相信无关，而是一种道德义务，他既有救火的道德责任，也有形成玫瑰护理的认知责任，但是，他不能在救火的同时形成玫瑰护理的信念，这种情况下，道德责任

---

① Paul K. Moser, *The Oxford Handbook of Epistemology*, pp. 367–372.

② Jonathan Dancy, Ernest Soca, Matthias Steup, ed., *A Companion to Epistemology*, p. 333.

③ 费尔德曼认为狭义的认知责任是指相信某个特定的命题，而广义的认知责任包括了各种与信念有关的行为。参见 Paul K. Moser, *The Oxford Handbook of Epistemology*, p. 367。

和认知责任是相互冲突的。可见，认知责任要求人们相信某个信念、收集证据或者做一些有利于提高认识处境的事情，而道德责任以及其他形式的责任不要求人们相信某个信念或者收集和信念有关的证据。①

二　道义主义在神学意义上的必要性

因为洛克在一般认识论上谦虚的态度，从而使他在看待世界中各物种的态度上显得似乎与众不同，他认为自然界中各物种之间存在一种连续的逐级的过程，从较低完满的存在直到极其完满的存在。

> 同样我们在人类所能观察到的宇宙的一切部分中，既然看到形形色色的物体之间有一种逐渐推移的联系，而并无任何大的或可以发现的缺口，而且我们又看到世界上形形色色的事物都紧相联系，使我们在各种品级之间，发现不出明显的界限来，因此，我们正有理由相信，各种事物是由逐渐推移的等级渐次升到完善地步的。……宇宙中从人类往下的各种部分既然有逐渐而不易觉察的推移的等级，因此，我们正可以根据类推规则说，在人以上而为我们所看不到的那些事物方面，大概亦是这样的。我们正可以猜想在我们以上，亦有许多各等级的灵物，完美的程度比我们逐渐增高，而且循着渐次的不可觉察的等级和差异，慢慢向着造物主的无限完美地步上升。②

洛克为宇宙中的万物设定了一个从低级到高级的不同完善等级，宇宙中的万物都是上帝创造的一部分，上帝赋予了它们感官和理智的能力，我们通过类比得知这些真理。也就是说，当我们观察低于我们的物

---

① 　Paul K. Moser, *The Oxford Handbook of Epistemology*, p.375.
② 　[英] 洛克:《人类理解论》，关文运译，第 716 页。

体时，沿着一个完善性逐渐下降的等级完善性秩序找到我们要观察的那个可能是最少完善性的物体，也许是动物、植物或者是无机物。依照类比的方法，我们也可以沿着完善性逐渐上升的等级完善性秩序到达最完满的完善性存在，这个不断上升的"同意"可能让我们离开物质的或感官的存在，达到完全理智的存在。在洛克看来，依靠人类的理性和感官，人们所能认识的事物是极其有限的，"理性的世界和感性的世界却有完全相似的一点：就是，我们在两方面所见的都是不能同所未见的成比例的；而且我们用眼或思想在两方面所见的，比起其余的来，亦只是一点，甚或等于零"。① 对于物质存在而言，即使是那些在时间或空间上都容易观察到的事物，人类对其的经验也是有限的。因此，洛克进一步说，可能存在比人类有更好的感官能力的理智造物，"人只要一思考，造物者的无限的权力、智慧和善意，他就有理由想象……人多半是一切含灵之物中最低等的一种"②。

　　与传统观念不同，洛克并不认为人是上帝的唯一造物，人甚至不是上帝最好的造物，比起那些不被人类所知道的存在来说，人类只是"微不足道的、低劣的和无力的"。所以，在洛克看来，人类应当关注如何使自己持续地存在，而不是去关注那些宇宙的形而上学知识的问题，应该关注道德，上帝"所供给人的能力，足以使人来发现各种必需的事物，用来证实上帝的存在"，人们有责任"正当地运用其天赋的才具"，这是人人应当遵守的神圣法则。③ 当然，因为人类的有限性，人们也要因此面对罪的问题，为什么上帝创造的存在是"微不足道的、低劣的和无力的"？洛克的回答似乎是上帝创造了每一个可能的完善性等级的存在，也就是说，他创造了各种类型的存在。但是，这也引发了第二个问

---

① 　[英]洛克:《人类理解论》，关文运译，第588页。
② 　[英]洛克:《人类理解论》，关文运译，第588页。
③ 　[英]洛克:《人类理解论》，关文运译，第588页。

题：创造如此有限的存在，这与上帝的善和正义相符吗？这个问题也是洛克所关注的，体现在他对于"罪"的探讨中。

洛克将恶定义成"容易给我们产生痛苦的物像"（2.21.42），他反对奥古斯丁所提出的罪的可继承性，认为亚当的后裔从他那里继承的只是必死的命运，并没有继承所谓的"原罪"。他说：

> 人在这个世上就是会死的，给任何不合法的欲望所留的空间不足，但是直觉和理性有同样的方法。当人已经有使用所有东西的自由时，就没有贪婪或抱负的能力，也就没有罪。①

上帝给人类"一个试用的律法（a probationary law），就是阻止人吃唯独那个果子"，这个律法的附加惩罚就是"自然死亡"（a natural death）。亚当给人类带来死亡，生命树验证了这个试用的律法，那就是亚当的悖逆使他失去永生。同时，亚当的堕落失去的是"绝对服从的状态"②，他也因此被定罪，被逐出那个"可以医治任何疾病……和更新年龄"的地方，他和他的后裔被判死亡。这一事件带来的结果就是"亚当和他的后裔必然在死之下，之后罪进入世界，而且因罪而死"。之后，上帝制定"一个新的荣耀之约"（a new covenant of grace），赋予人类"没有死亡的永恒生命"。洛克认为，亚当之后人生来就有一死，那不是惩罚，借着他们的"罪"，亚当和夏娃开始知道善和恶以及它们的区别，如果没有"罪"，人类就不会知道"恶"。洛克用类比法得出结论，他

---

① "man was made mortal put into a possession of the whole world, where in the full use of the creatures there was scarce room for any irregular desires but instinct and reason carried him the same way and being neither capable of covitousnesse or ambition when he had already the free use of all things he could scarce sin." M S Locke c28, 113. Cf. Locke's Third Letter, John Locke, *The Works of John Locke,* VI, pp. 409–412 .

② 根据洛克在《基督教的合理性》第一章中的观点，在《新约》中，绝对服从的状态被称作"正义"（justice）。

强调说，因为人类的自愿行为，才导致罪广泛传播，并且是"流行和榜样"的力量使罪加强，而不是无法避免的遗传。①

　　洛克就上帝的善和正义，以及上帝为人类的幸福已订立的约和没有订立的约做了阐述。上帝的正义（justice）首先体现在人类对律法的绝对服从上。洛克在《基督教的合理性》中说，上帝的正义"似乎有着坚定不移的目的，这就是，任何不义的人，任何违反律法的人，一律不准进入乐园"，亚当及其后裔都要为罪付出代价："被逐出快乐永生的状况，死亡临近他们"，正如保罗所说："罪的工价乃是死"。这样看来，"永生和天福"只属于那些严格遵守律法的义人，义人能摆脱死亡，"律法"就使得人类背负起生死的问题。《新约》时代的律法就是"信主之法"，即相信基督是弥赛亚，洛克认为相信基督是弥赛亚是"为了称义必须相信的全部内容"。②

　　在一则没有标题的短文中，洛克探讨了上帝的善和正义，将它们与上帝的恩赐和惩罚造物的范围相关联。首先，他认为如果上帝是完满的，他就一定不仅有力量而且是善的和智慧的，因为上帝是永恒和完满的，所以上帝不会用自己的力量来改变自己，上帝所有的力量都是直接作用在造物上。其次，上帝所意愿做的，与整体所允许的特殊的等级和身份之下的每个个体的秩序和完满程度差不多。③因此，他做出推论说，不能想象上帝创造的任何事物都被设计成理应是悲惨和痛苦的，但是上帝赋予造物依靠自己的性质和身份便可以得到幸福的所有途径，上帝给予每个个体的幸福是在整个造物范围内所能达到的最大幸福，也

---

① John Locke, *The Works of John Locke,* MS Locke c28, 113. 洛克在人的观点上否认原罪，也是为支援政府的需要而做出的解释，这在他的《关于宽容的第三封信》(Third Letter on Toleration) 中做了明确的阐述。

② ［英］约翰·洛克:《基督教的合理性》，王爱菊译，武汉大学出版社 2006 年版，参见第一章至第五章。

③ John Locke, *The Works of John Locke,* PE, p. 277.

就是说，可能不会达到每个个体的最大幸福，但是考虑到每个个体的有限性和目的，还有他人的幸福，上帝给予每个个体达到幸福所必需的东西。①

上帝如何在惩罚造物中彰显正义呢？洛克认为，上帝对亚当及其后裔的惩罚就是"被逐出乐园，丧失永生"。上帝对人类的惩罚只在"复仇的范围之中"，所谓"复仇的范围"就是人类违反"立功之法"，所谓"立功之法"就是要求人绝对地服从律法，绝无赦免或减轻的可能，亚当违反了与上帝的约，使他和他的后裔"失去永生和天福的奖赏"，上帝对亚当的惩罚就只是限定在"失去永生和天福的奖赏"中，不会扩大到其他领域。②他在《圣保罗书信的释义和注释》（*Paraphrase and Notes on the Epistles of St Paul*）中写道，"上帝给人的痛苦和毁灭不是别的，就是要保护更大的和更多的部分，只是为了保护，他的正义不是别的，就是他的善。"③似乎洛克认为上帝的正义是他的善的补充，所以关于惩罚的正义只限于产生或维护善。惩罚的其他原因是使上帝的正义"成为非常不完美，让一种力量凌驾于上帝之上，使上帝必须要行与他的智慧和善的法则相反的事，这不是要让任何事情因为显得如此没有意义而应该被蓄意摧毁，或者被安置在一个更糟的位置上"④，洛克的意思是说，上帝不会为了摧毁而创造事物，每个个体都有被救赎的机会。而且，上帝并没有将人类置于永罚之中，毕竟永罚比消灭更糟糕，上帝的正义只是为了维护他的作工。因为人类违反了"道德法"，死便成为永久的和必然的，它已经发生了效力，就不会取消，但是再不会有更多的惩罚加之于造物，也不会有更多的惩罚来与善等同。

---

①　John Locke, *The Works of John Locke,* PE, pp. 277–278.

②　[英]约翰·洛克:《基督教的合理性》，王爱菊译，第1—9页。

③　John Locke, *The Works of John Locke,* PE, p. 278.

④　John Locke, *The Works of John Locke,* PE, p. 278.

　　除了这则没有标题的短文中有关于上帝的善和正义的论述之外，洛克在《人类理解论》中也有相关论述。在第一卷有关天赋观念的论述中，洛克说"按照上帝的善意说来，他一定要把他自己的标记和意念印在人心之上，他一定不使人们在这样大的一件事体上，处于黑暗和犹疑之中"①。洛克认为假如人们以为上帝给了他们关于他自己的观念，那只是因为他们觉得这样是最好不过的，然后人们就会希望上帝把人造得很完美，也是因为他们觉得这样是最好的，"人们如果要说，'我觉得那是好的，所以上帝就那样做'，那在我看来，他们就太过于自信自己的智慧了。而且在现在这种议论中，我们要说上帝已经如此做了，并且我们根据此来辩论，那是徒然的，因为经验已经暗示我们，他并不曾如此做"②。洛克进一步说，上帝虽然没有给人以原始印象，但是他的善意并不因此就缺乏了，上帝供给人以认知的本领，一个人如果能够正当地运用天赋的才具（理性、手臂、物材等），即使是没有天赋的观念，也能够得知有上帝的存在。所以，人依自己的才具得知上帝的知识和人类对上帝的责任，如果人们意愿坚持履行责任是于人有益的。

　　在第二卷有关实体观念的论述中，涉及人类的才能和感官是否能与目的匹配的问题，洛克谈论这个问题的初衷可能是担心人类无法认识事物的实在本质这一点，会与造物主的智慧和力量不相符。一般看来，如果能够更容易地得知事物的本质及相关的原因，那么人们的生活会更好。然而，洛克并不这样认为，他写道：

　　　　不过上帝似乎不愿我们对各种事物具有一个完全的、清晰的、详尽的观念；这种观念或者是在有限存在物的了解能力以外。不过我们的官能虽然微弱暗钝，可是它们仍足以观察万物，使我们认识

————————

① 　[英]洛克:《人类理解论》，关文运译，第57页。
② 　[英]洛克:《人类理解论》，关文运译，第57页。

> 自己的造物主，并且认识我们自己的职责；至于我们的各种能力，亦足以使我们得到生活的必需品，我们在尘世上的职责，亦就尽于此了。①

洛克认为，虽然人类在完善性程度上是缺乏的，但是对于人们的生活而言，上帝已经给予人们生活所必需的，并且，假如上帝给予人类更好的才具，那人类的生活反而更糟。如果人类的感官有了变化，事物呈现的将是另一种现象，那会不适合于人类的生存，将"不适合于我们的幸福"。在洛克看来，人类并不适合拥有更高的能力。如果听力更好，就不会有安静的环境；如果视力敏锐千万倍，那肉眼所看到的就是"事物的渺小部分的组织和运动"，得到的是事物的"内在结构的观念"，而这对日常实用性来说并没有多大益处。所以，上帝给予人类的才能"适合于我们当下的状况"，可以满足人们认识各种事物，这恰恰是上帝的善和正义的体现。而至于"神明"之类的观念是属于超乎理性的命题，"它们的情形和存在方式，我们是完全不知道的"，人们对此也只能"猜想"，而且是在自己的感觉和反省之内得来的观念，即使是要假设"天使有时亦要以身体来表现自己"，也是情理之中的，因为人们的假设也超不出自身的经验范围。所以，就神学意义上说，正当地运用天赋理性是人人应当遵守的神圣法则，也是上帝的善和正义的彰显。

三　理性对于宗教信念的认知责任

显而易见，无论是在一般认识论的问题上，还是在宗教信念的问题上，洛克都用理性对之加以控制，他认为作为一个理性造物，应该以理性来制约自己的意见，也就是说，使自己的信念相称于对自己来说是

---

① 　[英]洛克:《人类理解论》，关文运译，第294页。

确定的东西，这其中所体现的是浓厚的道义论。洛克认为，"同意"和"相信"这种天赋能力必须受到监督和指导，人们有责任和义务按照他所说的基础主义和证据主义原则来调节我们的意见，他说：

> 信仰不过是心灵的一个坚定的同意：如果它就像我们的责任一样需要被调节，那么，它不能被提交给任何东西而只能依赖于理性；所以它不可能对立于理性。如果一个人相信，但却没有任何理由相信，那么他只是爱他自己的幻想罢了；但是他并不是在寻找真理，服从造物主的，因为造物主所给他以那些分辨的能力，正是要使他应用它们，免于错误的。人如果不能尽其所能来应用这些能力，则他有时虽然也许会遇到真理，可是他之所以得以不谬，只是由于偶然。我虽不知道，偶然的幸运是否能辩护他那种进行方法的不合规则，不过至少我确信，他对于自己所陷入的过错是必须要负责的。在另一方面，一个人如果能应用上帝所赐的光明和能力，并且诚心用自己所有的那些帮助和能力，来发现真理，则他已经尽了理性动物的职责，而且他纵然求不到真理，他亦会得到真理的报酬；因为一个人如果不论在什么情形下都要依照自己理性的指导来信仰或不信仰，则他已经指导好自己的同意，安置好自己的同意了。另一个人如果行事与此相反，他就触犯了自己的光明，误用了天赐的才能，因为上帝给他那些才具，只是为了追寻较明白的确实性，遵循较大的概然性。①

洛克认为，道义原则也适用于对有神论命题的判断中，对于一个有神论命题 P，必须有充分的证据，才能给予同意，接受它要么是因为 P 对你而言是确定的，要么是因为 P 相对于心中已确定的东西而言是可能的。只有以这种方式相信有神论命题才是合理的，否则就是违反认知

---

① ［英］洛克:《人类理解论》，关文运译，第 741 页。

义务。

履行认知义务是每一个理性造物的责任，因此要"尽其所能"地履行这个义务。如前所述，洛克认为作为确定的知识，或者说作为基础的知识，是自明的、不可更改的或对感觉是明显的知识，但就人类认识的一般情形来看，可以作为基础的知识是极其有限的，还有一部分是解证的知识，其余大部分都是理性予以的不同程度的同意。为了补充和促进人类知识，他提出了概然性根据，若要获得更具合理性的信念，就要用概然性的各种根据来衡量命题的确定性程度，在这一工作中，人们的责任就是履行理性义务，"尽其所能"地找出可以发现的证据，并与基础信念或心中已确立的信念相比较，此时若要使"同意"最大限度地符合事物的各种明显性和概然性，就应该"勤恳、注意而精确才行"。那么，如何履行义务？如何做到"尽其所能"呢？沃特斯多夫根据洛克的观点，概括了洛克的道德规则或法则的三种区分：（1）神圣法则（The Divine Law）；（2）城市法则（The Civil Law）；（3）意见或名誉法则（The Law of Opinion）。神圣法则用以判断人们的行为是恶的还是出于责任，城市法则用以判断人们的行为是有罪的还是无辜的，名誉法则用以评判人们的行为是美德还是恶习。① 洛克所说的"义务"指向的是神圣法则，无论是以自然之光的方式还是以启示的方式传与人们，上帝已将神圣法则赋予人们的行为中，要求人们自我管理。他说，人是上帝的造物，上帝有权力要人以理性自我管理，没有人可以否定这一点，上帝的善和智慧指导我们的行为达到一个最好的状态，他能以赏善罚恶的力量促进这一目的的达成。洛克进而强调说，神圣法则是"伦理公正"（moral rectitude）的唯一真正试金石，人们依据神圣法则来评判自身行

---

①   Nicholas Wolterstorff, "Locke's Philosophy of Religion", in Vere Chappell eds., *The Cambridge Companion to Locke*, Cambridge University Press, 1994, p.181.

为在道德上是善还是恶。

　　沃特斯多夫根据洛克的观点，将洛克所说的"尽其所能"的认知义务归纳为四种原则：一是直接相信原则（Principle of Immediate Belief）；二是证据原则（Principle of Evidence）；三是评价原则（Principle of Appraisal）；四是相称原则（Principle of Proportionality）。显然，在洛克看来，可以直接相信的对象是那些直观的东西，也就是说，一个对象可以被直觉到，人们就要给予最大限度的确认。但是，"尽其所能"的认知义务大多指向间接认识，是需要通过理性推理得出结论的认识，对于这一类认识，我们并不能确实地知道命题的真伪，只能根据证据进行概然性的判断。履行认知义务有以下几个关键点：第一，证据不是偶然获得的，它必须符合人们所知道的事；第二，除非有充分的和"符合要求的"证据，否则人们不应该轻易相信一个命题，这是人人都必须履行的神圣义务，人们对此义不容辞；第三，在证据充足和符合要求的前提下，判断依证据评价命题的可能性；第四，参照可能性，给予命题相应的同意程度。①

四　对道德的理性论证

　　很多与洛克同时代的人认为，灵魂不朽是道德必须阐明的问题，只有证明人可以与来生相续，人们才有充分的理由接受道德约束。然而，洛克在1682年表明，他否认通常的那种从非物质中证明灵魂不朽的做法，因为这不仅关乎存在，而且还关乎感觉的维系，这一点很重要。《人类理解论》在灵魂不朽的问题上所体现的是不可知论，认为人能否确证灵魂不朽并不重要，因为"所有的道德和宗教的伟大目标都很好地

---

①　Nicholas Wolterstorff, "Locke's Philosophy of Religion", in Vere Chappell eds., *The Cambridge Companion to Locke*, pp.182–184.

得到了足够的保证，不需要灵魂不朽的哲学证明"，上帝起初创造人存在于这个世上，是"有感觉的理智存在……就能够也意愿给予我们相应的感觉以适应另一个世界，也能够让我们有能力在那个世界承受他给我们的惩罚，根据人们在生活中的事就可以知道，这就是证据"。①洛克认为灵魂不朽不需要做出哲学上的证明，只需要以感觉经验就可以得到证据，这个证据就是人的生命，是亚当因违反上帝的约而给全人类带来的死亡。

　　洛克没有在《人类理解论》中论述人如何确证来世的存在、人的复活以及上帝对于罪的惩罚等问题，洛克很可能赞成用以支持复活的一个非常简单的信念，这个简单的信念也是用以证明自然法则的惩罚的一个非常传统的论证，那就是：上帝有目的地造人，他是正义的；所以，人类使用他们的才能就会得到回报，这样想是非常合理的。有些人行恶，但他的一生相对成功，而有些人很有善良，但他的一生却相对不成功，"来生"对于纠正这一问题是很有必要的。然而，人类却无法依靠自己有限的视界明确地知道上帝如何处置人类。因此，论证罪的工价和来世，对于洛克来说是极其重要和迫切的事情。

　　洛克在17世纪80年代尝试以理性论证道德，他扩展了天堂和地狱两个国度的"假设"，认为与之相对应的上帝给予的幸福和惩罚就足以让人决定对来世抱有期望。有道德的生活对堕落的人来说更可取，因为堕落的人以他们自己的原则所能得到最好的结果也只能是最差的。也不能否认有道德的生活也会仅仅带来痛苦，但洛克认为，实际上"堕落的人没有机会自吹自擂"，他们没有永恒幸福的可能性。尽管这个论证看上去很简单，但他在论证的最后说道，他已经论述了"来世生活的确定性或可能性"，他只是简单地说明堕落的人以自己的原则所做的判断只

---

① 　[英]洛克：《人类理解论》，关文运译，第574页。

能是错误的，"他们宁可要堕落生活那短暂的快乐……但他们知道，而且无比确信，来世至少是可能的"。然而，以理性来演绎推理来世、奖赏和惩罚，也只是人们证明伦理道德的一部分。道德上的善或恶是"我们的自愿行为与某些律法的相符或相违，善和恶是律法制定者的意愿和力量加之于人的"，这个善和恶就是"奖赏和惩罚"。洛克说人们通过将行为与三种律法的对比而产生道德观念，这三种律法就是："永恒律法""城市律法"，以及"哲学的律法"。"城市律法"是根据共同利益而设立的，以奖赏和惩罚来"保护依这个律法来生活的人的生命、自由和财产"；"哲学的律法"包括把行动称作善或恶，它们不被城市律法所顾及，而只是被"证明或不被证明"。在《人类理解论》的终版中，洛克扩展了这一分析，他说观念的法则与行为的善或恶有关，而行为的善恶受社会和时代影响，然而，逐渐被公众尊崇的、符合公众利益的善恶观念是放之四海而皆准的善恶观，并且与"上帝所立的不变的对错法则"相一致，即使在"行为的堕落"中，"自然法则的真正界限"也"保存完好"。人类有目的性地认识和观察自然律法，即使不能认识律法的创立者——上帝，因为上帝已经将道德和公众幸福连接在一起，并且将实践置于其中，这有利于维护社会，对所有人有利是显而易见的，这也伴随着有道德的人，使他不得不去做。①

17 世纪 90 年代，洛克收到一些朋友对《人类理解论》中有关道德论证的评论，根据蒂勒尔（Tyrrell）的阐述，归纳起来有两点突出的问题：第一，在第一版的《人类理解论》中，洛克只谈论了"神圣律法"，而没有谈论"自然法则"，任何自然道德似乎都不会建立在"城市律法"和"哲学律法"之上，在维护社会稳定方面，人类的义务显得很有必要，而不是那些法则，道德不应该以"职责"的名义被建立。洛克

---

① 　John Locke, *The Works of John Locke,* Essay, II.xxviii.5–10; *Essay,* II.xxviii.9–12（2nd edn.）; I.iii.6.

在他的一份伦理学手稿"伦理学概论"（Of Ethicks in General）中，试图为"人类对于他人的责任"找到一种在"正义"和"维护"之外的方法去建立它，使它与自己的快乐心理学相协调。但是从洛克对道德的论述来看，这一尝试不尽如人意。[①]第二，蒂勒尔激烈地指出，洛克实际上没有证明灵魂不朽和来世的奖赏与惩罚，所以找出一个和启示无关的"自然法则"。对此，洛克回应道，他在《人类理解论》中已经阐述了人类只需以自己的道德观念就可以证明灵魂不朽和来世的奖赏与惩罚的途径。他进一步说，论述神圣法则并不意味着要否定自然法则，而是要人们参照神圣法则的所有标准来建构他们的自然法则。后来，洛克修订了《人类理解论》，在其中说道，神圣法则是这样一种法则，即"上帝将这个法则置于人的行动中，无论是以自然之光的方式，还是以启示的方式"，它是"上帝的规定"，是"道德公正的真正试金石"。洛克回复蒂勒尔说，要证明这些问题，"那可能会是一个涉及面更广的大工程"，数学中有很多他没法证明的命题，即使是证明也是没有意义的，"在我看来，另一个生活中奖赏和惩罚的可能性是神圣法则必然要实施的部分"，所以，在洛克看来，对这些问题的证明同样是没有必要的。[②]

出于相似的顾虑，为了避免被指责没有论证道德的问题，道德也非信仰的对象，1692 年 9 月初，洛克在写给莫利纽（Molyneux）的信中说道："我有道德的观念，同时我认为道德也许可以被论证，然而我能否做出这个论证是另外一个问题。"从 1692 年 9 月到 1694 年 7 月，洛克忙于出版《一些想法》（Some Thoughts），并修订出版了《人类理解论》的第二版，他还是没有就上帝的正义和灵魂不朽做出论证，只是相

---

①   John Locke, *The Works of John Locke,* Essay, II.xxviii.5–10; *Correspondence,* IV, 1301; 1307; 1309; MS Locke f30.

②   John Locke, *The Works of John Locke,* Essay, Correspondence, IV, 1309; King, Life（1884）, 308ff.

信这些是可以得到论证的。①

1695 年之后，洛克开始集中关注关于道德的论证这个严峻的认识论问题，与之相伴的另一个严峻问题也出现了：即使道德得到了证明，那么其证据和作为结果的道德实践如何让人赞同，这是一个实践问题。洛克是贸易组织的成员，这使他非常关注让穷人认识到他们作为工业工人的责任和信任的问题，在《一些想法》中已经指出，即使是受过良好教育的人都难以过美德的生活，更别说一般民众了。洛克在《人类理解论》中阐述了人类可以单凭理性认识他们的责任，但并没有说他们实际上就做到了，更别说有能力去履行责任了，所以大多数人都是罪恶深重的。和索齐尼派教徒一样，洛克否认原罪，但他并没有想方设法取消认识人类的罪恶，只是阐述了一个与亚当行为所带来的原罪不同的罪的发生原因。

所以，有很多实际原因促使洛克为基督教找到一个合理的图景，为来世的存在、奖赏和惩罚以及有关美德的内容的清晰证据等，而不是仅仅宣称启示是这些知识的唯一途径。这些内容在洛克于 1695 年的著作《基督教的合理性》和《对使徒圣保罗的注释》中占据大部分篇幅，也是洛克编写《基督教的合理性》的最主要原因，当然这也和洛克多年来对神学的兴趣不无关系。

---

① 　John Locke, *The Works of John Locke,* Correspondence, IV, 1538; 1693.

第五章 洛克宗教认识论的历史影响

洛克是近代最有影响力的现代哲学家之一，他是英国经验论哲学传统的主要代表之一，他在思想史上的影响包括我们对于自己的认识、人与其所生存的世界的关系、人与上帝以及自然和社会的广泛关系等。他提倡不论是神学还是知识，都要摆脱传统和权威的束缚，以经验理性来指导和保证人们认识世界，因为经验理性来自人们与生俱来的理性能力。他所提倡的证据主义与道义主义在近现代哲学家那里，既得到了进一步的发展，也受到了一定的质疑。

第一节 经验论原则

在经历了 17 世纪 40 年代和 50 年代的社会无秩序和暴力之后，1660 年英国王政复辟之际，王室承诺要让社会恢复秩序，但是秩序要建立在什么样的规则之上呢？因为只强调皇室特权是行不通的。托马斯·斯普拉特（Thomas Sprat）给出了一个既重要又严肃的答案，他提出"这个时代的理智倾向建立在一个合理的宗教之上"，他说社会的目标不是满足个别民族或宗教的诉求，而是建立"一个人类的哲学"，科学研究的是上帝在造物中的启示，我们的感觉和理性可以使我们认识自然，通过教授人们普遍的合理性和秩序，鼓励所有人共同加入和平的生活。托马斯·斯普拉特的主张体现了信仰和理性的融合，或者说是信仰和知识的融合。洛克的《人类理解论》和其他著作正是在这一普世的思想主张之下进行的，他提倡一种面向所有人的哲学，一种能够被普通人共享的常识，而不是什么深奥的真理，这种常识符合一般人的经验事实。他将这种经验论的思想扩展到对宗教信念的认识中，从而影响了英国自然神论的形成与发展。

一　宗教信念与经验

洛克最有影响力的成就是他将自然哲学的研究方法运用到属于理智的研究范围中。马克斯·韦伯以"时代的觉醒"来描述现代性和世俗化，物质世界逐渐成为主流，这使得人们相信能够以理性理解事物，而不是相信不可思议的或者神秘的东西。洛克的《人类理解论》向人们呈现的是一个没有幻想的人类世界，一个物质的世界，反映了时代的思想趋势。18世纪法国启蒙思想家伏尔泰也曾说洛克"以物理学之光引导人们"；法国科学家达朗贝尔（D'Alembert）认为洛克创造了形而上学，犹如牛顿创造了物理学，洛克使形而上学还原到它应该有的真实面貌，即"灵魂的物理实验"。达朗贝尔将洛克与牛顿齐名的做法逐渐成为共识，同时这也反映了18世纪的人们如何理解洛克的启蒙思想。洛克最重要的思想特点是否定了认识论思想中的天赋观念，他认为人们不可能分辨所谓的天赋观念和通过自然官能获得的观念，对他来说，上帝的观念也不是与生俱来的，而是后天习得的，他说上帝为什么要浪费精力赋予人们天赋知识，而人们却能通过上帝赋予的天赋能力获得同样的知识？天赋原则压抑了人类的创造力，将人类禁锢于那些神秘的隐藏真理之中，洛克也因此陷入与神学家的辩论中，神学家们认为洛克的思想对于宗教信仰和维持教会秩序是个威胁。实际上，天赋观念更多的是个神学观念，而非哲学观念，17世纪40年代和50年代，从笛卡尔到宗教狂热者，人们普遍接受存在天赋观念。然而，只有自然哲学是面向所有人的，它来源于感官印象和理性的共同经验，洛克坚持认为狂热者口中的个人启示真理是空洞的，并且具有社会破坏性。

17世纪，持天赋观念的人们认为，堕落之前的天使和亚当拥有完美的天赋知识，笛卡尔就渴望能够重获天使的"原始的知识"，真理的典范存在于世界的开端，存在于过去，只有重获人类失去的道德和精神，知识才有可能进步，真理本身就是个宗教问题。笛卡尔的知识观认为，人们在相信其感官之前，必须首先相信上帝存在，那些不信上帝存在的人亦不能被相信。对笛卡尔来说，自然神学是不可能的，因为自然神论没有基础，上帝的神秘性不是人类能够理解的，人们不可能理解上帝的创造计划。对于笛卡尔所说的天赋原则和"原始的知识"，洛克持否定的立场，他不认为人类堕落前的那个开端与人类现阶段之间有任何的关系，他反对任何亚当学说。拿语言对于观念的表达来说，语言能够标记观念，并不是因为自然的联系，而是因为说话者之间出于对习惯且熟悉的语言使用的一种不言而喻的默许。语言一定开端于契约，就像以不言而喻的默许来维持文明社会一样，洛克否认亚当的语言规则，实际上也是在否认天赋观念。《创世记》中，亚当根据动物的本质对其命名的叙述使现代一些人认为亚当具有先在的天赋知识，但是，洛克认为人类无法知晓事物的实在本质，事物的名称只能体现事物的名义本质，也就是说，人们只能凭借感官可以觉察到的事物性质对其命名，至于事物内部最核心、最重要的实在构造是不可能被人类的经验和感觉所知道的。所以，具有普通人性的亚当也不可能根据事物的实在本质对事物命名。

洛克不仅仅否定了天赋观念，也否定了一切天赋的，或者说是与生俱来的东西。他在《基督教的合理性》中明确提出人类从亚当那里继承来的只有自然的死亡，没有原罪，因为《圣经》中没有证据支持，而且原罪的说法与理性相违，与上帝的观念以及上帝的善不相称。基督没有将人类从原罪中挽回，他挽回的只是人类失去的永恒与不朽，他以修复人类与上帝关系的角色，使人类在救赎中重回永生。从这些论述中可以看出，洛克毫无疑问地反对三位一体，并且是索齐尼派的支持者，也就是当代学者所说的一位论派。

洛克也曾强烈地意识到情绪和冲动使人很难以理性的思想和行为履行上帝的意愿，但是他确信每个人都只对自己的行为负有责任，因此，他认为哲学应该面向全人类。毫无疑问，洛克是相信《圣经》启示的，但出于公众的哲学的考虑，他强调上帝启示需要被证明，因为拥有知识这一点应该对所有人都是平等的。他提倡给予人完全的自由，提倡人是完全自治的，这种自治在洛克这里是可能的，因为他摒弃了天赋观念，人们是凭借天赋理性自主地认识世界，以及处理生活中的各种事物。洛克在《人类理解论》第一章中列举了一些文化缺席的现象，以说明天赋观念的错误。知识的获得是积累和循序渐进的过程，同时，沟通与交流在知识的积累中也有重要的作用，知识是经验性的，所以也是多样性的。文化的差别不在于自然禀赋不均，而在于人们的闲暇时间是不平等的，这就导致了发展个人能力的机会不平等，"我们原本天生就是理性的造物,但只有使用和练习理性才能使人成为理性的人"①。为了说明这

---

① John Locke, " Of the Conduct of the Understanding", *The Works of John Locke*, Vol. Ⅲ , p. 220.

一点，洛克对比了不同身份的人，从普通工人到乡绅，发现他们在自然禀赋方面是相同的，但是在理解范围、信息搜集和知识储备量方面有所不同，大城市的行李搬运工和补鞋匠比小城镇的工匠要强一些，而小城镇的工匠比乡村的散工要强一些；城市中人们的理智程度和知识量比生活在孤立乡间的人们要强一些，同样的情况也发生在世界范围内。

所以，洛克相信知识是经验性的，一些因素导致人们在运用理性方面的能力不同，人们也因此对事物的理解和判断不同，导致对同一事物的经验产生差别。这样一来，对世界事物的认识就会产生很多问题，人们是否会就认识事物不断产生分歧？到底什么才是事物的真相？洛克在《人类理解论》第三章和第四章中从语言与事物的关系、知识的相关性质等方面对这个问题进行了规范性的阐述。他认为只有知识才是确证的，但是人类知识的范围极小，人们更多地是给予事物概然性的判断，根据概然性对事物做出不同程度的同意。因此，人们重要的责任是论证事物的概然性，或者说论证事物在多大程度上具有合理性，在经验基础上尽最大努力提供关于事物合理性的证据，包括宗教信念在内，人们有责任证明宗教信念的合理性，而不是不加思考地以神的名义轻易接受某个信念。

在合理性方面，洛克认为学院派哲学家们甚至不如孩子，因为哲学家们狭隘的意见和带偏见的阅读经验使他们更加容易陷入错误的观念和信仰。为了避免这样的错误发生，一个为了智慧、寻求最大合理性和幸福生活的教育是很有必要的。尽最大努力证明事物的合理性不仅是个人的成就，同时也是个人应该履行的重要责任。可以说，洛克写《人类理解论》是为了教育人们，希望人们能够充分使用理性获得更好的知识。在回应早期的批判时，他明确地说他所做的研究的目的是"呈现自然，呈现理智在思考中如何运作"，而不是研究某个人对某事物的理解。他进一步说，《人类理解论》是根据他自己的理智运动来研究人类认知的一般情况，他认为"人类理智能力的运作方式是大同小异的"。[①] 即使有人对他的观点给予批评和质疑也无大碍，因为他并不要求绝对无误，而且从人类认知的一般情况来看，也不可能绝对无误，他承认不同的理解趣味，不要求读者把他的著作当作权威来对待，因为"正是因为思考使我们所读的变成自己的东西"。[②] 在洛克看来，形而上学的原则对于哲学家和普通民众来说是一样的，他为 18 世纪带去的是一种改革了的哲学思想，这种哲学思想的目的是使人在这个世界以及来世获得幸福。

显然，洛克要向读者们揭示的是一个能够被普通人共享的常识，而不是那种极容易陷入矛盾与争执的深奥真理，这种常识符合一般人的经验事实，即感官所呈现出来的东西，在这里，理性被赋予最高的认知地位。哲学的经验主义强调交流与讨论，认为真理不会灵光闪现，也不会出自某个独立的天赋原因或者对事物的深度思考，它看重的是能否有益于所有人，经验主义哲学赖以生存的核心就在于此。洛克这种经验主义原则贯穿于他所有的思想，包括《基督教的合理性》，《圣经》的启示也不会超出理性的评判范围，任何宗教信念都必须符合理性的要求或者有证据支持。洛克所提出的这种宗教信念必须符合经验原则的思想使他在后来 18 世纪、19 世纪甚至在现当代都饱受争议。

二　英国自然神论

在经验主义和理性原则成为社会思想主流的时代，那些推动基督教改革的思想家们似乎秉承了传统的宗教哲学发展思路，认为基督教教义只有符合某种公认的知识体系才能被理解和接受，自然神论便是经验主

---

① John Locke, " Mr. Locke's Reply to the Bishop of Worcester's Answer to His Letter", *The Works of John Locke*, Vol. Ⅳ , pp. 138–139.

② John Locke, " Of the Conduct of the Understanding", *The Works of John Locke*, Vol. Ⅲ , pp. 241, 250.

义和理性原则在基督教思想中的典型形式。洛克无疑是自然神论的开创者，他所主张的宗教信念的证据主义原则以及道义主义原则使基督教哲学朝着一个新的方向发展，在经验理性的作用下，理性与信仰的关系发生了颠覆性的转变，从理性是信仰的女仆，转变为理性是宗教信念的评判标准，理性越于信仰之上，神学成为一种理性神学或者自然神学。

自然神论不是无神论，更不是反基督教的，它只是对中世纪的基督教神学，对启示、神迹、预言等无法用理性得到论证的内容予以怀疑和反对。其中，"自然"包括两层含义，一是关于宇宙万物与上帝的关系问题。自然神论者认为宇宙万物是受力学定律支配的机械运动，自上帝给了它"第一次推动"后，它就按力学规律自行运动，不再受其他影响，这就是极具时代特征的关于上帝存在的"机械论证明"；二是关于人们的宗教意识是如何产生和维持的。自然神论者认为上帝观念源于纯朴、自然、本能式的理性心态，理性不仅是人的属性，也是判断的标准，只有经过理性验证的东西才能被理解和接受，成为真正的信仰。这样一场思想革命打破了奥古斯丁思想 1200 年来对基督教王国的统治。人不再是被奴役的罪人，而是一个有理性的受造物；最需要的不是神超自然的恩典，而是关于自然的常识。[①]机械论的世界观成为英国和欧洲各国的主流世界观，这与英国君主立宪政体形成了一种和谐对应的关系，它们都建立在理性主义的基础上，国王必须遵守宪法，就像上帝也要遵守自然规律一样。

英国自然神论是英国经验论的认识论在神学中的具体表现，它可以被看作是理性试图摆脱信仰的统治，要求独立地位的具体表现形式，这与之前提到的宗教改革之后出现的宗教宽容和新兴的启蒙思想有着密切的内在联系。17 世纪宗教改革带来的宗派冲突，导致在中欧、德国、

---

① 　[美]雪莱：《基督教会史》，刘平译，上海人民出版社 2012 年版，第 320 页。

法国和英国爆发长时间内战，由此引发大屠杀、大规模放逐和政变，这时的欧洲知识阶层在宗教宽容政策和近代科学新发现的背景下，试图用自然理性作为宗教和平统一的基础。

自然神论的重点并非如宗教改革那样关于宗教教义的争论，而更多的是对宗教知识的一种新看法，它主张"把人类理性的普遍原则，以及人类共有的宗教观念置于中心的地位，并且据此判断特殊启示的所有主张"①，也就是说，要求宗教的合理性（包括特殊启示在内）既要符合启蒙运动新哲学，也要符合近代科学的经验主义原则。为了达到这个要求，自然主义者不得不以新的方式重新解释这些晦涩的教义，或者干脆抛弃那些难以符合自然理性和科学经验的传统基督教神学。

雪堡的爱德华·赫伯特勋爵被视为自然神论的奠基者，而非倡导者，他于1628年在巴黎出版了一本叫作《论真理》的小册子，这本小册子被视为自然神论的第一篇论文，它真正的价值在于其所提出的"共同观念"的见解，他认为有五个普世的、与生俱来的基本原则：

> 存在着一个至高无上的上帝。
> 上帝应当受到崇拜。
> 美德与虔诚的结合是宗教崇拜的主要方面。
> 人总是憎恶自身的罪恶，并且应该悔改罪过。
> 死后将有报偿和惩罚。②

赫伯特认为最高的真理是建立在"共同观念"之上的，个人有权在教会的权威之外，根据"共同观念"做出自己的独立判断。对于特别启示的盲目信仰，因为教义而引发的争论和教派斗争，以及有关宗教仪式

---

① [美]奥尔森：《基督教神学思想史》，吴瑞诚、徐成德译，北京大学出版社2003年版，第563页。
② [英]爱德华·赫伯特：《论真理》，周玄毅译，武汉大学出版社2006年版，第270—271页。

方面的不合理现象都应该用"共同观念"来消除，一个建立在这五条原则上的普世教会才是绝对可靠和值得信赖的，人类所相信的任何真理，都必须依赖这五条原则来检验，从古至今都是如此。① 至于那些晦涩难懂的教义，如道成肉身、三位一体以及耶稣基督的神性等，他都将它们束之高阁，不予理会。

自然神论在其发展的初期表现为"理性的超自然主义"，其特点是在自然理性的真理之外为启示真理保留了位置，在自然宗教和启示宗教之间找到一种和平共处、互为补充的和谐关系。洛克是"理性的超自然主义"的主要代表人物，他最主要的宗教论文是《基督教的合理性》。在洛克那里，理性和信仰是泾渭分明的，凡是理性能够提供充分且完全证据的地方，信仰就不能干预，他试图诉诸理性的权威，证实基督教的基本信念，可以说他把宗教信念完全当作知识信念的问题，对于他而言，上帝的任何启示都是真的，并且都是我们应该相信的内容，但是，这些内容必须经过理性证明确实是来自上帝，才可以当作是神圣启示的真理而予以相信，而且每个人都要尽最大努力提供证据证明启示是否来自上帝，这是人人都应该履行的道德义务。洛克进一步说，任何命题凡是和我们的明白的直觉的知识相冲突，我们就不能把它当作神圣的启示，"信仰不能使我们承认与知识相反的任何命题"。洛克认为真正的基督教精髓是，相信耶稣是弥赛亚以及悔改，并根据耶稣的教导努力活出良善的生活。

洛克那不彻底的自然神论在托兰德和廷得尔那里得到纠正和补充。托兰德在《基督教并不神秘》一书中，断然提出启示的内容必须符合所有具有理性的人类所共有的"不证自明的见解"，启示的内容必须具有可能性，任何不能理解和不可能的启示都是奥秘，而真正的信仰、真正

---

① ［美］奥尔森:《基督教神学思想史》，吴瑞诚、徐成德译，第 568 页。

的基督教里没有奥秘。托兰德直接否定了那些难以用理性解释的基督教教义，如三位一体、道成肉身，等等。自然神论另一位主要倡导者廷得尔在 1730 年发表了被誉为"自然神论的圣经"的《基督教与创世同龄》一书，他把洛克和托兰德的理性路线推至极点。根据廷得尔的观点，"整个宗教的内涵，就在于实行所有的道德任务"①，因为上帝在创世时，就已经把理性的法则赋予自然和人的理性，人只要履行使用理性的道德义务就可以认识自然、认识上帝。也就是说，自然宗教和启示宗教在内容上并没有差别，只是传达的方式不同，一个是上帝印在人类理性中的宗教，另一个是上帝通过启示而来的宗教，它们都是创世之初上帝赋予的真理，在这个意义上，基督教与自然宗教是一致的。所以，基督教的合理性就在于此，同时，理性足以判断基督教真理。廷得尔进一步说，自然宗教和启示宗教的目标都在于增加人类的福祉，爱上帝和爱邻居构成了自然宗教与启示宗教的共同根基。

英国自然神论者没有否定上帝的存在，而是将上帝以"第一因"或"第一推动者"的身份置于自然之外。上帝创世之后，自然便犹如牛顿的机械论世界那样，以井然有序的自然法则运行。总之，自然神论者们都认为，真正的基督教是普世的、符合理性和可以用经验论证的，同时它也符合增进人类福祉的道德原则，对一切有悖于理性的信仰都应该持怀疑态度。

---

① ［美］奥尔森：《基督教神学思想史》，吴瑞诚、徐成德译，第 573 页。

第二节　证据主义思想

以洛克为代表的宗教信念的证据主义主张人们在接受或者相信上帝存在或者某个宗教教义之前，必须要有充足的证据证明它的确定性或者在多大程度上具有概然性，对于那些合乎理性的宗教命题，要根据确定性或概然性给予相应的相信程度；对于那些超乎理性的宗教命题，即启示，我们只需要证明它是上帝的启示，就可以予以相信；而至于那些反乎理性的宗教命题，是我们万万不能相信的。所有的宗教命题都需要得到充足的证据证明，而不是在毫无考察的情况下，贸然地接受它，这是人类应该履行的认知义务。他的这一主张得到英国哲学家克里福德的进一步发展，建立了宗教信念更高的证据主义标准，认为任何建立在不充分证据基础上的信念都是错误的。这种证据主义的立场受到很多人的质疑，一些哲学家旗帜鲜明地拒斥证据主义，他们的主张与那些持信仰主义的人不同，他们并不认为宗教信仰可以无须理性评估，但是认为即使没有证据来支持宗教信念，它们仍有可能是完全理性和充分正当的，如威廉·詹姆斯从情感和意志的角度确立宗教信念的合理性。逻辑实证主义更是以科学的实验方法统摄一切认识，用证实原则将形而上学和神学命题拒斥于意义之外。

一　激进的证据主义

在讨论宗教信念的证据主义时，必须要提的哲学家就是克里福德

（W. K. Clifford，1845—1879），他在洛克的证据主义之上，为宗教信念建立了更加严格的证据要求。如果说洛克要求人们有理性地接受宗教信仰，那么克里福德则认为一个有理性的人应该没有宗教信仰。洛克为宗教信念设置了一系列的理性标准，认为如果将宗教信念加以恰当的理解和辩护，基督教可以达到这些标准，但是，克里福德彻底否定了基督教信念合理性的可能性，提出没有宗教信念能够达到他所提倡的高标准的证据要求，证据的高标准应该统领我们所有的信念。克里福德也因为这种高标准而被认为是"激进理性主义者"。

克里福德在其《信念的伦理学》（The Ethics of Belief）中提出，在充足的证据基础上接受一个信念属于道德范畴的义务，对包括宗教信念在内的所有信念都适用，不论这项义务有多么痛苦和艰巨，对于全人类来说，每个人都对自己持有的信念有证据审查和核实的义务，任何基础不充分的证据的信念或通过压抑怀疑和逃避检查而保持的信念是错误的。首先，克里福德认为，对于一个人的信念来说，最重要的在于他相信的根源是什么？或者说他根据什么而相信？而不在于他所相信的这个信念是对的还是错的。相信一个信念的根源应该是对这个信念的"耐心调查"，通过"对证据的认真注意"而获得赖以接受此信念的充分证据，而不是压制证据，或者打消自己的疑惑。如果一个人轻信某个信念，即使恰巧相信这个信念其结果是正确的，也不能说他是负责任的，他的轻信行为恰恰是逃避了调查的责任。其次，信念不只是个人的事，它是公共财产的一部分。"万事万物的普遍看法"是根据社会秩序和社会发展的需要而产生的，它广泛地影响着我们的生活，"我们的单词，我们的短语，我们的思维形式过程和方法是经过世世代代而形成完善起来的共同财富"，这些共同财富一代一代地继承下去，下一代所继承的东西带有上一代人工作的鲜明标记，每一个人都在其中加入了自己的信念，从这个意义上讲，对自己所持信念的认真负责就是"一种令人崇敬的特权和庄严的责任"。最后，信念与行为之间有着亲密的关系，一个人的信念不可能不影响他的行为。克里福德以信念与行为之间的相互关系，说明信念具有重要的伦理意义，"信念，是一种促使我们做出决定、并把我们所有的潜在能量交织起来进行和谐工作的能力，这一能力归属我们，但并不是为了我们自己而是为了人类"，在信念影响下的行为不仅对自己有影响，也会影响到他人，乃至整个人类社会。检查自身信念是人类普遍的责任，也是一项艰巨的责任，经过调查而正当获取信念可以给予人们真正的快乐，真正可靠的信念可以给人带来安全感和力量，使人变得更加顽强。不能因为怀疑带来痛苦就有意抑制怀疑，对证据视而不见或在证据不足的情况下相信某个信念，那是有罪的，是一种轻信，是"无视自己对人类的责任"，而我们的责任在于保护我们免受轻信的侵害，"如保护我们免受那侵害我们身体继而蔓延到各处的瘟疫的侵袭一样"。①

所以，在克里福德看来，相信任何没有充分证据支持的东西，无论在何时何地对任何人都是错误的。对于那些在孩提时就已经被灌输的信念，当我们对这些信念产生怀疑时，以"打扰此种信念是不虔诚的"为理由，采取忽视或者抑制的手段而不做任何证据的审查，那么，"这个人的生活就是对人类的一种长期犯罪"。克里福德以这种"尖刻又如《圣经》般大义凛然的口气"主张的信念的责任被克拉克称为"克里福德准则"（Clifford's Maxim）。②克里福德按照这个宗教信仰准则断言，由于缺乏证据，宗教信仰的非理性性质是显而易见的，人们必须收回对上帝的信仰。

① William K. Clifford, "The Ethics of Belief ", in George I. Mavrodes, ed., *The Rationality of Belief in God*, N.J.: Prentice-Hall, 1970, pp. 159–160.
② Kelly James Clark, *Return to Reason: A Critique of Enlightenment Evidentialism and a Defense of Reason and Belief in God*, Wm. B. Eerdmans Publishing Co., 1990, p.80.

　　对克里福德激进的证据主义的经典回应是威廉·詹姆斯的《相信的意志》(*The Will to Believe*)，詹姆斯意识到，如果按照克里福德那种严苛的证据主义，生活将会变得极其贫乏，因为大多数人的大多数信念都是证据不充分的信念。他承认理性论证不足以确立宗教信念的合理性，针对克里福德准则，他试图从情感和意志的角度确立宗教信念的合理性。詹姆斯的基本立场是：人即使没有充分的证据也完全有权利拥有信念。在《相信的意志》中，他将信仰定义为"关于某个事物的信念，而对于他的怀疑在理论上仍然是可能的；信念的明证是行动之意愿，可以说信仰就是为某种原因而准备好了去行动，而是否能够成功的问题并未进一步给予我们"，他提到一个"重大而又可选择假设"，即有时我们无法根据理性做出决断，如果不做决断即是选择了反对这个假设，但如果我们通过判断得知这个假设值得冒险一搏，那么我们应该选择相信它，"这就是一个情感的决定，就像判断对或错一样，这里面也同样包含着失去真理的危险"。[1]

　　詹姆斯认为，对于大多数人而言，宗教就是一种"重大而又可选择的假设"，当无法依靠理性以充足的证据证明某一信念时，个人有权利根据意愿或情感选择最好而非最坏的事。对此，他举了一个例子，一位登山者在阿尔卑斯山中发现自己处于这样一个境地：只有巨大的一跃方能逃生。如果他只信仰通过充分的证据而去计算这一跃的得失，那他将因为巨大的恐惧和猜疑而放弃，并因此丢掉性命；在没有任何证据表明这一跃能够成功的情况下，登山者选择相信他能够并有意志纵身一跳会更好，"在此情况下……智慧在于相信期望；因为信念是目标实现的不可或缺的基本条件。因此有些情况下信仰为自己做出证明"。上帝存在的合理性问题不属于理智证明的事情，如果非要用充分的证据来证明，

---

[1]　William James, *The Will to Believe*, New York: Dover, 1956, p.11.

那么会使人放弃宗教信仰。詹姆斯认为，宗教信念不能通过理智来解决，以情感的本性来做决定不仅是合理的也是应该的。他提出"应该即能够原则"，即当人不能根据理智履行克里福德准则时，就没有必要履行这个准则，完全有权利做出情感上的决定，并对自己相信的事不争辩不论证。克里福德的信念伦理学将避免错误放在首位，获取真理次之，所以他认为意志的信念会导致社会破坏，长远来看会导致不利后果；而詹姆斯则认为，追求真理是首要的，避免错误次之，克里福德那种"宁可失去真理也不给错误机会"的态度恰恰是克里福德的情感决定，选择遵守克里福德原则和选择放弃克里福德原则是每个人理智上都有权利做出的决定，无论哪种选择都是一种情感决定。①

詹姆斯所说的情感决定（Passional decision）是一种取决于所期望的功利以及对得失的权衡，而不是根据证据和理性的论证，它是人们在理智不确定的情况下，通过权衡风险而力图做得更合理的一种合理的决定。宗教信念是不能根据证据而做的一种决定，人们只能根据情感做出他认为合理的决定，这更接近宗教信仰的合理性。他进一步说，克里福德原则不适用于道德问题和人际关系问题，道德和人际关系等问题不需要证据或论证，而用宗教假设来解决道德和人际关系问题就是一条合情合理的途径。所以，即使没有理智上的充分证据，有神论者也有自由有权利相信宗教信念，而且宗教信念对于人的实际经验来说也是合理的。

二　逻辑实证主义

以洛克为代表的英国经验主义直接影响了 19 世纪和 20 世纪的维也纳学派，逻辑实证主义产生于由维也纳学派、华沙学派和柏林学派所组

---

① 　 William James, *The Will to Believe*, pp. 22–26.

成的一个科学主义思潮，逻辑实证主义者们认为他们的学说是对 19 世纪维也纳经验主义传统的继续，他们将经验的科学方法推向了一个新的高度，认为知识应该是清楚明白的、有意义的，而过去那种高深的哲学不能算作知识，因为它们既不是清楚明白的，也不是有意义的，不能带给我们任何知识，真正的知识只能是经得起逻辑分析的数学知识和经验证实的科学知识。可以说，逻辑实证主义是对证据主义在更大范围的展开。

逻辑实证主义者强调命题或者陈述是否有意义，他们认为任何认识都能够以一种表达或陈述的方式呈现出来，或者说是以命题的方式呈现，这个陈述或命题要么在逻辑分析中予以验证，要么在观察和实验中得以证明，否则就是无意义的。而真正具有意义的命题就只有两种，即分析命题和综合命题，除此之外的任何陈述或命题都是无意义的，而无意义的命题都应该被当作形而上学加以拒斥。所谓分析命题，就是严格按照逻辑推演的命题，命题的谓词包含在主词之中，只需通过主词就可以分析出谓词，如"三角形有三个角""2+3=5"，这类命题的谓词没有超出主词的范围，就包含在主词中，所以分析命题不需要借助经验证明，通过其本身就能清楚明白地呈现，它是必然的、普遍的、永远为真的。而综合命题是关于经验事实的陈述，它不是自明的，需要以经验加以证实。

逻辑实证主义区分综合命题和分析命题的目的是清除形而上学命题。在逻辑实证主义者们看来，形而上学命题既不是综合命题，也不是分析命题，而是无意义的伪命题，如"上帝存在""存在者存在"等这类命题都是无意义的，因为在我们的经验中无法找到这类命题相应的对象，而在逻辑中也无法清楚明白地对这类命题加以分析。也就是说，我们既无法在经验中证实形而上学命题，也无法在逻辑中对其进行清楚明白的分析，那么它们就是无意义的，甚至没有存在的必要。正如卡尔纳普所说："应用逻辑或认识论的研究，目的在于澄清科学陈述的认识内容，从而澄清这些陈述中词语的意义，借助于逻辑分析，得到正反两方面的结论。正面的结论是在经验科学领域里做出的，澄清了科学的各种概念，明确了各种概念之间的形式逻辑联系和认识论联系。在形而上学领域里，包括全部价值哲学和规范理论，逻辑分析得出反面结论：这个领域里的全部断言陈述都是无意义的。"① 数学和科学的陈述或命题可以在逻辑上或经验中得到验证，而这两种检验对于形而上学的陈述或命题都是不可能的，所以它们是无意义的。

　　既然形而上学的陈述或命题是没有意义的，为什么还不断地被提出来呢？这就涉及"意义"一词的含义，它在现代西方哲学史上主要有两种含义，一种是认识的意义，或者指称的、有所指的意义；另一种是非认识的意义，或者表达性的意义。"形而上学的命题没有意义，因为它不涉及任何事实"②，所以逻辑实证主义者主要是在第一种意义上否定形而上学的。人类精神活动除了科学之外，还有艺术、宗教等，它们属于意义的第二种含义，即一种非认识的、表达的意义。逻辑实证主义认为，形而上学的陈述或命题是人类对自己生活情感的一种不合适的表达，这种表达嗜好运用科学的语言和概念，甚至还常常寻求宗教的教诲，但它对科学的发展毫无贡献，对生活感情的表达也是不充分的。形而上学之所以存在，只是因为无法被证伪，因为它超出了人类的常识。③

　　逻辑实证主义强调证实原则，主张一切命题只有还原为一个经验性的、表示观察的基本命题时，才能被认为是有意义的，因此逻辑实证主

---

①　[德]卡尔纳普：《通过语言的逻辑分析清除形而上学》，转自洪谦《逻辑经验主义》，商务印书馆2010年版，第13页。

②　[德]卡尔纳普：《通过语言的逻辑分析清除形而上学》，转自洪谦《逻辑经验主义》，第13页。

③　洪谦：《逻辑经验主义》，商务印书馆2010年版，第13—14页。

义也被称为逻辑经验主义。实证原则是对证据主义的进一步发展，它把一切命题都还原为表示经验的基本命题，这实际上是以科学的实验方法统摄一切认识，与以理性证据判断一切命题相比更进了一步。虽然证据主义主张经验理性的判断标准，却还没有将形而上学的命题、宗教信念的命题等排除在意义之外，然而，证实原则以经验证实的绝对性将形而上学和神学命题拒斥于意义之外，使之成为可以被抛弃的东西，可以说这一主张比克里福德的激进的证据主义更加严苛。同样也是因为它的严苛，逻辑实证主义哲学家们认识到实证原则在实际的操作过程中存在很大困难，对于任何一个命题来说，要得到充分地证实是不可能的。因此，维也纳学派有一部分人提出对证实原则进行修改，卡尔纳普提出以"可检验性原则"代替证实原则，即只要一个命题具有被检验的可能性，就有意义。艾耶尔进一步提出区分强证实与弱证实，即在实践上可以得到证实的就是强证实，弱证实是在原则上可以得到证实，但不一定得到完全的证实。赖欣巴哈（Hans Reichenbach）提出最好以"概率的证实"代替"证实"，认为只要一个命题能在较大概率上得到证实就是有意义的。[①]

三　认知道义主义

笛卡尔及洛克等人提出认识论上的道义主义思想，认为人们在判断某个命题或信念之前，有必要尽最大的努力提供证据证明它的真实性或者概然性，并将这一要求置于人类的理性责任的高度，认为这是所有人应该履行的认知义务。这一思想得到现代哲学家们的进一步发展，艾耶尔、齐硕姆以及费尔德曼等人在笛卡尔、洛克思想的基础上，提

---

① 参见方环非、郑祥福等《当代西方哲学思潮》，浙江大学出版社 2013 年版，第 31 页。

出了更加深入和完善的"认知道义主义"思想。然而，威廉·阿尔斯顿（William Alston）、阿尔文·普兰丁格（Alvin Plantinga）等人反对认识论上的道义主义，他们主要从两个方面对"认知道义主义"进行了反驳。

首先，阿尔斯顿认为，我们对某一信念的态度并非总是直接受自己控制的，也就是说，很有可能是非自愿的。他说，如果评价一个信念的态度是符合道义的这种做法是正确的，那么在我们的信念态度上增加"自愿的控制"就是可能的，但是，当信念的态度不是"自愿控制"时，判断这个信念的态度是符合道义的就是个错误的判断。[①] 阿尔斯顿的意思是说，当认知责任与其他责任发生冲突时，我们的认知行为很有可能并不符合认知义务，比如，当认知责任和伦理责任发生冲突的时候，后者胜过前者的可能性很大。普兰丁格认为阿尔斯顿的反驳是很有力的，他的反驳有两个前提，一是人们在自己的能力范围之内具有做某事的义务；二是人们不能在自己的能力范围之内选择信念的态度。阿尔斯顿的反驳引起了很大争议，费尔德曼、沃特斯多夫等人主要针对第一个前提做出了反驳。他们认为认识论意义上的"应该"（oughts）与伦理学意义上的"应该"是不同的，人们不可能同时实现两种义务，即使信念的态度不在人们的自愿控制之下，也不妨碍认知道义主义的合理性。吉内特（Ginet）对第二个前提反驳道，在一些情况下，我们的证据不足以使我们决定选择哪种认知态度。甚至也有一些哲学家认为，信念态度和行为一样大多都在我们的控制之中，我们通常可以自由地做出决定。

对认知道义主义的第二种反驳认为，道义主义的辩护并不有利于认识真理。按照这一反驳的观点，"认识论的辩护应该使我们的信念可能

---

① Jonathan Dancy, Ernest Soca, Matthias Steup, eds., *A Companion to Epistemology*, Chichester: Wiley Blackwell, 2010, p. 334.

为真，但是，如果一个信念在道义论上是合理的，那么它就不需要以一种可能为真的方式形成"。①也就是说，这种反驳意见认为无论这个信念本身是正确的还是错误的，只要它符合道义论的要求，那么它就是合理的。阿尔斯顿列举了一个"文化孤立"的例子：孤立群体的成员在他们传统的基础上形成信念，因为这种孤立状况而不会使他们的信念受到责备，所以，在道义主义者看来他们的信念是得到辩护的。然而，我们可以直观到：如果仅仅以某些单薄的传统作为证据的信念，恰恰是没有得到辩护的。②很多哲学家也是因为这个反驳的观点而拒绝认识论的道义主义，但是道义主义者们主要从三个方面回应了这一反驳。③

第一，道义主义者认为履行认知责任不仅仅是无可责难，它还需要满足证据主义的要求，即当且仅当相信信念 p 符合证据要求，才能相信 p。所以，在文化孤立的例子中，如果相信某一信念不符合证据，即使是无可责难的，这样的信念也不能算是在道义论上得到辩护的。④

第二，道义主义者认为，当且仅当相信 p 符合证据，那么相信 p 在道义论上是无可责难的。如果无可责难是这样解释的，那么阿尔斯顿"文化孤立"的例子中所说的以传统观念作为相信信念的理由就不是无可责难的。⑤

第三，道义主义者们认为，阿尔斯顿的反驳论述不够充分，他没有说明主体相信的是什么以及他们的证据是什么。假设有一个关于阿尔斯顿"文化孤立"例子的更加完美的描述，它告诉我们孤立的主体有极好

①　Jonathan Dancy, Ernest Soca, Matthias Steup, eds., *A Companion to Epistemology*, p. 334.

②　W.Alston, "Epistemic Justification", *Essays in the Theory of Knowledge*, NY: Cornell University Press, 1989, p. 95.

③　L. BonJour, E.Sosa, *Epistemic Justification* , MA: Blackwell Publishing, 2003. pp. 175–177.

④　E. Conee, R. Feldman, "Internalism Defended, " in Hilary Kornblith, eds., *Epistemology: Internalism and Externalism*, Oxford: Blackwell, 2001, pp. 231–260.

⑤　M. Steup, "The Deontic Conception of Epistemic Justification", *Philosophical Studies* 53 , 1988. pp. 65–84.

的证据相信一些东西，这些东西要么是错误的，要么似乎是不为真的。那么道义主义者会说阿尔斯顿的直觉知识——有问题的信念是没有得到辩护的——建立在现象主义者的辩护概念之上，而这正是道义主义者们所反对的。还有一种可供选择的解释，即在阿尔斯顿的例子中，假设孤立的主体在认识论上有不完美的理由去相信某个信念是被广泛接受的。那样的话，道义主义者们就会说阿尔斯顿苛刻地让道义主义者们承受了相对主义者的辩护概念。与客观主义者的概念相比较，客观主义认为人们应该相信那些实际上有证据支持的信念，而不是偶然想到有某证据支持的信念。道义主义者没有理由拒绝这种认知义务的客观标准。所以，有了这个关于阿尔斯顿例子的可供选择的解释，道义主义者们就不会承认有问题的信念是得到辩护的这个前提了。[①]

可见，近代哲学家们所提出的认识论意义上的道义主义是个争议较大的论题，笛卡尔和洛克提出了道义主义的观点，洛克将它运用到包括宗教信念在内的认知问题上，克里福德、费尔德曼等人发展了这一观点，深入讨论了道义主义的含义，并细分了道义主义的类型，对近代哲学家提出的认识论意义上的道义主义做了更加细致和全面的探讨。阿尔斯顿、普兰丁格等人从认识的非自愿的观点出发，揭示了道义主义的一些缺陷，对其进行了严厉的反驳，对此，道义主义者们就阿尔斯顿等人的反驳对认知道义主义的合理性做出了相应的辩护。

---

① Jonathan Dancy, Ernest Soca, Matthias Steup, eds., *A Companion to Epistemology*, Chichester: Wiley Blackwell, 2010, p. 335.

第三节 认同与批判

洛克因为其经验论的宗教哲学主张,使他在 18 世纪、19 世纪饱受哲学家们和神学家们的批评。最初,洛克被指责是索齐尼派教徒和自然神论者,对他的思想最执着的批评者是伍斯特的主教爱德华·斯蒂林弗利特(Edward Stillingfleet,1635—1699)。斯蒂林弗利特首先提出洛克的思想所使用的新方法给信仰的神秘性构成威胁,而不可否认的是洛克的确不主张接受任何不经理性证明的神秘的事物或命题,他要寻求的是由印象和感官构成的经验基础之上的理解。必须要说明的是,虽然洛克否认神秘的事物,但他并不否认宗教信仰,他主张建立在理解之上的宗教信念。其次,洛克拒绝当时流行的物质观念,他认为物质实体具有实在本质和名义本质,其中实在本质是物质的核心所在,只有实在本质才能说明事物的真实面貌,但是人类的感觉经验无法认识事物的实在本质,所以,人类所认识的物质实际上只能体现事物的名义本质,"不过是根据我们心中的复杂观念,而不根据事物里面精确的、清楚的、实在的本质,把它们排列在不同的名称之下"。[①] 斯蒂林弗利特认为,这种思想严重威胁到三位一体的教义。再次,在《人类理解论》第二卷第二十七章"同一性和差异性"中,洛克说个人的同一性"就在于一个组织适当的身体",而不在于灵魂,也就是说,人的同一性体现在身体中各个物质分子的不断变化,无论分子如何变化,它们始终与身体连为一体

---

① [英]洛克:《人类理解论》,关文运译,第468页。

并形成这个生命组织，身体的延续就依赖于此，并且任何时刻的身体与下一时刻的身体都是相同的组织。人的同一性和动物的同一性是一样的。①斯蒂林弗利特主教以及其他一些人认为，这种同一性彰显了自我的概念，这严重威胁到了救赎的教义。同一性强调个人知觉和认知，它开启了 18 世纪英语小说对于人物概念的一种新的理解和塑造方式。《人类理解论》中所探讨的理性的确定性、观念的确定性、信仰的确定性，《基督教的合理性》中探讨的身体的救赎问题、灵魂的不朽问题，以及洛克其他著作中关于基督教信念的相关问题等，可以说都体现着同一性的特征。最后，洛克肯定地告诉读者，人们可以获得的知识是有限的，大部分事物是人无法真正认知的，我们所拥有的关于事物的观念可能并不是事物真正的所是。

那么，在这种有限的认识能力下，我们如何知道我们所见所想是否与物质本身一致呢？实际上，我们是否很有可能对事物一无所知？这是否就陷入了不可知论？洛克认为人类的认识和事物之间没有矛盾，因为作为第一永恒思想的存在——上帝，以他认为合适的方式将两者安排在一起，无感觉的物质被安排了一定程度的、相匹配的感觉、知觉和思想，所以，人们对事物一定程度的认识是有可能的。对此，主教斯蒂林弗利特认为，物质不可能有思想，如果是那样的话，就不能证明人有精神实体。②洛克回应说如果精神实体就是非物质，那么只能说"人所思考的东西可能是非物质的，但是阁下所想并不足够可能"③。洛克想要说的是，人更有可能获得关于事物的可能性，或者说是概然性，而不是事物的确证性，如果执着于事物的确证性，那么我们将无法生存在这个世

---

① ［英］洛克：《人类理解论》，关文运译，第 325—330 页。

② John Locke, " Mr. Locke's Reply to the Bishop of Worcester's Answer to His Letter", *The Works of John Locke*, Vol. Ⅳ , p. 32.

③ John Locke, " Mr. Locke's Reply to the Bishop of Worcester's Answer to His Letter", *The Works of John Locke*, Vol. Ⅳ , p.32.

上，因为人类并不具备这个能力。能认识到这一点对人类是有益的，知道人的认识能力和知识的范围，不至于太过于自信，在事物面前能够满足于信仰和可能性。与笛卡尔所主张的只有天使那种无隐晦的认识才是唯一合法的认识不同，洛克肯定人类认识中可能性的存在，认识的对象应该是与人们行为有关的事物，而不是世界上的所有事物。

使洛克的思想在英国，甚至在欧洲大陆引发争议的原因，除了与主教斯蒂林弗利特的争论之外，还有法国启蒙思想家伏尔泰对洛克著作的阐述和评价。伏尔泰并没有给予物质主义任何赞赏，他提出，人类之所以无法获得事物的真相，是因为人们对要求确证性的忽视，他以此论调保持洛克思想的真实性，他将这个问题作为洛克哲学中的关键问题来处理；在天赋观念的问题上，他和洛克一样，反对天赋观念；他引用洛克所说的"我们可能永远都不会知道物质能否思考"，赞成"所有道德的和宗教的伟大结论都是得到充分保证的，而不是灵魂不朽的哲学证明"；他还将洛克的观点和争论已久的问题，即动物灵魂和笛卡尔的"野兽机器"①联系在一起，由此认为洛克相信人类与野兽无异。伏尔泰便由此将洛克置于可疑的位置，并且认为洛克应该与自然神论者一列。结果这一没有恶意的评价却成为争论的焦点，有人认为洛克是怀疑论者，有人认为洛克是自由主义者和世俗化的自治倡导者，洛克的著作也因此在很多国家遭到禁止。

一　经验主义的彰显

17—18世纪，虽然科学理性已经有了巨大的发展，但它并没有强

---

① 笛卡尔将动物称为"Beast machines"，他认为非人类动物都是机器人，对特定的行为做出特定的反应。但人类不同，人类具有二元性。人类和动物一样拥有有形的身体，但与动物不同的是，人类的本质并非生理性的，人类拥有无形的心灵，心灵占据着身体，寄居其中与其形成紧密的联系。也就是说，人类由两种独立的成分构成，即身体与灵魂。

大到可以替代宗教信仰，这一时期的宗教信念更多的是以自然神学的方式存在和发展，同时，科学理性也在借助自然神学来发展自身。自然神论者们都肯定上帝的存在，只是在宗教教义和人类关于上帝的属性的认知方面产生了与中世纪极为不同的看法。英国自然神论所运用的方法是以经验为基础的归纳法和类比法。从人类自身的经验出发，用因果分析方法，从充满秩序与和谐的自然运转中，或者从奇迹的发生中，推论出一个全能、全知、全善的创造者。在经验基础之上的归纳法和类比法普遍被自然神论者公认为行之有效的论证上帝存在及其属性的方法，这种方法通常也被称为上帝存在的"设计论证明"或"目的论证明"（the design or teleological argument）。设计论证明是说世界犹如一个钟表或一部机器，其各个部分精确地组织在一起，相互配合，精确地运行着，从其内在结构的和谐性和功能上的目的性推理出一位手艺精湛的工匠，由此，以类比的方法可以推论，自然界如此具有秩序性和目的性，一定有一位智慧的造物主存在，那就是上帝。因为设计论证明建立在经验证据之上，并且运用归纳和类比的方法，所以一直到休谟对因果联系的必然性产生怀疑之前，一直被自然神论者接受为一种有效的方法。

洛克论证上帝存在的两种方法，都体现了设计论证明的特点。首先，从个人的直觉知识推论出上帝存在的知识。直觉知识就是"自己存在的知识"，它是清楚明白的，由自己存在这个明显的经验作为基础，推论出上帝存在的知识。其次，从人类社会是有秩序的这一切身体验出发，说明"无认识力"的物质运动和有认识力的思想活动都有其存在的最终原因，这个最终的原因就是上帝。大卫·休谟（David Hume，1711—1776）赞成洛克在认识论上的经验主义立场，认为人的认识来源于经验，对任何事物的认识都离不开"在经验中体察"，如果人离开事物做抽象思考，其观念不能决定宇宙一定是什么样子，也不能反映事物的状态和真伪，更不能指定天地万物或宇宙的原因；其众多的观念都具有可能性，亦都有不可能性，他不能分辨观念间的真伪，因为"唯有经验能为他指出任何现象的真正原因"①。

正是因为在认识论上对经验的强调，休谟否认有神论问题能够被理性证明。他说，"秩序、排列或者最后因的安排，就其自身而说，都不足为造物设计作任何证明；只有在经验中体察到秩序、排列或最后因的安排是来自造物设计这个原则，才能作为造物设计这个原则的证明"②。类比方法以相似性原则为基础，是由果溯因的过程，休谟认为"一切关于事实的推论都以经验为根据，一切根据实验的推论都以因的相似证明果亦相似，果的相似证明因亦相似的假定为根据"。③从经验来看，如果结果是彼此相似，根据类比规则，可以推论其原因也是彼此相似的，照这个规则来说，洛克由"自己存在的知识"推论出"上帝存在的知识"是可行的，从人自身的特点可以得知上帝的属性也是可行的。然而，休谟认为设计论证明是失败的，而且恰恰失败于这种建立在相似原则之上的类比方法。首先，运用建立在相似原则之上的推论是危险的，就如"所有正确的推论家都会极度小心地把他们的实验推广到相似的情况中去，除非情况确实相似，否则他们不会完全放心将他们过去的观察应用到任何特殊现象上去的"。可见，相似性原则的运用是有严苛的条件的，任何小的变动都会引起不可测的后果，使推论变得不可靠，换句话说，一旦有任何变动发生，我们就不能妄下结论说新起的事件和我们曾经观察过的事件相似。

其次，以经验证明有相似的果就有相似的因，这个假设是可能的，但是，相似性原则不能用在彼此相异的事物上，也就是说，同类事物之间以相似性原则可以推论出较为合理的结论，但是，在不同类事物之间

---

① 　［英］休谟:《自然宗教对话录》，陈修斋、曹棉之译，商务印书馆 1962 年版，第 20—21 页。
② 　［英］休谟:《自然宗教对话录》，陈修斋、曹棉之译，第 20—21 页。
③ 　［英］休谟:《自然宗教对话录》，陈修斋、曹棉之译，第 20—21 页。

也以相似性原则加以类比推理的话，所得的结论就是不合理的。在休谟看来，人们在经验中得知石头下落、火会燃烧、泥土有坚实性等，当遇到同类的现象时我们会形成相同的结论，这样的推论是有根据且有说服力的；也可以说，我们通过观察自己的身体有了关于人类血液循环的经验之后，由此可以推论说在张三和李四身体内也有血液循环，这是合理的推论。但是，从蛙及鱼体内的血液循环去推知人类和其他动物身体中也有血液循环，就只能是一种假设；如果从动物的血液循环推理出植物也有类似的液汁循环，这一类比的推论就更加脆弱与无力。所以，当人们把相似性的类比运用到不同类的事物中时，就降低了结论的确证性和可靠性，甚至产生错误的推论。比如设计论者喜欢以钟表的设计者类比宇宙的设计者，虽然两者在某些方面可能存在某些相似性，但不能否认的是两者之间还存在更多的差异，"两者之间的差异如此显著，所以你在这里所推出的充其量也不过是关于一个相似原因的一种猜想、一种揣测、一种假设而已"①。

休谟明确提出否认神人相似的结论，神和人不是同类事物，如果用相似性的类比原则，以人的存在和特点推论上帝的存在和属性，是得不到保证的，是缺乏有力证据的推论。神和人具有极大的不相关性，他们是性质决然不同的两类事物，比如人类不可能经历上帝创世这样的事件，在这一点上人类和上帝就是极大不同的。需要说明的是，休谟所关注的并不是将经验的方法运用到宗教信念的论证中这件事本身，而是这样一种论证是否是"后天论证中最确定、最不可非难的一种论证"。很明显，从相似性的原则来看，设计论者提倡的经验基础上的类比论证并不是无可辩驳的，反而其中的问题是致命的。人不能从对自身的认识经验中推论出上帝的属性，神人相似的论调"隐含着对于至高存在的贬

---

① ［英］休谟：《自然宗教对话录》，陈修斋、曹棉之译，第20—21页。

抑"，那些以人来类比神的做法只不过是人们的一种猜想、一种揣测、一种假设而已。实际上，这样的假设和猜测并不符合经验主义的立场，它所呈现出来的后天论证的陈述，很容易让人感到不易为人所掌握，从而陷入迷茫之中，然后这种迷茫很有可能使人认为这种论证过于隐晦，就连它的真面目也不能相信。休谟进一步说，人的认识活动必须从经验出发，不能脱离"他所知道或所曾见过的事物而作抽象的思考"，只有经验才能告诉我们宇宙到底是什么一种样子，绝不是自己揣测决定事物的真正原因。

在休谟看来，设计论者所持有的经验论立场是正确的，但是却没有将经验论彻底地贯彻下去，它在类比的道路上走得太远，以至于违背了经验论原则，神人相似的结论就是一个错误的推论。他在经验论原则的基础上，形成了两个认识论的次级原则——相似性原则和相称性原则。[1] 根据以上论述，可以看出，休谟所说的相似性原则是在经验的基础上，由果溯因的类比推论，而且类比的事物必须是同类事物，或者说类比双方必须充分相似，"一切关于事实的推论都以经验为根据，一切根据实验的推论都以因的相似证明果亦相似，果的相似证明因亦相似的假定为根据"，如果类比双方属于不同类的事物，比如动物和植物，推论的可靠性程度就低，或者说，类比双方在类别上越是相近，推论的可靠性程度就越高。

相称性原则是指一切在相似性原则基础上的推论都有一个范围，任何后天论证，或者说由结果推论原因，所得的原因必须与结果是相映衬的，原因不能过分地超出结果所允许的范围，相似的因与相似的果应该是相互匹配的，不能超出应该有的范围，否则推论就是不合理的。比如，人们将房屋、船舶、家具、机器与宇宙做比较，虽然它们之间在某

---

[1]　翟志宏：《托马斯难题：信念、知识与合理性》，中国社会科学出版社 2014 年版，第 198 页。

些方面有相似的情况，但如果因为这些相似的情况就推论说它们的原因也相似的话，这样的推论步子就跨得太大了，超出了由果溯因应该有的范围。"我们在人类或其他动物中所发现的思想、设计或理智亦不过是宇宙的动因和原则之一，与热或冷，吸引或排斥，以及日常所见的千百其他例子之均为宇宙的动因和原则之一，没有两样"①，宇宙的因远远大于宇宙中世间万物的因，可以说它是整体原因；万物的因只是宇宙的因的一部分，只能算作部分原因，而部分原因不能推而用之于全体。他说，我们不能由自然的一部分因推论出关于整个自然的原因或起源的正确结论；而且自然的一部分原因也不能被草率地当作另一部分的原因，尤其在两者相差太大的情况下，我们不能因为得知自己有思想、理智和理性，就认为其他行星的居住者也是有思想、理智和理性的，这是极不合理的推论。人类的经验范围是极有限的，甚至人类的想象和假设都是极其有限的，我们不能把在自然界中发现的一小部分规则扩大到整个自然的原因，这是不合理的。按照休谟的说法，自然神学的理性论证就犯了这种错误，它是把我们称为"思想"的大脑这种小小的震动，当作了整个宇宙的范型，把自然中的一部分规则照搬到整个宇宙，并认为那就是整个宇宙的规则或原因。

休谟严格贯彻了经验论的立场，把人的认识限定在经验的范围内，但是人的经验是有限的，这与洛克的观点一致，不同的是，洛克认为上帝存在、上帝的属性以及其他宗教信念必须经过理性的严格确证才能被接受，也就是说，宗教教义和宗教信念是可以被理性所证明的，而休谟则否定一切宗教信念的理性证明，他认为，自然神学违背了经验的有限性原则、相似性原则和相称性原则。有限的认识能力和有限的经验注定了人的经验的有限性，而要以有限的经验类比无限的存在是绝对不合理

---

① ［英］休谟：《自然宗教对话录》，陈修斋、曹棉之译，第 23 页。

的。有限存在和无限存在不具有相称性，它们属于两类不同的事物；有限存在的因也不能扩大到宇宙的无限因，它们是不相称的，因此神学的理性证明是不合理的。

休谟反对有神论证明，虽然主要针对的是当时流行的自然神论的设计论证明，但实际上他否定的是整个自然神学的理性传统，这个传统甚至可以追溯到苏格拉底关于神的目的论证明中，托马斯·阿奎那的第五个证明也是这种证明方法。在近代，关于设计论证明较早也较为清晰的表述出现在深受洛克和牛顿影响的法国自然神论者伏尔泰的著作中，伏尔泰在 1734 年前后完成《形而上学论》一书，他从一只钟表的机器组织结构和钟表在这样的机器结构的作用下有序地运作，以及自然地井然有序出发，在钟表匠和上帝之间进行类比，推论出上帝存在的可能。这种方法成为自然神论的设计论证明的经典模式。虽然设计论证明从经验事实出发，遵循的是一条经验的由果溯因的推理原则，但正如休谟指出的那样，其自身却没有彻底贯彻经验的原则，从经验出发，最后却走向了脱离物质的思想，其推理的逻辑前提就是对经验原则的背离。

设计论证明所依据的相似性类比原则，即"相似的结果推出相似的原因"，其有效性是建立在因果关系上的，对此，休谟以毁灭性的论调说因果律是不存在的，必然联系只是心灵的习惯，因此归根结底是不可靠的。他认为，人们通常都会认为自己知道一些原因和结果之间的必然联系，这种联系使事物在人们看来是确定无误的，比如打雷下雨。但事实却是人们"借长久的习惯而获得了一种思路，因此，在原因出现时，他们立刻就期待它的恒常的伴随"①，打雷就会下雨，下雨会伴随打雷。物象间这种"必然联系"之所以会发生，乃是因为在相似的例证中，这些现象常常汇合在一起，当相似的例证经常发生，人们自然就会受习惯

---

① 　[英]休谟：《人类理解研究》，关文运译，商务印书馆 2010 年版，第 64 页。

的影响，在看到一件事情出现后，就期待它那恒常的伴随也出现，并相信那种伴随必然会存在。这就是休谟所揭示的因果关系的发生原理，他要说明的是这种因果关系并不是必然的，只是人们的思维习惯而已，当人们遇上地震、瘟疫或者其他任何不寻常的事件，发现不能用他们习以为常的认识解释这一现象时，就会"求助于一种无形体而有智慧的原则，以为它是那种使他们惊异的事件的直接原因"，企图找到一种"能力"来合理化不同寻常的事件，甚至认为这种"能力"来自全能的"造物者"。但是，这恰恰脱离了经验原则的轨道，只不过是思维脱离物质的想象而已。实际上，人们完全没有"联系"的观念和"能力"的观念，我们没有能力在经验中认识它们，这些词汇是没有意义的。"联系"只是人心中的一种感觉或印象，而且就连"实体"也只不过是事物在人心中的印象而已，我们思考的对象只是这些印象，人在经验中从来不会发现任何实体或实在。所以，在休谟看来，无论是物质实体还是精神实体都是不存在的，人们也就不可能论证精神实体的存在。总之，人类只能在经验的范围内认识具体的事物，那些形而上学的思考更多的是一种臆断，都是不可靠的，人们不可能在经验的范围内认识宇宙的原因。

休谟反对一切自然神学的理性证明，怀疑一切以理性证明宗教信念的做法，在其《自然宗教对话录》中，对宇宙论证明、本体论证明以及莱布尼茨的神正论思想均进行了犀利的批评。但是，绝不能说休谟就是无神论者，他否定理性神学的目的并不是要否定一切宗教信念的合理性，而只是反对宗教信念的各种理性证明，反对人们在有限的经验里，以有限的理性能力对上帝的属性做形而上学的臆断，从而进一步将宗教信仰建立在个人良知和情感的基础之上。休谟的怀疑哲学不是主张怀疑一切意见和原则，更不是怀疑感官，甚至是生活中的一些公理，而是怀疑自身的理性能力，他说，只有认识到自然理性的有限性，才能真正"以极大的热心趋向天启的真理"，从这个意义上说，只有怀疑主义者才是真正配得上神恩的人，"在学术人士中，做一个哲学上的怀疑主义者是做一个健全的、虔信的基督教徒的第一步和最重要的一步"。① 总之，休谟的"怀疑哲学"与18世纪无神论者以理性否定上帝不同，他主张上帝存在及其属性是"超乎理性"的，不属于理性论证的范围，理性不能证实上帝，也不能证伪上帝，宗教信念需要在个人良知和情感之上去把握，他的"怀疑哲学"不仅影响了康德对先验神学的基本立场，而且也影响了康德先验宇宙论中的二律背反。

二　思辨理性的意义

如果说休谟摧毁了自然神论的理论基础，那么康德（Immanuel Kant，1724—1804）就是那个砍下自然神论头颅的人。康德彻底否定了以经验为出发点的认识论基础，也彻底结束了自然神学的本体论证明和宇宙论证明的根基。康德认为人类的所有知识可以分为"先天的知识"（或"纯粹知识"）和经验知识两种，从时间上讲，我们的一切知识都是从经验开始的，没有任何知识先于经验，但是，一切知识以经验开始，并不因此就说所有知识都发源于经验。在我们所有的知识中，有些知识"完全不依赖于任何经验"，不掺杂任何经验性的东西，这类知识就是"纯粹知识"，或者"先天的知识"，它具有"必然性"和"严格普遍性"的特征。来源于经验的知识不具有严格的普遍性，只具有假定的或者相比较而言的普遍性，或者说是"经验性的普遍性"，它只在大多数场合中具有有效性。如果将这种有效性扩大到对一切场合都适用，那就不是经验知识能够达到的，因为普遍性的判断属于先天的认识能力，是"纯粹的先天判断"。比如，一切数学命题就属于纯粹的先天判断。纯粹

---

① 　［英］休谟：《自然宗教对话录》，陈修斋、曹棉之译，第97页。

知识对于人们来说是不可或缺的，因为经验的规则和经验知识总是偶然的，人们不可能把这些不确定的东西当作第一原理来看待，"一种同时具有内在必然性特征的普遍知识"，也就是"不依赖于经验而本身自明的和确定的"东西在人们的认知中是必不可少的，康德将之称为"先天的知识"。当我们从经验中去掉属于感官的东西，留下来的是某些本源的概念及其相关的判断，这些留下来的东西是完全先天地不依赖于经验而产生的，"它们使得我们对于向感官显现出来的对象能够说出、至少是相信能够说出比单纯经验告诉我们的更多的东西，也使得各种见解包含有单纯经验性的知识所不能提供出来的真正普遍性和严格必然性"。①根据康德的论述，与经验知识不同，先天的知识是理性在感官之外所做的研究，可以说是无法在经验中得到的知识，理性的研究是经验在现象界所不能做到的，它属于本体界，一些不可回避的课题如上帝、自由和不朽就属于纯粹理性的研究。但是人的理性能够在多大程度上解决经验以外的问题？或者说人类的"先天的知识"具有多大可靠性？如果人们不事先对理性能力和先天知识做有效性评估，就立马相信它，并以它为基础建立知识的大厦，这将是很危险的事。但是，实际上，人类理性往往是急于完成思辨的大厦，最后才去检验大厦的根基是否牢固，然后就找来各种粉饰之词安慰自己，或者干脆回避这一问题。

那么，人类还有获得上帝、自由和不朽这样的纯粹理性的先天知识，或者说是普遍性和必然性知识的可能性吗？康德将所有命题分为两类，即分析命题和综合命题，相应地对这两类命题的判断就是分析判断和综合判断。从主词与谓词的关系来看，"谓词 B 属于主词 A，B 是（隐蔽地）包含在 A 这个概念中的东西"，这种判断就是分析判断；"谓词 B 完全外在于概念 A，虽然它与概念 A 有联结"，这种判断就是综合

---

① 　[德]康德:《纯粹理性批判》，邓晓芒译，杨祖陶校，人民出版社 2004 年版，第 5—7 页。

判断。①分析判断是一种说明性的判断，谓词对于主词概念来说并没有增加任何东西，只是通过分析把主词概念分解为它的分概念，而且这些分概念本身就已经体现在主词中了，比如"三角形有三个角"，这就是一个分析判断，因为我可以不超出三角形这个概念就可以发现与概念相联结的三个角，也就是说，我只需要分析三角形这个概念，而不需要借助其他东西就可以知道它的谓词，"三个角"必然包含在"三角形"这个概念中；而"三角形是红色的"就是个综合判断，因为谓词"红色"是某种完全不同于我在主词概念"三角形"中所想到的东西，谓词是完全外在于概念"三角形"的东西，不包含在"三角形"概念中。所以，通过分析判断，我们的知识没有丝毫的增加，只是分解了我们已有的概念，使它更容易被我们所理解；而综合判断是说，我们必须在主词概念之外得到某种别的东西 X（而且 X 属于主词概念），以便知性将 X 当作主词概念中没有的谓词加以认识，也就是说，它对于我们的知识是有所增加的。康德指出，经验判断就其本身来说都是综合的，一个分析命题不可能是经验的，因为在经验之前，我就已经可以在概念中做出判断，概念中已经有了做出判断的一切条件，比如"三角形有三个角"，当看到"三角形"这个概念时，就可以做出有三个角的判断，而不需要去实际看到一个三角形，再做出判断。

在经验的或经验性的判断中，对于"三角形是红色的"这样的综合判断是很容易做出的，因为毕竟可以通过完备的经验做出判断。但是，在"先天综合判断"中，这种经验的辅助手段就完全没有了，当人们要超出概念 A 之外把另一个 B 当作与 A 联结的概念来认识时，而且 B 不可能是经验，只是单纯的概念，是什么支撑这一判断？或者说，"先天综合判断"何以成为可能？先天的思辨知识包括一切宗教信念，那么，

---

① ［德］康德:《纯粹理性批判》，邓晓芒译，杨祖陶校，第 7 页。

我们可以把这个问题具体为：人的理性能否认识超经验的知识？或者人的理性能否获得与宗教信念相关的知识？对此，康德说，当理性超越经验去认识那些上帝、灵魂、不朽这样的纯粹理性的超验的原则时，就会陷入一种"先验的幻相"，"先验的幻相甚至不顾一切警告，把我们引向完全超出范畴的经验性运用之外，并用对纯粹知性的某种扩展的错觉来搪塞我们"，它虽然包含了一些理性运用的基本规则和准则，但是它的工作是主观性的，也就是说，它会根据主观需要把一些不相关的概念联结在一起，看似具有客观必然性，但实际上只是一种"主观必要性"而已。"先验的幻相"就是"基于主观的原理，却把这些主观原理偷换成了客观原理"，而且，它是人类无法避免的东西，是"不可阻挡地依附于人类理性身上的，甚至在我们揭穿了它的假象之后，它仍然不断地迷乱人类理性"。[①] 所以，人类理性并不具备对上帝、自由和不朽这类纯粹理性的或本体界的认识能力，只能获得经验范围内的（现象界）知识。

康德首先分析了历史上已有的关于上帝存在的证明，然后指出从思辨理性出发只有三种上帝存在的证明方式是有可能的，一种是认为事物的内在可能性以某个存在为前提条件，并以此为论据，通过明晰性的逻辑推论出"存在就必须像一个谓词一样包含在可能者里面"，或者说，从一个"可能者"的概念推论出一个结论的存在，笛卡尔学派的证明就属于这种证明，人们首先设想一个可能的事物的概念，并设想这个概念包含了所有完善性，于是，人们认定"存在"也是完善性的一种，由此推论这个可能的事物的概念实际上存在，即本体论证明；另一种认为，证明只能通过对世界上事物的感知或者由整个世界的偶然秩序导向一个最高原因的存在及其性质，也就是说，经验性地以不确定的经验或某一种存在为基础，导向一个最高原因，即宇宙论证明；还有一种是从经验

---

① ［德］康德：《纯粹理性批判》，邓晓芒译，杨祖陶校，第259—261页。

出发，根据因果律一直上升到最高原因，即自然神学的证明。接下来，康德指出，实际上这三种证明都是受先验的概念引导，即使是自然神学附加了经验性的东西，也并没有比其他两种证明更加可靠。

基于他的认识论，康德表明了他对自然神论的基本态度。他说，自然神学所提倡的从自然秩序中感知到必然性，然后把人引向一个"最高的本原"，这个本原是所有必然性和偶然性的最高本原；或者从奇迹引发神的创造。在康德看来，这种建立在道德信念之上的思辨理性对哲学家来说比别的任何一种方法都实用得多，但是它却把偶然性视作必然性。大自然所有的"完善、和谐和优美"都是偶然的，而自然神学将这一偶然现象视作证明上帝存在的必然前提，从而得出世界万物的协调一致是必然的，那么这一必然性就一定有一个原因，那就是上帝。而且人们在探讨自然的问题时，很容易放弃理性的进一步研究，因为"更多的益处"而倾向相信一切都是"神的设置"，比如对地球上河流和山脉的考察，人们把它们视为上帝的特殊意图，而不是通过确实可靠的证明确信它们的自然秩序，这是因为，这样做有"相当多的益处"，可以仅凭神独特的安排解释一切可能出现的问题。康德认为，这种做法降低了理性，不仅不是哲学思维，而且还会妨碍哲学认识的拓展，"这一方法只能用于证明世界的联系和艺术性结合的创造者，但不能证明物质自身的创造者和宇宙构成部分的起源"①。

在康德看来，关于上帝存在的本体论证明是从"上帝"这个概念出发而展开的一系列分析。"上帝"的概念就是"一个绝对必然的存在者"的概念，对于现在的人来说这个概念一点也不陌生，但是，这一概念的必然性，或者说是不可否定性是何以可能的，使它成为必然的条件

---

① ［德］伊曼努尔·康德：《康德论上帝与宗教》，李秋零编译，中国人民大学出版社 2004 年版，第 77 页。

是什么？对于这一问题，人们早已将一切条件都抛弃了，将之视为无条件的绝对必然存在。然而，"判断的绝对必然性只是事物有条件的必然性，或者是判断中谓词的有条件的必然性"，当我们说三角形的绝对必然性时，其前提条件就是"存有了"一个三角形的条件下，三个角必然存在，人们却常常将"存有"这个条件包括在概念的范围内，康德认为这是一种幻觉。分析命题中的谓词必然地包含在主词中，如果取消谓词而保留主词，就会产生矛盾，如果将主词和谓词一同取消，就不会有任何矛盾，因为不再有什么东西能够与之矛盾了。假设取消三个角，而保留三角形，矛盾明显就出现了，但同时取消三角形和三个角，就没有矛盾出现。如果"上帝存在"属于分析命题，那么，人们已经将"存有"这个条件包含在上帝概念中，这个命题中的谓词"存在"只是对主词概念的分解，实际上什么也没说，只不过是同义反复，并没有对主词概念有任何的增加，算不上是一种证明。第一，如果"上帝存在"是综合命题，谓词不包含在主词概念中，取消谓词不会使主词陷入矛盾中，然而，如果取消"存在"，主词明显陷入了矛盾之中；第二，综合命题是经验性的，需要在经验中做出判断，那么，"上帝"的概念是我们无法在经验中做出判断的，它属于"先天综合判断"，人类理性并不具备对这一类命题的认知能力；第三，在"上帝是全能的"这个命题中，"是"是一个判断系词，它是对一物或某物规定性本身的肯定，说"上帝是全能的"，无非是说"上帝存在"，或"有一个上帝"，对上帝的概念（纯粹理性的先天知识）并没有设定任何新的谓词，"只是把主词本身连同它的一切谓词、也就是把对象设定在与我的概念的关系中"，也就是说，这个命题只是重复了主词中已包含的可能的属性，谓词并没有为主词增加任何内容。"上帝存在"这一命题中，"现实的东西所包含的决不会比单纯可能的东西更多"，或者说，设定的对象和表达它的概念的内容是一致的，不论用再多的谓词来规定这个对象，只要这个对象是在思想中的，它就不可能超出思想而实际存在，否则，概念就没有表达出整个对象，因而也就不是该对象的合适的概念。

康德认为，上帝存在本体论证明混淆了概念和实存，我们关于一切实存的意识都是通过经验得到证明的，或者说实存的东西完完全全都是属于经验的统一性。但是，"上帝"的概念是属于纯粹理性的先天知识，必须完全先天地去认识，或者说是经验之外的思辨产物，对于这样的先天对象，其是否是实存的，那不是理性能够确证的，"虽然不可以绝对地宣布为不可能，但却是一个我们没有任何办法能为之辩护的预设"。所以，一个属于理念的东西不可能通过自身的分析增加其在实存方面的知识，甚至都不具有这种可能性，实存的可能性只能在经验中去寻求，一切从概念来进行有关实存的论证都是徒劳，正如康德所说，"一个人想要从单纯理念中丰富自己的见解，这正如一个商人为了改善它的境况而想给他的库存现金添上几个零以增加他的财产一样不可能"。①

宇宙论证明是这样一种证明："如果有某物存在，那么也必定有一个绝对必然的存在者实存。现在至少我自己实存着，所以一个绝对必然的存在者实存"②，这个证明从"我存在"这个经验入手，看似与完全先天的本体论不同，在康德看来只不过是"骗人的把戏"而已。这个证明是说，世界上有某种可能存在的东西，所以必然有一种绝对必然的存在者存在，然后这个证明进一步推论说，这个绝对必然的存在者只能以"最高实在的存在者"的概念来规定，就是说，有一个最高存在者以必然的方式实存着。康德说，宇宙论证明动用了思辨理性的一切辩证技艺，完成了一个最大可能的先验幻术。从宇宙论证明的内容来看，它是从经验出发，或者说是立足经验，当一旦进入"绝对必然的存在者"概

---

① ［德］康德:《纯粹理性批判》，邓晓芒译，杨祖陶校，第476—478页。
② ［德］康德:《纯粹理性批判》，邓晓芒译，杨祖陶校，第480页。

念时，经验的东西就荡然无存了，实际上，它不过仅仅跨出了经验的一步，之后就把全部的信任都放在了一个先天的纯粹概念之上，最后通过对概念的分析达到一个一般必然存在者存在，这和本体论证明的套路完全是一样的，只不过是重蹈覆辙。所以，在宇宙论证明中，所谓的经验完全是多余的，其目的就是把我们引到纯粹的概念中去，在纯粹概念中寻找谁是可能包含"绝对必然的存在者"的可能性条件。如果在所有可能的东西中找到了一个本身带有绝对必然性的东西，那么，这个存在者就必然存在了，"最高实在的存在者"的概念符合"绝对必然存在"的概念，它所做的只是从前一个概念推出后一个概念，这是本体论证明所主张的先天综合判断的命题，之前已经讨论过，不可能从概念中推论实存的问题，实存只能在经验中得到确证。①

"最高实在的存在者"的理性实际上是一种"调节性的原则"，它的目的是建立一种统一性的规则，把世界上的一切联结都归结为从某种必然原因中产生出来的，这种必然原因一定是系统的、普遍法则下的必然的统一性的规则，而不是一种"自在的必然的实存"，也就是说，是为了满足"理性借以完成一切综合的统一"的需要，康德将之称为"调节性的原则"。宇宙论证明"借助某种先验的偷换来把这条形式的原则想象为构成性的，并把这个统一性作物化的设想"，将一个纯粹理性的概念设想成"现实的对象"和"必然的存在"，"因而一条调节性的原则就被转变成了一条构成性的原则"。但是，绝对必然存在作为一个纯粹理念，只能作为"思维的形式条件"，不能作为"存有的质料条件和物化条件"，而宇宙论证明恰恰是把一个思维的理念物化成了一个现实的存在，虽然起步于经验，但经验实际上毫无用处，最后还是在先验的方法里展开自身的理论假设，最终还是建立在本体论证明之上，其结果与本

---

① ［德］康德：《纯粹理性批判》，邓晓芒译，杨祖陶校，第 479—482 页。

体论证明无异。①

　　无论是"绝对必然存在""最高实在的存在者",还是宇宙"第一因",都是试图在人类自身之外寻找一种必然性,康德认为,外在必然性只是一个思辨的产物,并非一个现实的存在,而宗教信念的合理性实际上是一种内在合理性,要求人们将关切从外在合理性转向内在合理性。宗教信念具有内在的道德合理性,它符合我们的道德目的。"我们自己里面的目的关系可以先天地连同其法则一起被规定,从而被视为必然的",这就是康德所说的"道德目的论",它"不需要我们外面的一种有知性的原因来解释这种内在的合目的性",对于一切其他事物而言,我们自己就是终极目的。如果要为事物存在的偶然性找到一种必然的原因、"至上的根据"或者"终极目的",那它不可能是别的,一定只能是"服从道德法则的人"。一个理性的存在者只能把事物存在的价值设定在自身与自然的关系中,在这种关系中只有相对的目的,却没有终极目的,所以人们不可能在自身之外找到绝对必然性。但是,道德法则可以如终极目的的概念所需要的那样,把某种东西规定为理性的终极目的,所以,"唯有服从道德法则的理性存在者的实存,才能被设想为一个世界的存在的终极目的"。道德法则为人们乃至天地规定了一个终极目的——至善,而且它使人们有义务追求这个目的。因此,就需要假定一个道德的世界原因,或者"世界的创造者","以便按照道德法则为我们预设一个终极目的",也就是说,有一个上帝存在。在康德看来,这个假设是必要的,也是合理的。因为,一个人纵然可以是正直的、和气的、善意的,但是欺诈、暴行和嫉妒总是在他身边横行,如果他想对内在的道德规定保持忠诚,那么就必须在实践方面,"至少为了对在道德上给他规定的终极目的的可能性形成一个概念,而假定一个道德上的世

---

① 　[德]康德:《纯粹理性批判》,邓晓芒译,杨祖陶校,第490页。

界的创造者的存在，也就是说，假定上帝存在"，所以，上帝作为一个最高的道德立法者，在人的道德实践中是合理的。[①]

以洛克为代表的自然神论者提倡一种经验的宗教信念原则，主张所有的宗教信念都要建立在经验的证据主义、基础主义和道义主义之上，只有满足了认知义务和确证条件的那些合理的宗教信念才能被人们接受和相信，这是一条建立在经验和理性之上的宗教信念合理性原则，在17—18世纪之前，这一原则被普遍接受，它体现了人们如何对待宗教信念及其合理性的一种认识论方式。休谟否定了人们通过经验和理性来达到对上帝及其属性的认识，关于上帝的知识不属于理性的认知范围，理性不能证实上帝，也不能证伪上帝，宗教信念需要在个人良知和情感之上去把握。如果说休谟动摇了自然神论的经验主义的理性根基，那么康德则彻底摧毁了整个宗教信念的理性认知的可能性，他完全否定了历史上所有神学的理性认识途径，包括被广泛接受的本体论、宇宙论以及目的论证明等，将宗教信念的外在合理性转向内在合理性，从道德实践方面设定一个道德上的创造者的存在是很有必要的，也是合理的。

三 知识的保证

阿尔文·普兰丁格（1932）在其《基督教信念的知识地位》中，以一个全新的、同时也是有争议的角度为基督教信念的合理性做了知识论意义上的辩护。他首先对以证据主义为核心的基础主义提出了质疑，指出基础主义存在自身不融贯的问题，接下来他重新考察了基础性命题的标准，并且扩展了基本命题的范围，将上帝信念视为恰当的基础信念，以一种扩展了的阿奎那/加尔文模型（简称A/C模型）为基督教信念的

---

① 　[德]伊曼努尔·康德:《康德论上帝与宗教》，李秋零编译，第231—239页。

合理性提供一种辩护。普兰丁格的辩护思路是清晰的，在他看来，对基督宗教信念的反驳存在两种类型，一种是事实性反驳，另一种是规范性反驳。事实性反驳比较直接，就是相较于我们已知的事，基督教信念是假的；相对于事实性辩护而言，规范性辩护更加广泛，普兰丁格对其总结为三个关键点，"所谓基督教信念是未经辩护的，它是不合理的，和它是无保证的"，即辩护（justification）、合理性（rationality）和保证（warrant）。[①]普兰丁格主要针对这三个关键点展开阐述，首先论述了什么样的信念可以被称为得到辩护的信念，由此梳理了历史上用以辩护某个信念的方法，即基础主义、证据主义和道义主义这一"经典套装"，并指出这一方法自身不融贯的天生缺陷；他同时对"合理性"概念及类型进行了不同于传统的界定；他以弗洛伊德和马克思对宗教信念的反驳作为切实的规范性反驳，认为这种反驳实际上就是指控有神论信念缺乏保证，那么，接下来他以扩展了的 A/C 模式来说明基督教信念是得到保证的信念，具有认识上的可能性。

如果以"经典套装"[②]为判断宗教信念的合理性原则，那么很可能就如克里福德所说：人们不应该有宗教信仰，尼古拉斯·沃特斯多夫就以证据为核心的基础主义给宗教信念带来的挑战这样说道：

> 首先，它坚持，除非某人接受基督教或任何形式的有神论的方式是理性的，否则，接受它就是错误的。其次，它坚持，除非某人是在他的其他信念基础之上坚持他的宗教信仰，那些其他的信念能够使他的宗教信仰得到充足的证据支持，否则，他坚持他的宗教信仰不是理性的。除非是理性的，否则没有什么宗教是值得接受的；除非能够得到证据的支持，否则没有宗教是理性的。这就是证据主

---

① 　[美]阿尔文·普兰丁格：《基督教信念的知识地位》，邢滔滔等译，北京大学出版社 2004 年版，"前言"第 5 页。

② 　关于普兰丁格所说的"经典套装"的具体内容见本书第三章。

义的挑战。①

按照"经典套装"的要求，一个信念是合理的，那它一定是建立在基础信念之上，并且有好的证据支持，对此，普兰丁格将这一含义表达为："一个信念对一个人是可接受的，如果（或者当且仅当）它要么是严格基本的（即自命的、不可更改的或者对于那个人的感官是明显的），要么它是在通过演绎推理、归纳推理或者外展推理支持它的可接受的命题的证据基础上被相信的"。②另外，遵守经典基础主义原则和证据主义原则是人们应该履行的认知责任和义务。由此来看，宗教信念似乎是证据不足的，那么持有宗教信念就是不合理的。普兰丁格认为，证据主义实际上是根植于经典基础主义之中的，也就是说，基础主义以证据主义为核心，一个合理的或者证据充分的命题要么是基本命题，要么是在基本命题之上以证据证明为真的命题，所以对基础命题的说明就成为普兰丁格的主要关注点。

为了说明基础命题，普兰丁格提出了"理智结构"（noetic structure）的观念，"人格的理智结构是一组他所相信的命题，还有处于他与这些命题之间的某些认识关系"，也就是说，一个人的理智结构包含了他所相信的一套命题，以及他与这些命题之间所拥有的某种认识关系。他从基础主义的观点出发分析理智结构，认为一个人的理智结构包含三方面的内容：基础命题与非基础命题、信念等级（an index of degree of belief）以及涉入信念的深度（an index of depth of ingression）。按照普兰丁格的观点，"基础性指的是所有信念对于基础信念的依赖性关系。这个关系是非自发性的（irreflexive），关系本身不具有合理性；是一对

① Alvin Plantinga and Nicholas Wolterstorff, eds., *Faith and Rationality: Reason and Belief in God*, Notre Dame, Ind. : University of Notre Dame Press, 1983, p. 6.

② ［美］阿尔文·普兰丁格：《基督教信念的知识地位》，邢滔滔等译，"前言"第93页。

多的关系，非基础性的信念会依赖于一个以上的信念；也是不对称的，如果信念 A 基于信念 B，那么信念 B 就不可能合理地基于信念 A"；信念的等级是指根据相信一个命题是否合理，取决于用以支持这个命题的证据的强度，虽然普兰丁格赞同信念有等级之分的观点，但是他反对将证据的程度与信念的等级严格关联的做法，因为这一关联的根据是某种量化标准，而量化标准对于信念来说是不可行的；涉入信念的深度是指我们理智中的种种信念起着不同的作用，有些信念处于我们信念系统（doxastic system）的核心位置，有些则处于较边缘的位置，失去某些较为核心的信念会对我们产生更大的影响。① 可见，在普兰丁格看来，人类的理智结构就是这样一种包含了基础信念和非基础信念，一个命题的合理性在很大程度上取决于其与基础命题的关系程度，所以，他接下来将考察的重点放在了哪些命题可以作为恰当的合理的基础命题。

普兰丁格首先梳理了历史上关于基本信念或基本命题的含义，他总结道，从古代到中世纪的基础主义者认为如果一个命题是基本的，那么这个命题对他来说必须是"自明的"（self-evident to him）或者是"感觉明显的"（evident to the sense）。"自明的"命题是那些"在把握或理解它时一个人就完全明白它是真的"，可以说是那些一眼就看出其为真的命题，并且"对于认识到它是真理乃是充分的"，诸如 1+2=3，绿色的事物不会是纯黑色的之类的数学命题和逻辑命题，"红色区别于绿色"之类表达同一性和差异性的命题等。② 但是，普兰丁格认为"自明的"命题带有很大的主观性，也就是说，同一个事对一个人来说是清楚明白的，但对其他人可能是存在疑虑，尤其是那些对一个命题并没有真正理

---

① A. Plantinga, *Religious Belief without Evidence*, in E. D. Klemke, *To Believe or Not to Believe: Readings in the Philosophy of Religion*, pp. 418–419.

② A. Plantinga, *Religious Belief without Evidence*, in E. D. Klemke, *To Believe or Not to Believe: Readings in the Philosophy of Religion*, p. 420.

解其概念之含义的人来说，很难说这个命题对他来说是自明的。而至于"感觉明显的"命题就更加难以甄别，感觉明显的命题主要指一些知觉命题（perceptual propositions），其"真假是我们可以通过观看或者使用某种其他的感觉就可以确定的命题"，如"我看见一棵树"，"我看见了一个红色的球"，由于这类命题与人们的感官经验直接相关，所以自古希腊以来被众多哲学家看作是知识的来源，在哲学认识论中占据重要的基础地位。

但是，笛卡尔、洛克等现代基础主义者强调感官经验具有很大的主观性，也就是说，"我看见一棵树"的更准确的表达应该是"在我看来我看见了一棵树"，后一种表达较前一种表达更具有对错误的免疫力，或者说是"不可纠错性"。接下来，普兰丁格结合现代基础主义者的观点，给"不可纠错性"下了一个扩展的定义：命题 p 对于 S 是不可纠错的，"如果而且仅仅如果：（a）S 相信 p 而 p 是错误的是不可能的，以及（b）S 相信非 p 和 p 皆为真是不可能的"。①那么，关于基础命题的陈述就可以表达为：基础命题必须是自明的，或者是不可纠错的。于是，普兰丁格将古代和中世纪的基础主义和现代基础主义统称为经典基础主义，它把基础命题分为三类，即自明的命题，不可纠错或不可更改的命题，以及感觉明显的命题。

接下来，普兰丁格指出经典基础主义所主张的基础命题存在诸多问题。首先，它有不可克服的缺点，当它在涉及其本身时，是内在不一致的。经典基础主义其本身的信念既不是完全基础性的，也非来源于完全基础性的信念，假如它是基础性的，那它要么是自明的，要么是不可纠错的或不可更改的，要么是感觉明显的，但是根据基础主义的陈述来

---

① A. Plantinga, *Religious Belief without Evidence*, in E. D. Klemke, *To Believe or Not to Believe: Readings in the Philosophy of Religion*, p. 422.

看，它不符合这些条件中的任何一个，所以，它并不满足自身的标准，依照经典基础主义自身的标准来接受它是非理性的。其次，如果严格按照经典基础主义的标准，我们所持的大量日常信念都是非理性的。例如相信存在持久的物理世界、存在不同于我自身的他人、存在过去了一段时间的历史，这类命题既不是自明的，不是不可纠错的或不可更改的，也不是感觉明显的。那么，我们所惯常持有很多被当作基础的信念都并不是基础信念，这对于我们的生活将是一个很大的麻烦。所以，普兰丁格说，经典基础主义所设定的基础命题的标准过于苛刻，并不能恰当地或宽泛地将人们认为是基本的命题包含在其中，如果接受这种标准即是违背了认知责任。

针对古典基础主义在基础命题上存在的诸多问题，普兰丁格提出了古典基础主义的替代形式，他扩展了基础命题的标准。从理性的理智结构来看，人的认识中存在一组被认为是基础性的命题，他认为上帝存在的命题是完全属于基础性的命题，不需要证据证明，他说：

> 在人心里，而且完全依其自然本能，有一个关于神性的意识。我们认为这一点超越了争议。任何人若能摆脱无知的伪装之束缚，上帝本人都会将对他的神圣威严的理解植入所有人的心中。每当回忆起它，上帝都会不断地降下全新的甘霖。所以，由于人，一个人或所有人，知觉到上帝的存在，只觉到上帝是他们的创造主，他们会受到自己的见证的谴责，因为他们未能荣耀上帝，并将他们的生命专注于上帝的意志。没有哪个民族如此野蛮，也没有哪些大众是如此粗野，以至于他们未能根深蒂固地确信上帝的存在。[1]

普兰丁格以马克思和弗洛伊德对宗教信念的反驳说明他们实际上在

---

[1]　转引自 Louis P. Pojman, *Philosophy of Religion: An Anthology*, 3d ed., Belmont Calif: Wadsworth, 1998, p. 124。

指控有神论信念缺乏保证，为了说明有神论信念是可以得到保证的，他引入了 A/C（阿奎那 / 加尔文）模型。在 A/C 模型中，关于上帝的知识是一种自然知识，"是因人的本性中的能力或认知机制受到某种条件和环境的引发而自然而然拥有或获得的知识"①，正如阿奎那所说的："在我们的本性里，已被赋予一种能力，可以一般地和模糊地知道上帝存在"，加尔文也说："人对上帝有一种普遍的自然知识"，"人有一个官能犹如人的五官，可让人借此获得有关上帝的真信念"，认识上帝是人的一种自然倾向，或者说是一种习性，人能在不同的条件和环境下，产生有关上帝的信念。那么，会有人提出疑问，既然认识上帝属于人的本能，为什么还会有不可知论者和无神论者？普兰丁格的回答是：罪。他说："如果不是因为世界上有罪存在，人类会同等程度地相信上帝，并且同样自然自发地相信他人、外部世界和过去的存在"，正是罪堵塞了他们认识上帝的可能性。②

在普兰丁格看来，A/C 模型中的上帝信念是恰当的基础信念，因为接纳它为基础信念是"经过辩护的"，而且也是"有保证的"。所谓是"经过辩护的"是指，"他如此接纳这信念，没有超出他的知识权利，没有不负责任，没有违反知识或其他的义务"③，一个相信上帝的人，他确实认认真真想过这个问题，又考虑过弗洛伊德与马克思的批评，但仍清楚明显地觉得上帝存在，这明显是在认知义务上得到辩护的；所谓"有保证的"是指，它"通常是由一些恰当地在适切的知识环境里起作用的认知官能所产生的，而这作用是按照那官能的设计蓝图，成功地导向真理的"，可见，"恰当地起作用""适切的环境""设计的目的""可靠的信念产生过程"等构成了信念得到保证的条件。

①　翟志宏：《托马斯难题：信念、知识与合理性》，第 253 页。
②　[美]阿尔文·普兰丁格：《基督教信念的知识地位》，邢滔滔等译，第 201—205 页。
③　[美]阿尔文·普兰丁格：《基督教信念的知识地位》，邢滔滔等译，第 204 页。

普兰丁格认为 A/C 模型能够为上帝信念是有保证的基础信念提供解决方案，接下来，他提出了一个扩展了的 A/C 模型，用以说明基督教教义，如三位一体、道成肉身等具体的基督教信念也可以得到辩护和保证，也具有合理性。上帝在创造人类的时候，赋予人一种认识上帝的官能，即"神圣感应"，使人具备产生上帝信念的自然倾向，但是，这种官能因为罪而受到阻碍，不能恰当地发挥作用，在这样的状况下，人还能具有合理的上帝信念吗？为此，他提出了扩展了的 A/C 模型，即"见证模型"，在这个模型中，上帝通过三重认知过程，使得因受到罪破坏的人类认知能力可以知晓他的救恩计划：首先是上帝默示的《圣经》，其中心主题是关于救赎的福音；其次是圣灵的工作，主要指修复因罪破坏的认知，使人相信福音；最后是信仰，即知道并相信上帝救恩的知识，发生意志转变，按照信仰去生活。在扩展的 A/C 模型中，基督教信念是合理的，它不仅"经过辩护"，而且也是"有保证的"，所以不仅具有内在合理性也具有外在合理性。普兰丁格援引加尔文的观点，认为信仰是一种特别的知识，它是信念产生的过程，与人自然的认知配备不同，它是"默示的《圣经》和内在诱导的圣灵的双重结果"，而且它也符合信念保证的四个条件。可以说，基督教信念是"自显为真"的命题，"自显为真"与"自明"不同，它是按照"见证模型"的三重过程而直接得来的，不需要其他命题作为基础和证据，它是得到"辩护"的、"合理的"以及有"保证"的，它有知识的确凿型，属于基础命题或基础信念。

普兰丁格将上帝信仰置于人类理智结构的基础之中，回避了自然神学所主张的为基督教信念的合理性寻求充分证据的近代传统，基督教信念不再是需要被理性以证据证明其合理性的对象，而成为论证过程的基础命题，用以为其他需要论证的命题提供支点。他的这一做法自然会招致很多反驳，一些哲学家反对他将有神论信念当作基础信念，对此，他要求那些反对有神论信念是理智结构中的基础信念的人承担"举证之负担"（the burden of proof）。在普兰丁格看来，自然神学依据经典证据主义的思路证明上帝存在的思路是不成功的，"而且整个事业在某种程度上也是完全被误导的"，它不可能成功地论证上帝存在，然而即使可以也不应该去这样做。① 他认为，虽然经典证据主义的方法对于有神论命题是不可取的，但并不是说不存在使有神论者放弃上帝信仰的理由，而是说反对者的"举证之负担"在于，要给出不应该将上帝信仰置于人类理智结构之基础的恰当理由，他进一步说，在反对者完成这项任务之前，信仰者没有理由受到困扰。普兰丁格将证据分为强证据和弱证据，根据前者，人们有理由接受某个命题，根据后者，人们几乎可以拥有知识，他说即使信仰者只有弱证据相信上帝存在，但是在没有人能将他击败的情况下，信仰上帝就是理性的。②

盖瑞·伽廷（Gary Cutting）认为"普兰丁格毫不费力地拒绝了与他有分歧的人的观点，拒绝了未能发现上帝存在的命题是完全基础性的他的认识论同侪的观点"③，建议普兰丁格应该看一看反对者们是否有好的论证反对他的观点，看看是否有理由相信他的反对者，而不是只盯着自己的观点；或者即使没有理由更加偏爱反对者的观点，是不是也会因为反对者的理由而离开自己的确定性。如果只是仅仅执着于自己的直觉而非对命题保持清醒，那就犯了"认识论上的自我中心主义"的错误，而"伦理上的自我中心主义通常都被视为武断和无理"。也就是说，在论说自己的观点时要多注意同侪的观点，而不是固执己见，即使反对者

---

① A. Plantinga, "Is Belief in God Properly Basic?", in Paul Helm, eds., *Faith and Reason*, p.347.

② A. Plantinga, "Is Belief in God Rational?", in C. F. Delaney and Notre Dame, eds., *Rational and Religious Belief*, Ind.: University of Notre Dame Press, 1979, p. 84.

③ Gary Cutting, *Religious Belief and Religious Skepticism*, Notre Dame, Ind.: University of Notre Dame Press, 1982. 转引自 Belmont, *Philosophy of Religion: An Anthology*, 3d ed. Calif: Wadsworth, 1998, p. 128。

的批评并没有使你放弃你的辩护，但是至少也会使人放松对信念的固执，认识到犯错的可能性。

另一方面的批评来自以罗伯特·奥迪（Robert Audi）为代表的哲学家们，他们认为按照普兰丁格对基础信念的论述，几乎任何信念都可以进入我们理智结构的基础中。奥迪论述说当普兰丁格容许上帝信仰进入人类理智结构的基础时，他似乎相信大南瓜或更多的东西都可以被当作基础信念。对此，普兰丁格对此的回应是：上帝已经在我们内心植入了一种在我们的周遭世界里寻找上帝之手的自然倾向；对于大南瓜却不能这样说，不存在大南瓜，也没有什么相信大南瓜的倾向。奥迪等人认为这种辩护似乎是循环的，因为完全可以说，那些不相信大南瓜是基础信念的人是没有遵循他们真正的天性或者缺乏足够的反思性，所以，将"自然倾向"这种与人格相关的东西作为相信某一信念是否是基础信念的标准没有任何说服力。同样，人们也可以相信上帝是邪恶的，或克利须那神是上帝独一无二的显现，或撒旦是天地的创造者，并认为这些信念是基础信念。①

美国学者路易斯·P.波伊曼（Louis P. Pojman）甚至认为普兰丁格绝非一个基础主义者，而是一个关联主义者（coherentist），他说，"关联主义者不担心基础性的信念，而试图通过其与系统中的其他信念的关系来证明每一个信念的合理性"，他的理论存在关联主义（coherentism）的问题，即缺乏经验材料，他没有给出一个如何验证其理论的标准，一个好的关联性理论通常会诉诸一个经验的内核来补足自己，例如资本主义经济理论语言说自由的市场经济能够比其他的经济形式带来更多的物质财富，如果另一个经济形式超过了它，那么它就是错的。而普兰丁格

---

① Robert Audi, " Direct Justification and Theistic Belief " in R. Audi and W. Wainwright, eds., *Religious Belief and Moral Commitment*, Ithaca, N. Y.: Cornell University Press, 1986, p.274.

并没有给出一个有神论的检验方式。即使假设普兰丁格是对的，基督教信念是理智结构中的基础信念，那么这些所谓的基础信念也是我们经过"选择"才具有的，从进化论的观点来看，如果没有这些被选择的信念，我们或许不会在进化过程中活下来，所以，可以说进化论是有神论的一个有竞争性的解释理论。①

即使有很多的反驳指向经典基础主义和经典证据主义的有神论证明方式，但是仍然有很多现当代哲学家沿着普兰丁格的基础主义路线做了进一步的研究，继续对古典基础主义进行修正。里德提出了"里德基础主义"，他认为"我们知识信念功能一般能产生合理的信念，理由之一就是他相信我们的认识装备是创造者赋予我们的"②，他扩大了基本信念的范围："自明的，感觉明显的或不可改变的信念，记忆的信念，对过去的信念，对外面世界的信念，对其他思想的信念，对别人见证的信念，等等，简而言之，所有我们即时产生的信念"③。克拉克在其《重返理性》中总结性地指出古典启蒙运动以来的认识论把理性引向了越来越狭窄的道路，而且古典基础主义以及证据主义对宗教信念合理性的驳斥同样是在误导理性，使理性的功能失之偏颇。然而，"一个顺着里德和普兰丁格所发展的有神论认知路线，会准确地捕捉到我们有关合理性信念的结构的直觉。"④改革宗认识论提倡人们要重新思考理性推理的原则及其标准，在扩大了的基础信念的范围中考察基督宗教信念的合理性。

如果说文艺复兴和宗教改革时期以思想的多元化为特点，那么 17

---

① Louis P. Pojman, *Philosophy of Religion: An Anthology*, 3d ed., Belmont Calif: Wadsworth, 1998, p. 130.

② Kelly James Clark, *Return to Reason: A Critique of Enlightenment Evidentialism and a Defense of Reason and Belief in God*, WE. B. Eerdmans Publishing Co., 1900, p.117.

③ Kelly James Clark, *Return to Reason: A Critique of Enlightenment Evidentialism and a Defense of Reason and Belief in God*, p.151.

④ Kelly James Clark, *Return to Reason: A Critique of Enlightenment Evidentialism and a Defense of Reason and Belief in God*, p.158.

世纪、18 世纪则表现得更为多元化。16 世纪的现代怀疑论者们不仅就教会的权力和神学思想内涵提出质疑，同时认为人类理性和哲学具有极端的不确定性，而这样一种普遍的怀疑图景，实际上是一场关于教会、圣经、传统及理性的权力之争。路德和加尔文一方面因为强调"理性的堕落"而否定理性能力和哲学在理解神学议题方面的可能性；另一方面又因肯定"个人意识"在信仰中的重要性而开启了一个新的重要的议题，即"知识与信仰的恰当基础"的问题，使新的哲学思想有了发展的空间。此外，新教对"自然对象"的探索，促进了自然哲学的发展。这些思想的变革进而促使理性的可能性以及神学议题的讨论得以在 17 世纪之后以一种新的形态出现，哲学家们对神学议题的探讨也呈现出不同于中世纪的新特点，既不简单地肯定神学命题，也不过分地否定理性；既在一定程度上继承了经院哲学的传统，也融合了人文主义的元素。

　　启蒙运动的一大特征体现在就"哲学的本质"相关诸问题的争论，其中对"确定性"的诉求尤为突出，同时，在基督教神学思想方面也引发了更严厉的批评，这场思想变革既要找到解决宗教争端的方法，又要回应怀疑主义的质疑，笛卡尔和洛克则是这场思想变革的关键人物。[1]追溯这一思想变革的原因，可以发现不仅包括宗教的也包括哲学的，从它变化演进的线索中，我们可以发现在近代早期对神学那种"隐蔽的"批判中孕育了理性与信仰关系的新的焦点，即在"知识来源的标准"与"圣经、传统、经验和理性"之间寻求和解。[2]

　　17 世纪和 18 世纪的哲学家虽然承认学院派思想家们对哲学做出的极其重要的贡献，但因对"现代哲学"的偏爱而对经院哲学嗤之以鼻。在经历了文艺复兴时期哲学与宗教危机之间的思想论战之后，这一时期

---

[1]　Paul Helm, *Faith and Reason*, Oxford University Press, pp. 173–174.

[2]　Peter Harrison, "Philosophy and the Crisis of Religion", in James Hankins eds., *The Companion to Renaissance Philosophy*, Cambridge University Press, 2007, p. 241.

的哲学家们转向对"个人意识"和"知识的确定性"的关注，上帝也因此成为"观念"的次要原因。对"个人意识"的诉求某种程度上导致了近代早期哲学家对理性的关注，但与中世纪的情况不同的是，由于宗教改革时期路德和加尔文对哲学的全面批评，近代哲学的理性表现为一种"有限理性"，而理性的有限性则导致对"上帝存在"的诸多不确定性。因此，在"有限理性"、"知识的确定性"和"上帝存在"之间寻求调和之道便成为这一时期的哲学家们探讨神学命题的主要特点。笛卡尔以"理性的清楚明白的观念"为基础信念，以及洛克以"直觉的知识"为论证的基础均是这一时期哲学家寻求包括"上帝存在"在内的知识确定性的具体表现。笛卡尔以一种"现代主义"的论调展现了没有任何传统和先在的方法是神圣不可侵犯的；洛克更是打破理性主义传统，发展了一套经验主义的认识论并为英国国教提供了一种哲学的辩解，即一种建立在"直接灵感"之上的、排除"狂热"的"启示"，并且无论如何信仰需要与理性相符，"上帝存在的知识"不能违背理性。①

宗教改革在很大程度上影响了近代早期哲学家们的"上帝"观念以及对上帝存在的论证方式。近代早期哲学家们对"有限理性"的诉求与宗教改革时期路德和加尔文对"个人意识"的强调不无关系，而这也与16世纪对哲学的全面批评有直接的关系。路德尤其否定亚里士多德哲学，他认为"托马斯·阿奎那那些被称赞的成就，只不过是将基督教会变成了亚里士多德的教会"，并且坚持认为，圣保罗所警告的"无用的哲学"正是亚里士多德哲学。②与此同时，柏拉图哲学也未能免于批评，加尔文认为，虽然"柏拉图是所有哲学家中最严肃、最虔诚的"，但"哲学家整体都是愚蠢和缺乏理智的"，并且"哲学家和他们的基督

---

① Paul Helm, Faith and Reason, p. 185.

② Luther, Sermon for Epiphany, 2000, I: 332(1, 23); Luther, Letter to the Christian Nobility, 93, 1970.

教崇拜者搅乱了纯粹的宗教"，至于亚里士多德，"虽然是哲学家的领袖和一个天才，但他的心是乖僻和堕落的，他用他独特的能力摧毁一切光明"。① 改革派对哲学的质疑源于他们所坚持的"人性的彻底堕落"，"堕落不仅包括一种天生的道德错误，还扩展到整个人，包括理性能力"，因此，哲学事业从一开始就受到了损害，这就意味着人类理智的不可靠以及"圣经原则"的必要性，这意味着，对人类理性的怀疑反过来为信仰保留了一些空间。②

　　然而，虽然第一代改革者对人类理性持严肃的保留态度，但对于他们的后继者们来说，理性似乎在神学教义和宗教冲突中发挥了重要的作用。对《圣经》的理解在很大程度上取决于个人，但"个人意识"在解读经文中发挥的作用参差不齐可能导致神学的无政府状态，而且深奥的教义"可能超出了没有受过教育的人的知识范围"，对此，一些经院神学家提出"应该含蓄地接受它们"，这种"内隐信仰"受到改革派的极力反对，认为"每一个人都应该清楚地知道他们所宣称的信仰"，一个人"怎么能相信他不懂的东西"。③ 这反过来又为理性的可能性保留了足够的空间，在某种程度上说"理性是宗教改革之后宗教多元化的受益者"。亚里士多德哲学重新进入路德大学的课程中，并且也允许借鉴哲学传统，如柏拉图主义、斯多葛主义、伊壁鸠鲁主义以及怀疑论，新的哲学思想也有了发展的空间。④

　　近代早期的哲学家和神学家们开始倾向于诉诸一种标准来证明特定立场的正当性，但无论是哪种标准都保持着怀疑的态度。16 世纪宗教

---

①　Calvin, Commentary on the Psalms, 1984, VI: 266(107: 43).

②　Peter Harrison, "Philosophy and the Crisis of Religion", in James Hankins eds., *The Companion to Renaissance Philosophy*, Cambridge University Press, 2007, pp. 238–239.

③　Luther, The Bondage of the Will, 1955–75, XXXIII:21,23; Calvin, 1964, I:n47of. (III.I).

④　Peter Harrison, "Philosophy and the Crisis of Religion", in James Hankins eds., *The Cambridge Companion to Renaissance Philosophy*, pp. 241–242.

改革时期，无论不同的宗派对哲学持何种程度的怀疑，以及遵循何种权威，这一事实本身就为怀疑论的繁荣创造了智力条件。这就导致了哲学家们试图在更确定的基础上重建知识的探索，也体现了 17 世纪、18 世纪哲学的一个显著特征，即对认识论的专注。此外，新教改革的"唯意志论"激发了对自然世界的实证研究，从而也为自然神学的发展提供了土壤。

洛克在包括"上帝存在的知识"在内的基督教的合理性问题上所体现的"神学温和经验主义"在两方面引发了更为广泛的讨论，一方面是 18 世纪更为温和的"宗教护教学"，即通过证据推理的"后天论证"，如伯特勒（Butler）、贝克莱（Berkeley）、佩里（Paley）等；另一方面，由于洛克的"基督教合理性"和牛顿科学思想的影响而引发了更为激进的"自然神学"，如舍伯里的赫伯特（Herbert of Cherbury），认为宗教的合理性无须依靠启示和超自然的东西，克利福德则将证据置于更重要的地位。然而，最为激进且最有影响力的方面是将《圣经》限制在道德范围之内，如康德认为上帝的存在不能在理性中证明，且有必要以道德的要求通过实践理性假设上帝存在。

种种思想的和社会的因素使得"上帝"在 17 世纪和 18 世纪哲学家那里成为一种"被创造出来的原因"，对上帝的理解"似乎少于对人们自己的了解"，且对"上帝存在"的论证也在某种程度上成为一种"隐蔽的"批判。① 在这一时期崛起的自然神论强调理性的权威，试图通过"建立合乎理性的普世宗教"来结束宗派之争、狂热以及权力之争，"以便把基督教带入和平、启蒙和宽容的现在时代"，② 但这并不意味着这一

① Thomas M. Lennon, "Theology and the God of the Philosophers", *The Cambridge Companion to Early Modern Philosophy*, Donald Rutherford, ed., Cambridge University Press, 2006, pp.275, 278, 283.

② ［美］奥尔森：《基督教神学思想史》，吴瑞诚、徐成德译，北京大学出版社 2003 年版，第561 页。

时期的哲学家们最终都否定神学，背离"正统"或"追求一种哲学的宗教"，"无神论"在这一时期终究是"不可想象的"。① 自然神论更多地是质疑基督教教义的几个核心问题，如神迹、道成肉身、三位一体、神定的教会统治以及圣典的神圣感应等。更为重要的是，这一时期的很多哲学家们倾向于放弃形而上学体系，对传统的信仰以及获得知识的可能性提出了彻底的怀疑。

---

①　Thomas M. Lennon, "Theology and the God of the Philosophers", *The Cambridge Companion to Early Modern Philosophy*, Donald Rutherford, ed., Cambridge University Press, 2006, p.277.

附录:《洛克书信选》节选^①

附录一 "基督教的合理性",1696—1697 年

(John Lock Selected Correspondence: Reasonable Christianity, 1696–1697)

洛克的宗教声誉向来褒贬不一,而如今这种分歧正愈演愈烈。洛克的支持者表示,洛克的著作《人类理解论》和《基督教的合理性》为基督教对抗反宗教思想提供了新的理论基础,而其反对者则表示,这些著作是滋生无神论的温床。《人类理解论》对"天赋观念"学说进行了批判,自首次出版以来便引起一片哗然,然而如今一些圈子的人士已经开始支持这种批判。自罗伯特·波义耳 1691 年溘然长逝以后,"波义耳讲座"成为声名远播的拥护新哲学神学的系列讲座。据莫利纽克斯称,理查德·宾利的反无神论波义耳讲座被接受的一个前提是:人们对神的了解并非与生俱来(L2131)。然而,1696 年,当斯蒂林弗利特主教指责

---

① 本书附录节选自著者本人正在翻译的《洛克书信选》。原书版本为 Mark Goldie, ed., *John Locke Selected Correspondence*, Oxford University Press, 2002。全书共 16 节,附录节选了与本书所述内容相关性较强的两节,即第 12 节 "基督教的合理性(Reasonable Christianity, 1696–1697)"和第 13 节 "神圣与爱尔兰"(Divinity and Ireland),正文和注释均为原文的翻译,附此作为补充阅读材料。

洛克发表反对三位一体论邪说时，《人类理解论》遭到了一次最严厉的抨击。洛克意识到有必要发表其对该主教的三次回复，以及对《基督教的合理性》的两项辩驳。臆测《基督教的合理性》中含有邪说，表明这位主教不敢公开赞许这本著作（L2131）。实际上，正如《人类理解论》那样，洛克未在书中陈述之言才真正扰乱了宗教正统。伊丽莎白·贝克莱谴责洛克未能对圣礼给予恰如其分的重视。她宣称洛克有一帮"盲目追捧其威信且刚愎自用"（L2109）的支持者。胡格诺派教徒皮埃尔·科斯特则担忧《基督教的合理性》对耶稣基督受难十字架为人类救赎的论述不足（L2107）。然而，科斯特对洛克推崇备至，还曾在奥茨为其担任文献助手，并将洛克的《人类理解论》、《基督教的合理性》和《教育漫话》译成了法语，以飨法国读者。保利党牧师威廉·夏洛克也对洛克加以批判，他在伦敦的一个讲道坛上公然谴责《人类理解论》宣扬无神论。洛克和莫利纽克斯皆对夏洛克的政治和神学言论嗤之以鼻（L2202，L2221）。

约翰·爱德华兹撰就《基督教信仰的简明辩护》一文，质疑《基督教的合理性的辩护》，对洛克造成最大伤害。文中尽疯狂谩骂之能事，指控洛克拥持无神论思想和霍布斯主义，是"粗鄙无耻的叫嚣者"和"忘本负义的低能写手"。最恶毒的诽谤之语是"奥茨的后宫"，洛克有所耳闻并且异常震怒，但出版社策略性地将其隐去。剑桥大学批准出版爱德华兹的书，他对此大为震惊，并用标志性的辛辣讽刺对基督学院院长进行了口诛笔伐（L2319）。洛克在《第二次辩护》中加入了一篇赞美塞缪尔·博尔德的书信，后者是多塞特的牧师，曾经为洛克辩护而撰文。博尔德早年因维护宗教宽容而被监禁和流放，由于这位伟大哲学家对他这个乡村牧师青眼有加而倍感欢欣鼓舞（L2232）。

在其著名的《宗教并不神秘》一书中，约翰·托兰德篡改了洛克的思想，损害了洛克的声誉。托兰德在咖啡馆里咄咄逼人的言论震惊了都柏林，随后受到了谴责；莫利纽克斯将此事告知了洛克（L2269，L2288）。洛克满腔怒火，与托兰德分道扬镳（L2277）。

马修·廷得尔是洛克的又一个崇信者，后来成为和托兰德几乎一样臭名昭著的自然神论者；他将一篇论文交给洛克作为《论宗教宽容》的基础（L2173）。1697年，一名年仅18岁的苏格兰神学院学生因亵渎神明而被处以绞刑，对被指控为异端的恐惧心理弥漫开来，洛克对此极为关注（L2207）。

洛克向年轻的爱丝特·玛莎姆声称自己现在是一名"商人"，他最初曾积极参与同业公会（L2124）。他接受了纺织品制造商兼慈善家托马斯·菲尔明的建议，为了尽可能提高纺纱工人的劳动生产率，为菲尔明的"双轮"装置奔走呐喊（L2241）。他开始关注爱尔兰的经济状况（L2131）。对于这个话题，洛克和他的爱尔兰朋友莫利纽克斯分歧渐显，尽管这场危机在1698年才爆发。在强势的羊毛纺织行业（尤其是西部乡村）的支持下，英国政府为了保护英国制造业，颁布政策强令爱尔兰集中力量生产亚麻纺织品，而不是羊毛纺织品。莫利纽克斯向洛克提供了关于爱尔兰亚麻产业脆弱状况的信息（L2131）。莫利纽克斯和洛克之间的通信还触及各种不同的话题。莫利纽克斯比较了理查德·布莱克莫尔爵士的诗歌和弥尔顿的诗歌，并提议布莱克莫尔创作哲学诗歌，而洛克却在回信中赞扬布莱克莫尔的医学理论（L2277）。

名声招惹麻烦。当时的人们因支持或反对外国移民入籍而争论不休，一位匿名作者对此进行了总结，并且请求洛克在"下周二"宣读法案之前拟写一份建议书，以支持一般入籍立法（L2206）。

除了《教育漫话》之外，洛克致凯莉·莫当特的信件是理解其关于教育思想的重要来源；为了提高她儿子的教育水平，洛克在信中拟定了一份阅读计划，内容涵盖历史、伦理、政治以及自然哲学

（L2320）。

洛克从父亲那里继承了一小笔遗产，并从寡嫂那里买下了一块土地，但是他很少回到萨默塞特，而是委托代理人处理与佃户之间的事务。在一封信件中，他深入探讨了当地社区村民承担的义务，尤其是履行教区事务的职责（L2299）。

2107. 皮埃尔·科斯特致洛克，阿姆斯特丹，大约在 1696 年 6 月 23 日至 7 月 13 日

我刚刚翻译了一本名为《基督教的合理性》的英文小书，兹冒昧奉上。[①] 如果您还没有阅读这本书的英文版本，我相信其法文版本也可以让您爱不释手。长久以来，各种分歧与争议一直在撕裂基督教精神，作者旨在尽可能消除这些分歧与争议，无论何种赞誉之词都是当之无愧的。而这些部分已得到人们的广泛关注和深入探讨；不出所料，有的人为其欢欣鼓舞，有的人却因此忧心忡忡。在支持作者观点的群体中，部分人感到惊讶的是，与作者的所作所为相比，他没有对如何理解"弥赛亚"一词进行更精确的阐释。阅读本书的前两页后，读者可对相似内容报以希望。其他人绝不认为，耶稣基督对其门徒信仰的要求如同本书作者声称要证明的那样简单。他们惊奇地发现，在《使徒行传》中时常提及耶稣基督之死在本书中却无只言片语。本书作者发现，献祭者观念和弥赛亚职能密切相关，这促使他对这次死亡发表看法。事实上，为了规避神学家们对这个话题无休无止的争论，他无须确定基督之死对人类救赎必要性的正式程度；这似乎是不可能的：但《圣经》里提及了这件事，看起来他无法避免从历史的角度进行阐述；例如，他们说，就像耶稣基督（《马太福音》第二十六章第 28 节）的血为多人流出来，使罪得

---

① 基督教是合理的（1696 年）。

赦。我们无法确定耶稣基督之死如何赦罪，但是，我们似乎不能避免从《圣经》领悟到他的死确实是某种奉献。这也许就是读者希望从本书中找到的东西。我不知道这是否正确。但是我要告诉大家，在一些评论本书的极为聪明睿智的人看来，作者对本书的规划是极为精巧的，并且以最令人满意的方式完成大作。也许作者在本书中留下了些许疑惑，但我相信，他这样做是有缘由的。当前宗教纷争不息，面临这种状况，我们应该竭尽所能对许多事情三缄其口，以免造成群情鼎沸，并且防止失去众多必须发表的内容……

2109. 伊丽莎白·贝克莱致洛克，1696 年 7 月 13 日

非常荣幸拜读您的几本良金美玉般的作品，作者的一瓣心香和高超判断给我留下了深刻印象（就我有限所知的理解能力而言），我甚至认为其中一些作品不是出自您的手笔；如果确实如此，我认为它们应对遭到驳难的瑕疵与错误负责，只要我不自欺欺人，我就不会对偏见的力量低首下心；因此，我对上帝的信仰谕旨坚信不疑；而有的教条仅仅源于人们的想象，为了人们的利益，我对其结果毫不关心：除了世界秩序、和平和良善政府之外。但是，我心折首肯的是，基督教专断主动的义务数量很少，方式简单；因此我认为，它们即使不是超自然能力，也似乎至少以自然的方式生成通常归咎于它们的效果；因此，得知您宣称《圣经》或原始习俗 ① 中没有采用圣礼 ② 的主动义务，我不由得忧从中来——我希望以一种较为隐晦的方式进行对话，表达我的想法：我不敢说我了解您的思想，也没有合理的托词这样做；但是，错过这种基督救世的观念，我既担心将错误散布开去，也害怕曲解您的思想，因此无法鼓起勇气去别处求证；除非这是一个值得拥戴的真理，否则我会对如此强大

---

① 这个词被积极使用，指的是公元前 4 世纪的"原始教堂"。

② 显然是暗指《基督教的合理性》中的讨论。

的"守护神"深感遗憾（我很清楚，您的权威力量几乎不可抗拒）；如果您的判断（我还未找到适合我的理由）的确不会因我的无知而降责于我，我深知神圣的真理是毋庸置疑的，但我缺乏接受真理的适当心态，可能使其变得无关紧要，甚至身处险境，因而无法自证清白；但是，如果您在这一点被误解：完全曲解或部分误会；对于像 L 先生这样一位愿意屈尊附就① 的人物而言，这难道不是过度的臆测吗——请原谅，我希望他能谨言慎行，不要将自己的名字与判断范围之外的事情联系起来；回顾一下，他有一帮盲目追捧其威信且刚愎自用的支持者；其他人则为了争取更多自由而践踏既定规则，假以时日，这样的思想终会强加于人，甚至以混乱收场；我明白，应该为这封信表示深刻的歉意，但这样做可能会让您因我的过失而承受更多苦楚；最简洁明确的是，我认为这可能有助于人尽其责，尽管我借此表达自己的想法；我不会认为 L 先生是完美无缺的，但我根本不会相信他是这样想的，考虑到您的推论已得到公平的尊重，没有任何理由去质疑您所反对的观点的真实性；——生活中存在各种不确定性，成功地使您陷于烦恼中……

2124. 洛克致爱丝特·玛莎姆，伦敦，1696 年 9 月 1 日

时光荏苒，音信杳然，上周才收到您的来信，犹如您将全部善意和仁慈封锁起来，最终用它们重新润泽他的心，给他带来的快乐远胜过满满溢出的糖果② 和樱桃白兰地。这么长时间没有交流，我的忐忑之心难以言表，在这个应该侃侃而谈的年纪，您的沉默不语让我极度不安。③ 但是说实在的，您现在已经向我致以歉意了。如果您所说皆从心而发，

---

① 　对下属仁慈。

② 　一种西班牙葡萄酒。

③ 　大约 20 岁。

我就会重振勇气, 绝不妥协①。我想您深知我心, 但对我的想法可能有些许误解。他现在是一名"商人"②, 周旋于煤炭③、漂白土④、油烟⑤和鞋钉⑥以及成百上千这样的事情中, 但他心中仍有一方洁净之地为这位女士而留。如果您端坐于此, 对我库房中的全部琥珀油脂⑦和珍珠、所有高级丝绸和棉布指挥若定, 您就不会对所处之地太过拥挤而心生埋怨了……

2131. 威廉·莫利纽克斯致洛克, 都柏林, 1696 年 9 月 26 日

……这些大学⑧通过您的论文, 我一点也不意外, 但是我的确对反对意见愤愤不平。真理即伟大。⑨我们可以期待各个学派在哲学观点方面的自由, 但是, 很快就可以从讲道坛聆听您的学说, 这是更加引人注目的。即使在 10 年前, 声称"上帝即天意"⑩观念的人, 也必定将自己装扮成一个无神论者。然而, 我们现在发现宾利先生在对波义耳先生讲座的说教中对此格外重视, 《布道词》1.3d. 第 4 页和第 5 页⑪, 惠斯顿先生的《地球新理论》第 128 页⑫。

这些书提醒我, 这些天赋异禀的作家完全支持您在《教育漫话》第 337 页中的观点。337.3d 版本第 192 节。⑬密尔的物质与运动无法说明

---

① 英俊勇敢的伙计。
② 是指其贸易委员会成员。
③ 普通煤, 而不是木炭。
④ 一种用于洗布的氧化铝硅酸盐。
⑤ 油燃烧产生的灯烟灰; 用于颜料。
⑥ 一种厚头钉子, 用于马蹄铁或工作鞋。
⑦ 一种抹香鲸分泌物, 用于烹饪和医药。
⑧ 洛克对于牛津大学认真对待他的论文表示惊讶。 LI887.
⑨ "真理是强大的而且终将取胜"。
⑩ "上帝的想法不是天生的"。
⑪ 理查德·本特利 (Richard Bentley), 古典派学者, 后来的剑桥大学三一学院硕士。无神论的愚蠢和不合理性 (1692 年)。L2221, n. 1.
⑫ 威廉·惠斯顿 (William Whiston), 后来成为牛顿剑桥大学教授的继任者, 但后来因异端而被开除。《地球新理论》(1696), 献给牛顿。
⑬ 第 1 和第 2 部分第 180 章。

万有引力现象，而这似乎是神意直接法则的体现。[①] 您对本节的结论如下——应该对该假设进行更加充分的阐释，并将其应用于大洪水的各个部分，历史上大洪水的任何困难都是可以假定的。这似乎意味着您想就这个主题展开写作；如果能从您那里得到一些意见，我将会十分感激。我也很高兴听到天才对于惠斯顿先生的作品的看法。

说到《基督教的合理性》，我本人并未发现、但那些敢于说出自己想法的、坦率且无偏见的人是十分认可这种合理性的；我会告诉你，在那种情况下，一位博学而精明的牧师[②]对我说了些什么。我问他是否读过那本书，并告诉我他有多喜欢那本书；他告诉我，很好；如果这本书是我的朋友洛克先生写的，那么这是他写过的最好的书；但他又说，如果人们知道我这么想，我应该将我的细麻布[③]从肩膀上撕下来。但他事先知道我的想法，因此更坦率地将他对于这件事情的私密想法告诉我。

我很抱歉，我不能给你一个关于最近几年在爱尔兰成立的亚麻制造商的更好说明。

大约在 1692 年（我认为），一位名叫杜品[④]的先生从英格兰来到都柏林；在那里，他利用国王法案（King and Qs Letter）以及相关专利，成立了一家皇家公司，在爱尔兰从事亚麻布生产。很多贵族和上层阶级加入这家公司，更多的是因为他们对于项目的赞同和支持，而不是因为他们的钱包或脑袋能够带来任何大的帮助。杜品本人被提名为副州长，企业也大放异彩，举行了很多会议，预付了用于推进这项工作的相当金额的款项，股东们预见到自己会收获巨大的利益。这一预期如此盛行（我无法说出是什么原因），以至于每股股份的价值上升到了 40 英镑或

---

① 牛顿关于远距离作用的假设。
② 可能是威廉·金主教。
③ 上等细麻布衣袖：主教的长袍。
④ 尼古拉斯·杜品（Nicholas Dupin），这三个王国的亚麻推销员。

50 英镑，但最初每一位股东为每一股支付了 5 英镑。终于，工匠们开工了，他们制作了一些披肩。这时，爱尔兰公司与伦敦承办人在英格兰成立的另一家公司（杜品是大股东之一）之间发生了一些争执。

解决争议耗费了大量时间，与此同时，工作开始了，股票价格大幅下跌。

但在这场争论发生前不久，一些私人绅士和商人在未获得注册专利授权的情况下，凭借自己的股份，在德罗赫达建立了一家亚麻布制造厂，这家工厂前景乐观，一开始生意兴隆；都柏林 ① 的公司意识到了这一点，也开始与他们争吵起来，表示决不会坐视不管；这些争吵和争论（我无法向你解释其中的细节，因为我没有被卷入其中，我也找不到一个能够对此做出任何可接受解释的人）发展得如此之快，杜品开始玩这种把戏，所有人都气馁了，并尽可能快地退出了。如今，一切都被毁掉了；这类活动都未能进行，而是自掏腰包建立了织机和漂白场。在爱尔兰的很多地方，我们都有很多这样的场所；我相信世界上没有哪个国家更适合它，尤其是北方。我的一些佃户代我生产的织物 ② 质量非常好，可作为餐巾。他们也生产所有其他家用织物。

关于鼓励亚麻布制造业的法律。在《宪章 2》第 17 和第 18 章，2.③ 议会通过了一项法案，禁止所有地主和租户在其持有的一定比例的土地上种植亚麻，违者会被处以重罚；谢里夫夫妇被授权在各自所在的郡征收 20 英镑，每年在季度会议上分配给三个人，这三个人应收获长度和宽度都如此之大的三张亚麻布，第一张 10 英镑，第二张 6 英镑，第三张 4 英镑。这场争论持续了一段时间，极大地鼓舞了国家 [人民] 努力超越对方，并在整个王国生产出了优质的织物；但当时只是临时的，自

---

① 亚麻布公司。
② 桌布。
③ 1666.

《法案》通过之时起只有20年，现在已经过期。但《法案》中关于地主和租户播种亚麻的部分是永久性的；我无法解释为什么它为何没能执行；我只能说，违法行为如此普遍，英王得到的罚没财产是如此可观；如果被调查，我相信爱尔兰所有的庄园都会被没收，归英王所有。因此，如今的罪人众多是他们的保障。你可以在《爱尔兰法案》"宪章2"第17和第18章以及第9章找到该《法令》。

英格兰肯定不会坐视我们因羊毛交易而兴旺，这是他们的"亲爱的情妇"，他们也嫉妒任何对手。但我不这样认为。我们至少可以通过亚麻贸易来干涉他们。如果这项业务建立和管理得好，我们仍然可以通过它来致富。但实际上，我不敢冒险说出我的想法。

没有哪个国家有更好的土地或水来种植亚麻和大麻；我坚定地认为，较之英格兰，这里的海军能够以便宜得多的价格买到拉索和绳索。我们的土地更便宜，工人的消费更低，劳动力也更便宜，我们还有其他工匠必需品……

2173. 马修·廷得尔博士致洛克，1697年1月10日

我从您的作品中获得了比我从我读过的所有书中获取的更多的真实且有用的知识，如果我没有借此机会向您致以诚挚的感谢，那我就太忘恩负义了；为了表达对您的敬意，我寄给您这篇文章，在这篇文章中，①我不能假装说关于信仰自由的任何新内容：因为我很清楚，根本无法补充这封信的作者就此事发表的意见，因为这是为迫害辩护，但至少我应该用一封长信来迫害您。先生，我将尽我所能拥护尊敬您——您最听话、最谦逊的仆人。

---

① 《关于治安法官的权力和人类在宗教事务中的权利的论文》(1697)，是洛克式宽容主义和霍布斯式伊拉斯主义的巧妙结合。

2202. 洛克写给威廉·莫利纽克斯的书信，奥茨，1697 年 2 月 22 日

出于对我的好意，你在 9 月 26 日 [1] 的信中重申，我的想法很幸运地通过讲坛传递出来，尤其是由本特利先生传递，但这件事并没有你想象的那么简单。正如你所知，夏洛克博士 [2] 是一个名不见经传的人，他很得意地在圣殿的讲坛上反对我的无天赋观念的原则，并且，正如我所说，他对我的指控不亚于无神论。尽管博士是一个伟大的人，但这并不会让我感到害怕，因为我被告知，他并不总是固执地反对他公开谴责的观点，而只是在周日的听证会上发表长篇大论。但这次也许他很确定，因为他还说，他从未放弃对他曾经反对过的任何信条 [3] 的厌恶，直到时代变化带来了兴趣改变，新潮的观点开阔了他的眼界和心胸，他愉快地接受了以前遭他厌恶和谴责的东西。[4]

大约六七年前，我的书在未遭遇任何反对的情况下悄然问世。从那时起，它因其有用性和无害性而广为传播。但在我看来，一些人同意它不应该再这样做了。我不知道是什么东西最终被窥探出来了，这似乎很麻烦，因此它一定是一本病书，应该得到相应的治疗。"这并不是说我知道什么特别的事情，但在我看来，同时发生的一些事情似乎表明了这一点：它会产生什么，时间会证明什么。"然而，正如你在那封信中所说，"真实至上，胜过一切"。[5] 这让我对于这件事以及我所写的东西能够保持平常心态；因为一旦我发现这不是事实，我会以最快的速度将它扔进火里。

你希望知道这位天才对惠斯顿先生的书有什么看法。[6] 我从未听我

---

[1] L2131.
[2] 威廉·夏洛克（William Sherlock），圣殿和宫廷小教堂的主人。 L1325, n. 6. 他对这篇文章的评论发表在《关于好人幸福的论述》（1704）上。
[3] Tenet.
[4] 巧妙挖苦夏洛克迟来的革命。L1325, n. 9; L2221.
[5] L2131, n. 2. 洛克对于牛津大学认真对待他的论文表示惊讶。L1887.
[6] L2131, n. 5.

的任何一个熟人说过这件事,但我认为它值得称赞。事实上,我认为更让人钦佩的是,他提出了一个假设,在此之前,他解释了地球巨大变化中的许多奇妙且无法解释的东西,而不是其中一些事情不应当轻易地被某些人所接受,因为这对所有人来说都是前所未有的。他是我一直认为最值得尊敬和鼓励的作家之一。我一直支持为我们的知识带来一些补充或者至少为我们的思想带来一些新东西的建设者。挑错者、混淆是非者以及推倒者因人类的无知而取得一场徒劳而无用的胜利,但却无法帮助我们获得真理。在我遇见过的所有格言中,我最喜欢关于克利夫水工建筑的作品中的"大自然的繁衍影响着人类的技艺"。①

谢谢你给我关于你的亚麻布制造的报告。我认为,私人作弊在那里和在这里一样,破坏了所有公认好作品,并破灭了它们带来任何益处的希望;但如果它得到正确的指导和适当的珍惜,自然会给工业带来巨大的进步。这个时代的腐败让我对于这种设计能否取得成功十分悲观,从来没有这么好的铺垫,所以我并不遗憾,我糟糕的健康状况使我有理由放弃我现在 ② 的工作……

2206. 给洛克的匿名信,(伦敦?),1697 年 2 月 23 日

你们为报效祖国所做的一切,不仅证明了你们对祖国和人类的崇高热爱,而且由于你们的服务取得了极大的成功,这显然是一件好事。但既然战争的力量和王国的力量不仅仅关乎金钱,也关乎人;因此,你的高尚品格是完美的,你笔下的文字鼓励后者的倍增,就像你保留了前者一样,通过合理的方式使之成为一种普遍的入籍行为。③ 由于可能会有很多错误的反对,我有理由相信,只要你在这件事情上对你的国家做

---

① "大自然使所有人都成为批评家,但很少有工匠。"
② 洛克在 1 月要求从贸易委员会辞职;他被劝阻了。
③ 一项法案于 3 月 2 日被否决。

出你自己的判断，他们就会很容易谅解他们。有三种反对者，一种是担心它会让英格兰变得过于强大和幸福，这是你以前遇到过的；对这个国家有利的共同阻挠者，当他们的真面目被揭露，他们的论点将毫无意义。①另一种会因为害怕分裂扩大而满足于已经皈依的东西，而不是到处行善、传教和皈依所有国家；因为他们自己的论点会回答他们的反对意见，并以羞耻掩盖他们。②但对于第三种人，他们的反对似乎更合乎情理、更感人，我指的是这个王国的商人、交易者、手工业者及劳动人民，他们会说，这项法案会影响到其他国家，他们会占底层人的便宜，抢走他们口中的面包（而不是分享美味佳肴）；对这些人来说，在没有任何其他入籍的情况下，英格兰法律已经允许可通过贸易或其他合法方式获得任何财富或私人财产的所有亚麻布商，并且可与我们本地人一样自由行动；这是一般入籍中唯一的恶果（若有），但事实上，这只是因为缺少入籍带来的罪恶；来到这里的陌生人像水蛭一样，吸走了我们的重要财富，然后不得不回他们自己的国家，把他们的钱花出去，因为他们无法在这里花钱或存钱（这对于这个王国来说是一个巨大的损失）。简言之，我们已经受到一些人抱怨的入籍的所有影响，尽管出于英格兰的利益和贸易考虑，当每个陌生人③都在消费我们的产品，通过计算，我们的产品每年的花费为 10l，当一个人从事某种贸易或可出口商品交易，付费将来自国外，而这些商品运到国外会产生额外费用，从而使我们通过贸易和劳动创造财富。这些陌生人教给我们的许多盈利艺术和外国贸易方式给这个国家带来了多么大的好处，事实上在很多情况下都是如此。大约三四十年前，英格兰④西部的一位著名服装商派了几个荷兰

---

① 雅各教派。

② 高级教士，害怕不同宗教信仰的移民。

③ 外国人。

④ 可能是威尔顿（威尔特郡）的克里斯托弗·库克。

人与他一起工作，他从中学习到了最好、最经济的纺纱和优质羊毛布制作方法，他将这种制造方式传播到全世界，甚至今天，它还保持和促进了与我们的贸易。

后来，随着很多陌生人来到这里，我们对荷兰、西班牙和法国等地的艺术和贸易有了深入的了解，在这之前，其发展情况已在这里"广为传播"。以前，我们输出了大量财宝，现在（在这方面）不仅保存在家里，而且通过出口此类产品，我们从国外获得了巨大的回报，这给我们带来了贸易的平衡。在林肯郡和其他郡①，我们有很多外国农民；伦敦和其他地方，有很多外国商人。他们是最优秀的租户和租金来源，但我们的法律禁止向这些人出租，剥夺了我们本土房东的这种优势，但对于富有的外国人来说，他们和他们的财富被挡在外面，他们不能在这里消费，我们的地主想要挣钱，我们的土地需要新主人。一个外国人在内陆等地投入 1000 英镑，对英国国民来说，这无疑是一笔可观的收益，不会将它用于资金输出式的同类采购，而是用于有利可图的贸易制造和新的改进；如果在荷兰这样的国家，我们政府的脉搏将因新的重要财富而不是枯竭而是变得活跃。谁会愿意生活在一个不断遭受战乱和邻国王子侮辱、本身也更不讲信用的专权大陆上，尤其是当他可以在一个被大海庇护的自由国家获得自由和财产。最适合全球贸易和商业的局面；出于贸易或战争的需要，我们岛上的居民可能是从世界上其他地方的邻居或更远的地方移民过来的。为了主人的利益，为了增加和保护所听到的，精心设计的公园里的鹿跃雕像和林荫道很吸引人，很容易让人进来，但很难让人出去，这就是王国真正为了自身利益的情况。动议是倒退和违背自然规律的，例如暴君的政体是通过放逐来完成他们的专制权力；这不那么容易受到大众的影响。为了反对可能会被派来颠覆我们的政府的

---

① 剑桥郡和林肯郡最近排出的沼泽地里的荷兰定居者。

大量敌人，就像特洛伊木马的内部一样；这只是一个例子，也是一种单一力量，因为它希望国家不会沉迷于国事，而是在宣誓登记等入籍方面具备这样的资格①。因此，这种目的应视为避免新来者插手政府事务，直到我们确信他们是政府的朋友，比比皆是的陌生人给荷兰及其他自由国家带来了什么邪恶？是什么力量？是何种利益？是哪些珍宝？法律严酷，权力专制，王国与帝国的人民备受折磨，贫困不堪，软弱可欺。他们遭受了人口远不如自己的国家的欺凌。而这个国家地大物博，过去及现代的历史将证明，人民将重铸伟力。即使有大海的护佑，我们也不能高枕无忧。是我们的强大海军在填补缺口，保家卫国。如果我们身处大陆，王国仅靠共有边界及壁垒提供保障，安全的缺陷就迫在眉睫了。该为这封滔滔不绝的信函做结了，如果英国人口比例可与荷兰媲美，那么她将是不可战胜的，她的财富将无穷无尽，她将荣升为世界市场，我们将完全掌握战争与和平的主动权。先生……企盼您在这个问题上充分着墨，迅速落实，以完善这个伟大而辉煌的构想②……

2207. 詹姆斯·约翰斯通致洛克，伦敦，1697 年 2 月 27 日

您已随附③（出于满足好奇心之需）指控埃肯海德④的证据，以及他的两份请愿书。如果开始裁决，您将得到它，或者将它置于您指定的地方。《特快邮报》⑤报道，他直到行刑当天才忏悔，您知道这是有悖事实的。

苏格兰议会关于渎神罪的第一个法案是 1661 年颁布的第 1 届议会

---

① 效忠宣誓、外国人登记。
② 事实上，洛克在 1693 年就该主题草拟了一份文稿（《政治论文集》，322–326）。
③ 这些文档均参见洛克文集，并收入科贝特的《国家对叛国罪的审判全集》（1812）第十三卷，第 917—940 页。
④ 托马斯·埃肯海德，约 18 岁，因异端邪说在 1 月 8 日被施以绞刑。
⑤ 《特快邮报》，苏格兰报纸，创刊于 1695 年。

第 1 次会议第 21 号法案第 2d 章。该法案包括两条内容，第一条规定"凡辱骂或诅咒上帝，或反对三位一体者，均将被判处死刑"。这些话言之凿凿，现在忏悔已经是无济于事了。第二条规定"否认上帝，或否认三位一体，且执迷不悟者，将被判处死刑"。

两年前皮布尔斯郡第 11 次议会会议通过了下一个法案，而这个法案充满阴谋诡计和意想不到。[①] 它认可前一法案，并增加如下规定："无论借助文字还是凭借话语，否认、反驳、指责、争论或诘难上帝的存在，或三位一体，或《圣经》的权威性，第一次将被判处监禁，直到其在教堂中身披麻布忏悔"。"第二次渎神罪将被判处监禁和一年劳改，直到如第一次般忏悔；第三次则将视作冥顽不化渎神者判处死刑，因此，第三次渎神后的忏悔将毫无意义。"

毋庸置疑，埃肯海德因第一个法案而被判处死刑；如他在请愿书中所述，这是他第一次渎神，并且他的确忏悔，这将使他免受第一个法案第二条规定的约束。当前，尚无证据证明触犯了第一条所述的"辱骂或诅咒"，除了蒙戈·克雷格[②]（据说他污蔑基督为骗子）似乎回答了此类陈述的意思。并且，对于克雷格，埃肯海德在说明其他事项的言说中否决了他的证据，是克雷格设下骗局，给他这些书籍，让他说这样的话，而他的名字并没有出现在呈递给司法官的请愿书里，因为作者会赦免克雷格。

证人的年龄不言而喻[③]，他们都没有作假，在起诉书中也没有提及埃肯海德在他的行为中引诱任何人。对于长期废弃的法律，应谨慎适当地执行。第一个案例中的人没有得到怜悯，而他仅仅是个年轻人，轻率行

---

① 约翰·海，皮布尔斯侯爵，高级行政长官。
② 蒙戈·克雷格，《不信神的自然神论讽刺诗》（1696 年）；《谎言不是丑闻》（1697 年）。
③ 青年学生，埃肯海德的同学。

事但温和顺从，对他人并无恶意。①

2221. 威廉·莫利纽克斯致洛克，都柏林，1697 年 3 月 16 日

……惠斯顿和宾利对于"上帝乃天生"这个观点持反对态度。②我宁愿相信他们的言论（如果我可以信赖任何人），也不相信夏洛克博士；③事实上，后者声名显赫；但我相信，无论您还是我都无足挂怀。再者，您的观察无误，博士并非冥顽不化的异教徒，但也会随着其他占上风的观点而见风使舵，就如同在衣着打扮上随大流一样。我听说过一位教堂主教④，他在利墨瑞克围困期间特地向一位高级教士致函，只要有机会投降，一定要立即让他知道。这位教士遵从照办。良医们立即心明眼亮，他也心照不宣，对威廉国王和玛丽王后的宣誓并非权宜之计，这是合乎法律的，是庄严义务。⑤

炮声隆隆不仅仅是国王的"最后的手段"⑥，对于其他人亦然。

我以为，我非常清楚有人能发现您字里行间的刁钻促狭。这让无知之徒睁开双眼，修正逻辑方法，从而可免除一些众所周知的错误，让黑暗帝国早日寿终正寝。臣民在其中逡巡徘徊，命运可叹，而掌权者却高高在上，作威作福。有人认为，您的书总体而言充满危险，这是荒谬无知的；任何真理的公平捍卫者应稍加冷静，指出错误。危险是一种说辞，其含义模糊不清；每个人都师心自用。天主教徒会因其与圣餐变体

---

① 过去，该信件被误认为属于洛克本人，并作为其观点的直接证据。

② 惠斯顿先生，《地球新理论》（1696 年）；理查德·宾利，《无神论的荒唐与无理》（1692 年），波义耳讲座第一系列。L2131.

③ L2202, n. 2.

④ 夏洛克本人。

⑤ 利墨瑞克于 1691 年 10 月解围，标志着从詹姆斯二世拥护者手中重新夺回爱尔兰。莫利纽克斯的年表不详。1690 年 8 月，夏洛克在博因河战役后宣誓。L1325, n. 8.

⑥ "Ratio ultima regum"："国王最后的手段"。该表述与法国战舰"红衣主教"黎塞留有关，是法国大炮上刻的铭言。

论的差异而认为其对于罗马是危险的；① 而路德宗信徒则以其圣体共在论② 而忧心忡忡；不考虑圣餐变体论或圣体共在论的正误，而自以为是地认为它们是正确的，或至少是可取的，而任何不相符合或反对之文必定是危险的……

您已得知伍斯特主教对您的大作所持的态度，得知此事，我深感欣慰。③ 对于主教之言，我已在此与一位贤明之人深入交流。这位风度翩翩的绅士认为，主教并未横加指责您的言论是错误的，而是被其他人曲解，尤其是《基督教并不神秘》的作者。④ 但我以为，这个判断并非完全公正；主教对您的学说持直接的反对态度，在前述那本书里，他的确如此。我听说，上述言论的作者也是本国人，他的名字叫作托兰德……

2232. 塞缪尔·博尔德致洛克，多塞特斯蒂普尔，1697 年 3 月 26 日

您对爱德华兹先生作品的回复⑤ 是准确无误且充满理性的，我已经拜读。⑥ 因此，对于您虔诚的圣意，以及您最优秀著作《基督教的合理性》中最正确的程序，我更加坚信不疑。

您已将这些情况与爱德华兹先生紧紧绑定，并将您之前发表的真理阐明无遗，并给出了完美无缺的证明；如果爱德华兹先生不公开承认他的错误，对您充分证明之事实表示信服，那么，要求我继续保持一直对他怀有的宽容态度，就是勉为其难了。我们认同一位极为杰出的先知，

---

① 圣餐变体教义：做弥撒时面包和葡萄酒会化为耶稣的肉和血。
② 基督圣体教义：圣餐与耶稣的肉和血是真实临在。
③ 爱德华·斯蒂林弗利特，《三位一体辩护箴言》（1696 年），其中指责洛克的索齐尼主义；洛克致斯蒂林弗利特的信（1697 年）。
④ 约翰·托兰德，《基督教并不神秘》（1696 年）。
⑤ 关于《基督教的合理性》的第二次辩言（1697 年）。
⑥ 约翰·爱德华兹，剑桥大学圣约翰学院同事。《论导致今日之无神论的几个原因和契机》（1695 年）；《对索齐尼主义的揭露》（1696 年）；《基督教信仰的简明辩护》（1697 年）；《索齐尼教义》（1697 年）。

他拥有的情感和其他人别无二致。①但是，神职人员们总是在情感中备
受熬煎（如果不是激发），这使得他们蜕化变质，所行之事比其他普通
人更加不堪视听；我对此深感无奈和悲哀。他们狂妄自负，以为可凭着
这神职而凌驾于芸芸众生，仿佛这是他们的特权，无须节制，为所欲
为，屡犯戒规，放荡不羁，远远超过一般人的程度。那些人专门从事基
督教研究，他们处心积虑向世人证实一个政党的暴虐情绪，而不是向众
生明示其义不容辞的神圣善教所蕴含之温顺仁慈的精神，这种情况对于
当世而言难道不是可悲可叹吗？他们对待您的手段极具伤害性，并且阴
险狡诈，面目可憎。我十分欣喜地发现，您接受了②它，心平气和；您
的性情从容不迫，成为温顺耐心的主的忠实门徒和信众；您有效化解了
对手卑劣下作的行为，并做出最大贡献；我想，任何人都可躬行实践，
让世界充满道德正直，让人们成为良善睿哲的基督徒……您以无与伦比
且无懈可击的言辞阐释了"恩典之约"，而其他人只能望洋兴叹。您向
我们指明了一套真实有效的方法，以引导人们研读《圣经》。③有若干
充满力量的疑惑占据我心，而您如远方灯塔驱散迷雾，助我醒悟，遵从
并提升救世主行为赐予的神圣智慧，我对您的感激之情难以言表。您已
经确立（在我看来）有效适宜的唯一方法，以说服自然神论者拥戴基督
教。④一般而言，他们（据我所知）都是品行良善之辈，只要他们遵从
自己内心的诚实正直，我认为，您已经不遗余力，为他们尽人世间最伟
大的服务，就如同基督本身。先生，您以慷慨仁厚的胸怀接受我的拙
作，并屈尊俯就关注我，发表您对所述问题的真知灼见，给予我莫大荣
耀，我由衷地表示感激！您大度地把《基督教的合理性》诞生的真实过

---

① 以利亚：詹姆斯 5:17。
② 接受。
③ 《基督教的合理性》的开始段落。
④ 《基督教的合理性》所述目的。

程以及出版计划分享给大众和我，如同《圣经》的广布德泽。① 自我表态反对宗教迫害 ② 以来，各种异样声音就不绝于耳；而您对我关怀备至，我希望这不会对您最卓越的著作产生偏见。

如果我能知道您如此屈尊纡贵，维护我的布道及对爱德华兹先生《附言》的批评（我谨向您致以最诚挚的谢意），我就不会撰写《致他的不值一提的回信》让公众感到不安了 ③……

2241.（托马斯·弗明?）致（洛克?），1697 年 4 月 8 日或 9 日

我已经收到并拜读了您的来信，并尽早向您回信。但与此同时，我得告诉您我们向议会提交的关于丝织品公司（lutestring company）④ 议案的情况。昨天，上议院已通过该议案；但是，由于众多走私者提出异议，该议案进行了一些局部修改。这些好人应该得到鼓励。最近，从法国进口产品 ⑤，加之斯皮塔佛德 ⑥ 销售其他产品，公司在过去 8 个月期间的销量严重停滞，因而遭受巨额损失。我们期盼该法案会让公司柳暗花明，枯木逢春；时间会给我们答案……⑦

……包括亚麻和羊毛，但我知道有一种用双手纺织的方法，如果人们可以学会，这将是世界上独一无二的纺织好方法。⑧ 我建议您别让村民们费神耗力地纺织亚麻，如果纺织羊毛，他们的收入会更加可观。

---

① 《第二次辩护》的前言包括致博尔德的赠言书信。
② 博尔德因其《反宗教迫害布道书》（1682 年）而短暂入狱。
③ 博尔德，《基督耶稣真知刍议》（1697 年）。
④ 皇家丝绸公司法案对进口丝绸处以罚金。洛克对该公司进行了投资。Lustring 或 lutestring 是指优质的丝绸织物。
⑤ 与法国的战争暂时中止，人们广泛地反对从法国进口。
⑥ 伦敦东部的斯皮塔佛德社区居住的主要是外来的胡格诺派丝绸织布工人。
⑦ 本信函只有前半部分得以保存下来。
⑧ 弗明发明（或为其发明）的双轮纺车。洛克将其推荐给同业公会，并在一份《论济贫法》的草稿中提及，1697 年（《政治论文集》，192）。

那些可怜巴巴的人每天纺纱线 800 码，才赚上 1 个便士；即使他们每天干活 16 小时，也很少有人能挣 6 个便士。我 51 岁时，花了大约 18 个月的时间，做了 700 种衣料，各有不同；我将其中五分之四付给了穷人……

2269. 威廉·莫利纽克斯致洛克，都柏林，1697 年 5 月 27 日

您在第 3 封来信中善意地向我谈及托兰德先生[①]，我再一次体会到您的仁慈，并感恩您对我的信任；这与我对那位绅士的认识完全吻合，别无二致。我对您坦诚相待，畅所欲言。我认为，自从来到这个城市，他的管理从来如此谨小慎微；他的所作所为引起各个派别的纷纷议论，反对声不绝于耳；他的观点独树一帜，与众不同，而他论述、宣扬和坚持观点的方式更加不合时宜，格格不入。

在讨论"最重要的真理"时，应秉承严肃的态度，而咖啡馆和大众餐馆不是适宜之所。但同时，一个人如果在长篇大论中总是表现出虚荣和自负，那么许多原本欣赏其学识和品格的人也会嗤之以鼻。在这座小城里，我认识一位绅士，他严格尊奉索齐尼教义，他的想法总是不循常规，人们也熟悉他的特立独行；但是，他谈吐谦逊，态度诚恳，行事谨慎，不失风度。我从没听说有人指责他或说他的不是，也没有任何人因他的到访或与他保持交往而面临被攻讦的危险。我极不情愿地告诉您，托兰德先生在这方面大相径庭，判若云泥；不过，您对此心知肚明，并且对他此后的言行进行友好的劝诫，这对他而言是仁言利博，我对此深信不疑。我认为，在适当的时间与场合，任何人都可以拨开掩盖真理的迷雾，并从内心深处毫无保留地信仰宗教的真理。但是，我以为，只要谨慎稳重，我们就可以选择适合的机遇，而不会毫无来由地撞上南墙，

[①]　约翰·托兰德，目前已到达爱尔兰。洛克警告说，莫利纽克斯反对他。

激怒人们，引起不必要的争议。同时，托兰德先生利用各种条件，冒冒失失地证明您的庇护和友谊，许多人对他侧目而视，有的甚至对您也颇有怨言。在给伍斯特主教的信中，您认为他不过尔尔；因此，我相信您对此举是不以为然的。①但尽管如此，我仍然为托兰德先生的聪明睿智而折服。如果有机会为他效劳，我将不胜荣幸，而您的推荐是不可或缺的。我还得告诉您一件事，我几乎将它忘在九霄云外；关于托兰德先生此时此刻驾临爱尔兰，这里的所有人都满腹狐疑，百思难解。众所周知，他既无财富，也无权势，然而他自有谋生之道；但没有人能明确道出其来源。这种种情状让人们如坠云雾，加之他在公共场合大出风头，行事大胆，更加让人不明所以，难以捉摸。如您能不吝赐教，就这些事情指点迷津，对我的行动予以帮助，我将对您感激不尽……

丘吉尔先生将理查德·布莱克莫尔爵士的《亚瑟国王》赠予我。此前，我已拥有《亚瑟王子》，且满怀敬意拜读，这与第二本书相比毫不逊色。②与他相比，所有英国诗人（除了弥尔顿）都只是蹩脚的民谣创作者。他发表第一首诗时，我通过丘吉尔先生告诉他，如果他对《亚瑟王子》多加润色修饰，就可以写出卓越的哲学诗，尤其是来自莫帕斯的诗歌。③

通过他在《亚瑟国王》的前言，我了解到，他从其他人那里得到了类似的暗示，但拒绝接受它们，认为它们是所有哲学假设的敌人。如果我认识理查德·布莱克莫尔爵士，我可以向他保证（如您也认同，希望您可以向他转达），我和所有人一样对假说漠不关心，我也绝不会希望他在重重压力之下完成一首哲学诗。伟大宇宙充满让人类敬畏的现象，

---

① 《致伍斯特主教的信函》(爱德华·斯蒂林弗利特)(1697年)。

② 理查德·布莱克莫尔爵士，皇家内科医生兼诗人。《亚瑟王子》(1695年)和《亚瑟国王》(1697年)。威廉史诗。

③ 《亚瑟王子》第四卷：亚瑟游吟诗人莫帕斯描述了"永恒而伟大的心灵将混乱的野蛮事物变得有序而完美"的方法。

其自然史是一门学科，我认为这可以让诗歌的精神升华；迄今为止，我不会要求诗歌涵盖更多……①

2277. 洛克致威廉·莫利纽克斯，奥茨，1697 年 6 月 15 日

……对于这位绅士②，您认为我出于善意的箴谏对他以后的行为不无裨益；但我必须向您坦诚以待，我有生以来从未向他写过只言片语，我想我现在也不会这样做。就他的行为而言，我不屑置喙。这是仅仅限于亲朋好友之间的自由，高度关注他们的行为，且十分担忧他们的事务。我只能对所有德艺双馨的人致以我的美好祝福，为了帮助他们尽力而为。但是，引领我通向友谊之路的一定还有其他品质，并以更加严苛的关注而与其保持一致。我发自内心并投入感情接纳的人，与那些受邀进入我房间的人相比，其间存在重大差别，我对他们既不陌生也不冷漠。我意识到，由于我的推荐，您觉得自己有特别义务对其尊敬有加；但实际上，这是您对我情至意尽的仁慈和关怀。当然，如果我举荐他，您会发现那仅仅是因为他是那个年纪德才兼备的人，而不是出于其他任何目的，或者为了让您发现他的其他品质而把他推荐给您。因此，无论您为他剖肝沥胆，还是袖手旁观，我均不关心。我知道，您本质上值得人们以您为友而荣；而对于那些不值一交之人，即使您不闻不问，我也绝不会妄置褒贬。我猜想，他此次涉足爱尔兰是希望在走投无路之际找到某种活计。③ 这是我的臆想，因为他从未就此事对我透露只言片语，也没有告诉我他前往爱尔兰的意图；即使如您所说，他高度认同我对他的庇护和友情。至于他的生计来源，我就无从知晓了。您曾告诉我，企盼就

---

① 后来，布莱克莫尔撰写了《创世记：证明上帝存在与神谕的哲学诗》（1712 年）。在启蒙运动时期，颂赞神对自然秩序伟大设计的哲学诗是一种风尚。

② 约翰·托兰德该信函是 L2269 的回复。

③ 可能是指任命约翰·梅休因为爱尔兰的御前大臣。

这些事务对您有所启迪,若非如此,我本不该在这个话题上苦口婆心,颇费口舌;就像朋友之间的相处之道,我可以和其他人畅所欲言,而不受拘束。

如果我与理查德·布莱克莫尔爵士会面,我会将您的意愿向其转达。您和我的想法之间存在一种奇妙的和谐,这对我而言是一种欣慰。建立并倚赖假说和臆测,对于自然知识而言是严重阻碍,这是我一以贯之的主意;并且我知道您的想法与我不谋而合。我认为,理查德·布莱克莫尔爵士在某些方面是成就卓著的;但是,我对他在《亚瑟国王》中关于医学假说的言论叹为观止,让我对他的尊崇之情无以复加,让我信服他理解了实践医学的正确方法;他掌握了唯一改善它的方法,因此他能使其进步,我对此心驰神往;他公开宣称反对更加容易、更为风行且令人更加舒适的假想;我以为,这种假想严重阻碍了真正治病救人的医学技术,比其他全部因素均有过之而无不及;这使得它博学善辩却徒有其表,对于人类健康这个伟大目标一无可取;这在目不识丁的美洲人的医疗实践中可见一斑;来自欧洲的医生学富五车,借助自然哲学提出其种种假说,成为显赫人物,备受推崇,风光一时;但是,在治疗疾病方面,成功避开此类花哨障碍的凡俗的美洲人显然技高一筹。难以想象,对四种液体一无所知的人能做出多大程度的细致观察,比如盐、硫和汞;或最近盛行的酸和碱 ①,也很难想象,尽管病情非常顽固和危险,而且所用之物屈指可数且极为普通,几乎没有任何药物……他也能治愈疾病。

---

① 　　L1593, nn. 4–6.

2288. 威廉·莫利纽克斯致洛克，都柏林，1697 年 7 月 20 日

……您娓娓而谈关于托兰德先生 ① 的想法，比对任何人都要坦率不讳，您对我的这份信任让我感激不尽。在这里，他的反对者甚众；我托付一位绅士的仆人 ② 带给您一本书，就放在您的住所；您可在书中了解这些情况，其中还有一些关于您本身的言辞；尽管其读来体面庄重，但我担心这对于作者的声誉并非苦口良药；他极为自负（这通常与无知形影相随），力图证明灵魂的非物质性，并显示您所称我们无凭无据的论证是荒唐谬悠。但是，经由某种物质体系，可以体会上帝关于思维能力的神谕。③

但是，这仅仅是自作主张，妄下承诺；我们甚至急于得到该作者的证实，对此耿耿于怀；我担心我们依然想从他那里得偿所愿；如您一览他的大作，我相信您会与我所见略同。我与作者相交已久，但对于他书中的两处内容，我绝对不敢苟同；其一，他对托兰德先生出言不逊，极尽侮辱之能事。其二，在若干场合下，他企图借助地方法官之手，使托兰德先生面临俗世的惩罚。这个理由的确充满杀伤力，但有的人往往认为，一旦他失去理智之光，就会臣服于刀剑之利。而这使我恍然想起，米德尔塞克斯大陪审团在此地展示了若干有害无益的书籍及其作者，许多人甚至连几位主教都为之舌挢不下。④ 人们认为让民事法庭来裁决宗教教义是后果危险且事态严重的；如果听任事态演变，那么谁是下一个可能被宣告有罪的人，是无从知晓的。但是，这样的情况已在我们国家出现，托兰德先生给予认可；大陪审团已在此展示了他的作品，而任何

---

① 约翰·托兰德该信函是 L2277 的回复。
② 彼得·布朗，给题名为《基督教并不神秘》一书的回信（1697 年）。
③ "思维问题"假设（《人类理解论》第四卷第三章第六节）。
④ 在 5 月 17 日，由市民组成的大陪审团初步商议了诉状，表达了当地人民的不满。被批判的书籍包括：托兰德，《基督教并不神秘》；洛克，《基督教的合理性》；（威廉·斯蒂芬斯？）《女士的宗教》（1697 年），有时归属于洛克；弗朗西斯·阿特伯里，《致教会人士的信函》（1696 年）。

人（我确信）都没有读过《基督教并不神秘》的只言片语。自此以后，让巴黎大学索邦神学院 ① 缄默不语，学识深厚的法官引导的大陪审团见多识广，处理事务更加妥帖完美；异教者是这件事的主要推手；我向其中一人提出质问，如果英格兰教会陪审团蛮横无理地将巴克斯特先生的著作 ② 判定为有害，且经由平庸行刑者将之付之一炬，我们应该如何应对；③ 他对错误深为敏感，并表示希望这永远没有发生过……

2299. 爱德华·克拉克致洛克，威尔士，萨默塞特，1697 年 8 月 14 日

……现在，我可以让您知晓，我耗尽时日、苦口婆心地让您的新房客弗朗西斯·卡彭特按照契约担任穷人的工头、巡警、十户区区长 ④、公路测量员以及其他个人工作；由于房客的身份，他现在或以后应当承担责任 ⑤，而他在当年是穷人的工头；如果您已为之付款，这可能需要花费几乎 5 英镑。⑥

他拒绝支付教会税和济贫税，态度决绝；我想尽一切办法让他缴纳此类税负，但我枉费口舌。他桀骜不驯，在这一点上固执己见。而我也针锋相对，寸步不让，我几乎让您的房客撒手不干了；整件事天遂人愿，他预付了一大笔款项，用于租金、按契约偿还房屋贷款、屋外建筑、大门、栏杆以及围护等，并且自付费用完成属于租房的个人工作；因此，其他任何人均心悦诚服，我已与他签署契约，他也在履约保证书上签字画押……

---

① 　巴黎大学：意指天主教的宗教裁判所。
② 　理查德·巴克斯特，长老教资深作家，于 1685 年被判煽动叛乱罪。
③ 　议会或法庭判定为有害的书籍被当众烧毁。9 月，爱尔兰下议院判定烧毁托兰德的作品，托兰德回到英国。
④ 　有时是地方治安官的另一种说法；有时也指其副职。按字面意思是指十户区的官员。
⑤ 　每年，指定教区公职，有时由选举产生，有时（如同潘斯福德）由住户轮流担任，这种惯例称为家庭教职。
⑥ 　拒绝担任公职而产生该笔费用。

2319. 洛克致约翰·卡沃尔博士，伦敦，1697 年 9 月 29 日

有人告诉我，对于您将收到的书籍，剑桥的书商们胆大包天，肆无忌惮，在作者写给书商的信件上贴上纸张。① 这本专著文质兼备，而这样做可能会蒙蔽以您名义所做的推荐，并丧失其权威性。② 因此，我将我们财力可及的全部文章寄给您：您会视为珍宝，妥善保管；而晚辈后生和当代世人都可以明白，是谁慷慨好义，施以援手，将如此圣洁之物带临人世间。这种处理宗教争议的方式是公正无私的，是年轻学子在自身学院采取的模式，其他大学也相仿相效。现今情况大致如此，那位书商私心自用，泥古不化，对您的许可不管不顾，我一直寻求适合机会与您谈谈此事。但是，这并不意味着爱德华先生是争议的一方，我就装模作样关怀备至；但得知他在作品标题中提及我的名字，我想我得用心去读一读。

我潜心研读了您的来信，我认为，为您效劳此事，不会有损于我们的旧日情意 ③……

2320. 洛克致彼得伯勒伯爵夫人凯莉·莫当特，（奥茨？），（1697 年 9 月 /10 月？）

上次拜谒夫人，我感到荣幸之至，您宽容大度听我诉说；现谨奉 ④ 夫人之命，不揣冒昧，把其中一些内容诉诸笔端，敬呈夫人。我一向认

---

① 约翰·爱德华兹，《基督教信仰的简明辩护》（1697 年），该书涉及对洛克的毁谤，并提及"奥茨的后宫"。
② 该书载明了卡沃尔的出版许可。
③ 当卡沃尔是玛丽公主的牧师时，他们在荷兰认识。1685 年，卡沃尔因涉嫌代表英格兰政府图谋诱拐玛丽公主而被辞退。撰写本信函时，洛克认为最好纳入该事件的威胁暗示："我可能会暴露一些在海牙的相关交易……把这些事情原原本本告知世人。"洛克认识威廉三世的高级特工 Abel Tasien d Alonne。
④ 本信函的内容很接近《论绅士阅读与学习的几点意见》（1703 年）;《政治论文集》（348—355，376—380），和《教育漫话》尤其是第 182—186 节。

为，要成为一位青年才俊学习方面的指路明灯，一定要通过他的品质或天赋，或通过他家长的选择和决心，了解其人生道路。如果不对此加以足够的重视，那么他的大部分时间会在学习和锻炼中白白浪费，而其他绝对必要且有用的时间则被完全抛诸脑后，这将导致南辕北辙且苦不堪言的结果。

莫当特殿下①高贵的身份尽人皆知，毋庸赘言，这引导我们斟酌考量，什么可以帮助他，使他成为这个国家成就非凡的伟大人物。不过，夫人目前关心之事，几乎无关于他学习的选择和行为；而在现有事务中，除了读书和学习，其余均无足轻重。

殿下现在打算身临其地②，在那里有博闻强识、学有专长的专家和导师，他可以徜徉艺术殿堂，领略科学魅力。因此，何时以及如何聘请导师是需要考量的首要事项。我认为，如同一名儿童需要幼儿助走带引导多长时间的问题一样，每个人胸有成竹的答案是：直到他可独立前行。如果一个人懂得术语专名，掌握方法技巧，并进入任何一门科学的殿堂，那么此时，他可以独立自主，凭借自身的理解能力，锤炼自我的本领才具，这是取得进步并成为大师的唯一路径。学海无涯，其间荆棘载途，充满各种艰险不易，只有在这种情况下，导师的帮助才是长效的；假以时日，只需在百思不解时稍加指点即可。

对于殿下而言，学习历史是至关重要的，其本身充满趣味，容易上手，是学问入门的最佳选择。但是，青年才俊要从中体味真义，获取教益，首先需要一名导师。如果不对语言难点进行疏解阐释，他就难以领悟作者的崇论宏议和独具之美，就无法告诉他观察最重要的事情；而这与日常生活中的个人行为相关，或者涉及公共事务的变化。

---

① 凯莉的儿子，约翰·莫当特，年龄约 16 岁。L1252, n. 1.
② 乌特勒支，其名叫马克斯的家庭教师严格遵从洛克的建议。

　　出于这个宗旨，我认为，莫当特殿下最好首先涉猎李维的历史书，这是罗马古代史的伟大宝藏，也是这个国家最卓越的历史。[①]我想，在品读这位作者的作品时，有人为殿下阐述罗马的全部风俗习惯是不无裨益的，因为历史进程的任何表达方式都值得予以关注。而对于熟谙此道之人的其他重要论述，我认为殿下无须纠缠其中，也不应为之进退维谷。青年才俊不应在无益于成长的学习中虚掷光阴、蹉跎岁月。他们必须安排时间放松身心，培养情趣，其重要性一点也不亚于学习本身；除了健康和休闲之外，应在必要且有用的知识方面投入时间。因此，要讲透李维历史中出现的罗马的风俗习惯，最好谈谈国家的转折，及其所依赖的原因。这对于身份高贵的殿下是适宜的，可让他在阅读过程中对此加以留意。

　　李维撰写的历史目标宏大，阐释了人们体现在社会中的行为，因此，这是政治的坚实基石。但是，联邦的兴亡盛衰不仅仅取决于当今时代或其自身内部的成败得失，而是很大程度上依赖于时间久远且有先例的宪法和案例，以及若干在其邻国及其自身之间同时实施的行动。为了了解并完善历史，时间顺序是绝对必要且不可或缺的，就如同作者应当保持语句顺序，方可使其言论有章可循。

　　同样，应学习年代学和地理学，以便正确利用并理解历史。行动场景总是对记忆有所增益，对于明确认知事实也是必不可少的，否则，就不能形成清晰的理解。

　　年代学和地理学对于历史颇有用处，但是，其中任何一种深奥睿哲的知识对于青年才俊而言不是完全必要，也并非轻车熟路。谙熟地球的形状、经线、赤道、热带、南（北）极圈、两极，并进而通过地图两侧的具体数字知晓经纬度，这些知识在他每天开始阅读李维的历史之前就

---

① 李维，《罗马史》。

足够了；这可以快速引导他熟悉和利用地图，并教会他所需的地理学知识。如果他用功勤勉，对这些知识了如指掌，他就可以自立门户，学业大进；我不清楚他是否还需要其他书籍，这可由他的导师取舍定夺。

如果他在阅读历史时，能够得心应手地使用随身携带的地图，这就是学习年代学的充分时机；世界上使用的若干年度和月份对他而言就是小菜一碟。我认为，这足以让他构想儒略周期，从而牢牢记住一些永载史册的伟大时刻，尤其是创世记①，奥林匹克运动会，建造罗马，救世主诞生，以及希吉拉。②让他对这些伟大时刻在儒略历的开始年份镂心铭骨。为此目的，对施特劳赫的《时间简史》和赫尔维卡斯的《年代学》稍加涉猎就已足够。③每当他潜心于拉丁历史文献时，则考察他是否掌握儒略历中建造罗马的年份，每当他浏览希腊历史文献时，则询问他是否知道儒略历中第一届奥林匹克运动会的年份；诸如此类。任何人想要对任何数字牢记不忘，唯一的方法就是不断重复。

我认为，在研习历史的同时，也应对道德进行探讨；我所指的不是各个学派纷争不休的伦理，而是在其公职岗位的真理。④根据浦芬多夫的《论人及公民的责任》和《论自然法及万民法》⑤，以及亚里士多德著作⑥和《新约》教义，一个人可以学会如何生活，这事关伦理，而不是如何定义美德与邪恶之名，并为之争执不下。

我以为，真正的政治隶属于道德哲学，它仅仅是引导人们在社会中正确行事的方法，为左邻右舍提供支持的艺术。其中，亚里士多德的作

---

① 4004 bc. L1309, n. 3.
② 公元622年，穆罕默德离开麦加，标志着伊斯兰时代的开始。
③ 埃吉迪乌斯·施特劳赫，《时间简史》(1686年)；克里斯托夫·赫尔维卡斯，《年代学》(1609年)。
④ 西塞罗，《论义务》。
⑤ 萨缪尔·浦芬多夫，《论人及公民的责任》(1673年)；《论自然法及万民法》(1672年)。
⑥ 《尼各马可伦理学》。

品①可能是最佳启蒙读物。其后，如果他愿意，则可进一步体味政府更加现代的作者，学习政治社会的基础与形式，或者统治的艺术。②

以上述知识作为基础，他稍后即可向自然哲学、化学的课程发起挑战，或者我可能选择以解剖学为起点，因为其中只讲解了各个部分的外形结构和条件，以及关于其使用的细微问题。

我认为，对于整个科学而言，最容易上手的是那些最能够感知的部分，然后循序渐进，由表及里，探讨那些更加"抽象"且完全凭借思维的内容。

夫人，我认为足以以此入手……

---

① 《政治学》。

② 在"教育漫谈"中，洛克具体列举了理查德·胡克、萨缪尔·浦芬多夫、阿尔杰农·西德尼和名不见经传的彼得·帕克斯顿的作品，以及他自己的《政府论》(《政治论文集》，第 377 页)。

附录二 "神圣与爱尔兰",1697—1698 年

（John Lock Selected Correspodence：Dinivity and Ireland, 1697–1698）

洛克的哮喘病不断加重。他的身体越来越难以适应伦敦的雾霾,尽管他仍努力设法参加同业公会的大部分会议。即使在艾塞克斯郡的乡下,他也不得不待在炉火边,一动不动;他还对莫利纽克斯说起,他觉得自己的日子已经屈指可数了（L2376）。当国王打算让他担任另一个政治公职（可能是国务大臣）时,他以健康状况欠佳以及缺乏应对公众人物的经验为由而婉拒了（L2384）。

早先,他为同业公会撰写了关于改革《济贫法》的重要备忘录,但他的想法并未取得立法成果,对此他大失所望。他再次向爱德华·克拉克建议,应该聘用更多力能胜任的穷人（L2398）。在整个国家,洛克作为公共政策顾问家喻户晓,这与他在哲学著作方面赢得声誉全然不同。早期有人提及,人们呼吁希望他支持《归化法案》。现在,德比郡一名教士要求他支持关于明确什一税的法案（L2451）。直到 19 世纪,因神职人员提供什一税得到的经济支持仍然是英格兰教会经济的基石。高级神职人员激情高昂,为什一税的"神圣权利"奔走疾呼,但是,关于什一税的争论不断,甚至造成社会分歧和诉讼争端;什一税纳税人拒绝缴纳,要么因为囊空如洗,要么出于内心不安。在致洛克的信函中,对农业什一税问题进行了阐述,说明什一税通常仍作为收成的实际比例计算,而没有折算为现金支付。

在阿姆斯特丹,林博奇（Limborch）与众多公职官员、专业人士以及神职人员对洛克的信函展开了广泛讨论,大家都为其神学理论深深吸引。其中一个议题是证明"神统一性"的充分性,即从理性角度（《圣经》启示的反面）论证一神论,而不是异教徒所信奉的多神论。洛克也

参与其中（L2340，L2395，L2413，L2443，L2498）。按理说，该议题与三位一体的教义毫无关联；神学家几乎一致同意，只有从启示录中才能揭示三位一体的真理。但是，有的评论家认为洛克的言论体现了其反三位一体论的立场。林博奇认为，洛克最初的某些反馈无助于笛卡尔学派的朋友们，随后洛克对他的言论做了调整（L2413）。洛克认为，笛卡尔并未证明思维实体的非物质性，因此，他对笛卡尔关于无实体思维的概念仍然持反对态度。同时，他将全部基督徒划分为以"信义和理性"为宗教基石的福音派以及信赖绝对教义的天主教派（L2498）。他的《人类理解论》是一本关于哲学思考的书，后来却遭到牧师的非难，对此他感到沮丧（L2340）。洛克与剑桥大学基督学院院长约翰·卡沃尔达成和解，同意该大学关于约翰·爱德华兹的诽谤攻击的出版许可。卡沃尔很快表达歉意，而洛克针对出版事宜就道歉做出了另一番解释（L2481）。

从大约1694年开始，洛克开始接近他的一位名叫彼得·金的表亲；后者是埃克塞特一名长老会杂货商的儿子，也是志向高远的律师，后来出任英格兰大法官。金成为洛克遗稿管理人，而洛克的大量私人稿件经由金的后代而流传至今。1698年，洛克准备利用其影响力，确保金成为一名律师。他得知首席大法官特雷比已经举荐，对此义重恩深，洛克深怀感激之情（L2440）。金取得相当成就，在法律界很快就声名鹊起，并在1701年成为下院议议员。

莫利纽克斯告诉洛克其《爱尔兰状况》（1698年）已出版，并且其内容基于洛克在《政府论》一书中首肯的理论（L2422）。英格兰为了保护其自身羊毛产业，对爱尔兰实施了冷酷无情的禁止竞争的政策，这本书对该政策进行了正面揭露。莫利纽克斯宣称，爱尔兰是独立王国，并非受英格兰议会立法控制的殖民地。英国辉格党人指责他的文章公然冒犯了帝国议会的主权，也是对洛克作品的曲解误读。洛克本人则"王顾左右而言他",拒绝表明其立场,含糊其词,让人不明所以(L2414)。《爱尔兰状况》成为 18 世纪爱尔兰民族主义的基本文献,并影响了美洲的独立主张。

洛克希望"在离开这个世界之前"与莫利纽克斯促膝一谈,可后者却先他而去。就在那年秋天,莫利纽克斯因患肾结石而不幸离世,年仅 42 岁;洛克不得不中断了与所珍视朋友之间的信函往来。伊齐基尔·伯里奇描述了莫利纽克斯弥留之际的情况,而洛克向托马斯(莫利纽克斯的弟弟)致以哀悼之情(L2495,L2500)。

2340. 洛克致菲利普斯·范·林堡格,(奥茨?),1697 年 10 月 29 日

如果您在与饱学之士谈话时偶尔提及我的名字,如果他们在与您的交流中肯屈尊说到我的作品,那么我将深深感激您施予我的恩德。您的仁心善意,让我沐浴友谊的温暖,您的认可让他们对我亲近有加。我期盼用一种语言来撰写《人类理解论》,别具慧眼的人们对我的作品充满善意,进行真诚评价,能够体味其中深意;我可以坚信其中的是非对错,以及可容忍的内容。①这本书已经在 7 年前出版发行。第一版和第二版福星高照,广受好评;而最近的版本就没有这么走运了。经过五六年波澜不惊的岁月后,人们开始找碴挑刺,而此前这并非是一个问题;最让人百思莫解的是,他们宣称在这本书中发现了有关宗教争议②的内容,而我只不过想涉猎纯粹哲学思辨的问题。我下定决心,就各种问题进行补充说明;我已经撰写了部分内容充实的材料,书商们计划在第四版中予以[呈现];我愿意[加入]关于上帝统一性的证据,以便让您或您的任何朋友心满意足。③在我看来,证明上帝统一性与证明上帝的存

---

① 皮埃尔·科斯特对《人类理解论》的法语译本出现在 1700 年。
② L2202。
③ 第四版。包括新的章节"论思想和激情的联系"。关于上帝统一性,请参见 L2395,L2443。

在是一样清楚明了的；并且，其所依赖的证据是毋庸置疑的。我向往和平，而这个世界上有的人却热衷于狂犬吠日，无端叫嚣 ①，我担心又为他们无休止地争吵增添新的谈资。

您对我说起饱学之士对《基督教的合理性》等的评论，这些评论无疑是最公正无私的。这本书开篇部分的思想与人们习以为常的教义大相径庭，有的读者确实因此而瞠目结舌，震惊不已。但是，关于这一点，我不得不提出作者为其作品所做的两处辩白，以呈递给这些先生们。如他自己坦言，他出版这本小书，主要是为了让那些怀疑基督教的人心生信义。为了让他的书能起到 [反对] 无神论者的作用，他处理这些事情似乎是身不由己的；一旦他们打算着手考察基督教，就要 [直面] 这些文章，因此他不能视若无睹，保持缄默。

2376. 洛克致威廉·莫利纽克斯，奥茨，1698 年 1 月 10 日

……事务缠身，我在城里待下去，健康却每况愈下：每天我从睁眼起身，就平淡无奇地惶惶度日；晚上回到家时，我感觉呼吸困难，上气不接下气，这让我焦躁不安，对任何事情都毫无心绪；这样一来，我不得不放弃平时的消遣时光，就连阅读本身我也难以胜任。我在城里的这座庄园里一直逗留到了十二月份，然后回到了我习惯的住处，那里空气更加清新，环境更加幽静。我在这里静坐养神，肺部的持续压迫感有所缓和；但是，我发现它们仍然很虚弱，只要稍微活动一下，我就喘不过气来。就连穿衣服或脱衣服都成了非常艰难的事情，我只好停下来休息一会儿，慢慢调匀呼吸；自我最近来到这里以后，我就一直待在房间里，寸步不离。尽管如此，我还是希望能有您相伴，看看我的近况：您会看到，倚坐在壁炉旁边，我还能与您谈笑风生，兴致盎然，让生命永

---

① 洛克在附言中抱怨的 "身披法衣的神学家部落"。

远定格于此。如果您在这里（如果满怀希望，千呼万唤，您今天就能出现），那么共进晚餐后，您会在客厅邂逅三四个人，并且您会说他们和您遇到的任何人一样，可以共度愉悦温馨的下午。所以，请勿臆测我最后的辰光是孤独无助、意志消沉、不堪重负的。来日无多，对此我心知肚明；但我感恩上帝，在这里的二十四小时，我并没有多少难挨的时光。如果我足够明智，让自己远离伦敦那乏味沉闷、令人窒息的空气，否则我将束手无策。除非蒙上帝恩典，我才可以安然度过这个冬天；这个可怕的病魔不会像去年一样残酷无情，让我寝食难安，让我再领略一个夏天的美景……

如果我看到这样一个人，他如同我所熟知的您一样，公正无私，热爱真理，思维清晰，逻辑连贯，能够演算大量数学，做出可靠推论，却告诉您 J. H. 和 J. S. 的书不知所云；① 在这些作者身上，我既没看到意义也找不到条理，因此，我现在不会责怪自己是傲慢的，存有偏见或完全没有理解能力。假如我认为，在理解话语和争论时，就像适用于不同口味的食物菜肴 ②；有的人觉得味同嚼蜡，令人作呕，而有的人却甘之如饴，乐此不疲。

我本不应该再考虑学习或接近书本，应该花更多时间玩"图钉"游戏 ③，而不是读读写写。但是，我所尊奉的信条与之截然相反:我深知虚妄的对面就是真理；只要人们有意愿，就可以发现真理，它值得人们为之奋斗终生；在这个世界上，真理的价值独一无二，能带给人无与伦比的愉悦。所以，我不再为了空中弥漫的尘土而感到烦恼不安；我好像站在高塔的顶端，空气清新，阳光明媚，看到大大小小的男孩子们三五成

---

① 詹姆斯·霍奇斯,《英格兰现状，关于金钱》(1697 年)；约翰·萨金特,《坚持哲学主张》(1697 年)；两人均反对洛克。
② 菜肴。
③ 孩子的游戏；导致琐细和孩子气的追求。(后来，杰里米·边沁在其广为人知的言论中使用这个词汇，即"图钉"游戏可与诗歌媲美。)

群（他们行动一致）向空中抛撒尘土，我的身上不染纤尘，而他们却眯了自己的眼睛……

而关于亚麻法案的事宜，已经完全没有必要向您提及了①……我以为，让人无地自容的是爱尔兰在生产亚麻和大麻方面不同凡响，用低廉的价格让穷人受益，给他们提供轻松的劳动条件；每年，大量金钱从国王领地流出，为了那些材料及其制造的产品而养肥了外国人；而爱尔兰的子民拥有其土地、地位和财富，如果处理得当，他们就可以颗粒归仓，获益颇丰……总之，希望亚麻产业在您的乡村兴旺发达，这是我心所向。这对您大有裨益，对此我深信不疑。如果我们能对这件事有所助益，因促其成功而心生喜悦，我将为此而倍感幸福。因此，我恳请您给予思想的力量；我会与您一样，满怀喜悦并谨慎小心地尽己所能，提供帮助，就好像只有我们才能从中收获全部成果……

2384. 洛克致约翰·萨默斯爵士，萨默斯男爵，奥茨，1698 年 1 月 28 日

等周日晚上我拜见国王②之后，我就来为阁下效劳。我听说国王陛下希望在我回去之前先来拜见阁下；未能及时见到阁下，我深感歉疚和不幸，希望第二天一早我就动身③，以期能做出补救。但是，一天晚上，厄运突袭，让这个目标付诸东流，也差点摧毁了我。那时，我躺在床上，呼吸困难。我只好从床上坐起来，大半个晚上保持着一个姿势不动，指望呼吸能顺畅一点，肺部能舒服一点；我希望能躺着小睡一会儿，这几乎已是一种奢求。

每当我歪到枕头上，就难以呼吸；我只好从凌晨 3 点就爬起来，在

---

① 支持爱尔兰亚麻产业的法案于 12 月失效。
② 位于肯辛顿。
③ 驿站马车。

壁炉边一直坐到东方欲晓。我的［情况］糟糕到了极点。除了尽快离开城里到乡下去，我没有其他任何打算了。前两个晚上我备受煎熬，没有片刻安宁；如果我继续待在城里，这种漫长的痛苦不会在第二个晚上缓解，那么我肯定挨不过第三个晚上，对此我深信不疑。天气糟透了，我只好在周一天刚亮就寻找出路，上帝保佑，一辆剑桥的马车刚好出发，还有空的座位，我搭着这辆车来到了这里。

仁慈的陛下还提及为阁下效劳一事。① 但是，我非常清楚，我的健康已经日薄西山；因此我恳求陛下委派更合适的人选，一个更有能力的人来担此重任；我还提到，对于这些事务，我的确经验不足。请允许我向阁下解释我的虚弱无力，阁下就不会误认为我是故作谦虚。由于性格原因，我总是远离人群，羞于与陌生人来往，这导致我相知甚少；我不善言谈，尤其不会与各色人等打交道，让他们对我袒露胸怀。② 无法适应这个世界的喧嚣热闹，我不知道这是不是一种过失；但我确信，阁下能看出，我在这方面的确稚嫩拙劣，难以胜任。

我们不由自主，置身于此，以至于我们从周一到周五无法正常传递信件，但迟来的鸿雁并未造成太多困扰。国王陛下宽宏仁慈，允许我去乡下疗养。在这里度过了四五天的时光，我确信我的肺部健康不容乐观，即使最微小的震动也令人难以承受。终于，我可以躺在床上静养；但在伦敦的这两天令我印象深刻，刻骨铭心③。稍微走动一下，我就气喘吁吁，难以舒缓；坐着不动，我的心里也总是惶惶不安。这远远超过了呼吸困难所造成的痛苦，使我感到百无聊赖，无精打采，以至于我觉得连写这封信都成了一项重大的工程。

---

① 不知道国王授予的职位。

② 信函草稿做了多次修改。例如，洛克删除了以下文字："对于人类，我尽量避免这种说法，即【西塞罗】所谓的动物【不稳定、易变性和复杂性】，这让我做到言简意赅……在城里的3个月，我没有造访咖啡馆，也无人做伴"。

③ 例外。

阁下，如果不是义所应当，我本不应该告诉您，也不应该让陛下失望，其实我的肺部已经羸弱不堪，不堪重负。我心中有数，陛下对我有所重托，而极其不幸的是，我会辜负他的期望。为了公众利益，我不得不请求阁下上奏陛下，将此重任赋予其他贤才。我的身体状况极差，不允许我接受陛下赐予的无上殊荣，对此我既担忧难过又确信不疑。

2395. 洛克致菲利普斯·范·林堡格，奥茨，1698 年 2 月 21 日

……① 问题是如何证明上帝的统一性？换言之，如何证明只存在唯一的上帝？为了妥善解决这个问题，在证明上帝统一性之前，有必要弄清楚"上帝"这个称呼的意义。

通常情况下，我认为这是对神性的认可。他的存在是完美无缺，永恒无垠，无形无相，从天命的观点出发，很容易认识到他的统一性。几近完美的存在或完美无缺的存在是合二为一的，因为完美无缺的存在无须任何特征的完美或程度的完美；存在和虚无相比更胜一筹，就好比拥有权力比没有权力更好；拥有更大权力比拥有较小权力更好，拥有全部权力（即全知全能）比不拥有全部权力更好。但是，这两种全知全能并非一码事。因为必须假设，一方所愿应该符合他方所愿；如果一方或双方所愿取决于他人所愿，则无自由可言，因而寻求那种完美；如果取决于他人所愿，那么，自由毋宁是更加完美的。如果两者所愿并非取决于同一事物，那么其中一方会如此行事，而另一方却不会如法炮制；一方所愿必须完全压制另一方所愿，而如果两者之一的力量无法改变其所愿，那么由于无法一成不变，就不是全知全能。其中任一方均不是全知全能，因而，不存在也不可能存在两个全知全能者，从而没有两个上帝。通往完美的阶梯提醒我们，上帝是全知全能的。但假设在一个庄园

---

① 　　洛克的英文稿件；法语版本已寄给林堡格。

中，如果各个意愿以不同力量存在，不能隐藏思想就是不完美的状态。然而，如果任一方可以向另一方隐藏思想，那么，另一方就并非全知全能；因为这一方既无法知晓全部可知的事情，也不能掌握另一方所知道的事情。

上帝的全知全能也是如此，无限空间的无所不能总是好于断然拒绝。如果止步于任何空间之外，那么他既无法发挥力量，也不能洞悉世事，从而既不是无所不能，也并非无所不知了。

为了防止前述争短论长，可以说这两个（或二十万个）上帝（出于同样理由无法限制其数量，则可是两个，也可是两百万个）都拥有完全一致的力量，相同的知识，同等的意志，平等地共存于同一个体，那么这仅仅杂合了各种声音，但事实上是将多个假设实体缩减为一个而已。假设存在两个智慧体，总是理解同一意愿，按同样方式行事，且并非独立存在，这看起来是多个实体存在，但事实上仅为一个。将意愿、行动和场所理解为自成一体、密不可分，就是将任何智慧存在体理解为自成一体；如果假设统一的处所有两个存在体，就是假设没有分割情况的分离以及事物自身的分离。

……① 关于上帝的全知全能，让我们做一点深入思考；上帝无所不在，无所不能，除非他因我们不可知的原因和方式被不知名者禁锢在空中某个无法知晓的角落里（相比于无限空间，任何一块空间小角落都是微乎其微的）。如今在我看来，如果上帝无所不在，无所不能，这就几乎证明了其唯一性。无论上帝身处何处（取决于其本性、存在或实在），一定存在某种真实，并且是全部存在的最大真实。因此，我们假设该真实存在处于空间的任何实体点位，那么在我看来，其证实了在空间的同一点位不可能存在其他同类的真实存在，这就是唯一性。如果空间类别

---

①   L2413 包括该信函的（法语）修订版；根据林堡格的建议，从此处开始的材料已省略。

和距离没有区别，则只有唯一存在。在纯粹空间里，这种论证方法不能仅仅针对肉体以及物质部分：我们会发现，它将最遥远之物包罗其中。不能将空间的两个实体点位合二为一，就如同无法将物质的两个实体原子融合在一起。如果可以融合，那么一切空间均可合成为一个实体点位；而这是不可能的，就如同无法将全部物质精简为一个原子。

我无法知晓物质的实体，更不用说洞悉上帝的实体。但我确乎明白一些事物，它们必须排除同类的其他全部实体（如存在）；因此，如果上帝无所不在，无所不能，那么我能确信上帝的唯一性……

2398. 洛克致爱德华·克拉克，奥茨，1698 年 2 月 25 日

……整天，我要么躺在床上，要么依偎在壁炉的一个角落；即使最轻微的晃动，都让我难以呼吸，这导致我无法走路。现在我已经成了这处住所的囚徒，并且几乎被禁锢在这把椅子里；这是一种久坐不动、几近僵化的生活，没有人真正品尝过……

不久前，自同业公会表明否决态度以来，我致函波普尔先生，将加强救济与雇佣穷人的计划呈现于您①；当下，[如果] 下议院认为在这种情况下存在任何有用之物，它正在对您可利用之处做出考量。这个问题需要每个英格兰人深入思考，仔细斟酌；在我看来，其国家的繁荣昌盛，更加需要正确的规范和管制。并且，只要我一息尚存，我就心系英格兰人民。

---

① 《论济贫法》（1697 年）；同业公会否决了洛克的方案，也未提交给国会（L2084;《政治论文集》，182—198 ）。

2413. 洛克致菲利普斯·范·林堡格，奥茨，1698 年 4 月 4 日

……哈德先生 ① 笃信笛卡尔哲学，对其五体投地，对此，您和勒克莱尔先生向我提出了正确的警示。如果把笛卡尔观点理解为与精神相关，即认为其是思维 [活动] 而不是思维实体，那么其必定通过言论肯定上帝，却在行动上予以否定。思维是一种活动，其不依赖其自身存在，而是源于某种实体的活动。但是，我和您之间不存在这样的争议，哈德先生和我必然也是所见略同的。因此，我现在听从您的建议，不再为神的无所不在 ② 而耗神费力；我认为，这是唯一可以证明上帝统一性的先验论证。所以，当一个人无可救药地沉溺于这些原则，永远徒劳无益地寻求毫无根据的哲学绝对无法支持的论点，对此我毫不奇怪。因此，您高瞻远瞩，行事明智，没有让我陷于笛卡尔不可名状的论争旋涡之中。

而您提出的关于"非实体"术语的另一个警示，我并没有做出改变，原因如下：首先，我与笛卡尔主义毫无关联，对此我确信不疑。其次，如果我认可哈德先生是笛卡尔主义者，那么，"非实体"或"非物质"术语在关于上帝的定义中就不是无足轻重；因为，任何人想要形成关于上帝的正确思维，就必须从其身上移除任何物质或形体的存在。无论笃信笛卡尔观点的人做出任何相反假设，"思维"确乎无法达此目的。但仅此而已；如果您已投身更伟大的事业，我不愿意哲学思辨成为您的障碍……

---

① 阿姆斯特丹市长（最高行政长官）约翰尼斯·哈德向林堡格和勒克莱尔提出了上帝唯一性的问题。

② L2395. n. 2.

2414. 洛克致威廉·莫利纽克斯，奥茨，1698年4月6日

……我唯一所愿，就是希望在我离开这个世界之前，能够见到您，与您热情相拥，和您相谈甚欢。在我所遇之人当中，能够热爱真理并讲出真理，值得畅所欲言的，犹如凤毛麟角，寥若晨星；因此，我希望与您朝夕相处，敞开心怀，过滤思维，校正观点，您一定是心领神会的。在探寻真理的漫漫征途上，如果他们已经在我已发表观点之上青出于蓝，更进一步，那么这一定是源于您的鼓舞鞭策。我得继续完成一些已经着手的事情，想和您谈谈我粗浅鄙陋的一些想法；如果其中有任何对人类不无裨益之处，如果能将其呈现于您，我深知，它们会达到安全之所，并适时成为真理的左膀右臂。我是否应披露任何新的事物让公众不安，对此我犹豫不决；① 如果我如此行事，我的人生已经几乎油尽灯枯，想在余生完成任何重大事情都只是痴心妄想。如我刚才所言，我期盼能与您见面，向您倾诉我百思莫解、令我辗转反侧的事情；生活的经验经常告诉我，如果一个人不把自己的想法诉诸笔端，或向朋友倾诉，就难以做出正确的判断；他将这些想法形成画面，如同在其面前完全铺展开来……

在我临终前，我很愿意和您谈谈，其中一个是您来函第一页最后所建议的内容②；您说要问问《政府论》作者的问题③，并致以诚挚祝愿，对此我颇为关心；如果您能告知我最佳方法，并探讨撰写方法，我将不胜欣慰。但是，这个话题的范围广袤无边，视野一望无垠，具体细节纷繁

---

① 洛克完成了他致斯蒂林弗利特的第二封长篇回信，同时，他完成了《理解能力指导散论》的手稿。他在有生之年再也没有出版其他任何书籍。

② 在L2407（3月15日）中，莫利纽克斯写道：英格兰议会"在爱尔兰对我们施加了巨大压力；未经我们的许可，没有我们的代表，他们就可以貌似公正地让我们束手就缚；我把这个问题留给《政府论》的作者去思考"。在已出版的《爱尔兰状况》中，莫利纽克斯主张该主题，并引述了"我的挚友约翰·洛克""独步天下"的《政府论》。

③ 章节。如果莫利纽克斯和洛克想起了《政府论》中的某段具体章节，可能就是第140节，莫利纽克斯在《爱尔兰状况》中进行了阐释。

复杂，仅靠信函往来是不能心随所愿的。因此，希望您尽可能做好准备，屈尊驾临。但是，如果您在彼处与其他人高谈阔论，请不要就这个话题向任何人提及我；您和我为我们所祝福之人尽己所能，就足矣。细微的开端，如果精心营造，往往会造就伟大的成果……

2422. 威廉·莫利纽克斯致洛克，都柏林，1698 年 4 月 19 日

……因此，我亲爱的朋友必须知道，我在最后一封信中提及的那位《政府论》等①作品的作者，他卓荦超伦的思考促使我搦管挥毫，在一篇题为《受英格兰议会方案约束的爱尔兰状况》的文章里就这个话题谈谈我的想法，并公之于众。您会觉得这个话题不赖，但是我认为，我以谨小慎微且温顺谦恭的态度对待这个话题，并没有振振有词地招人厌恶；②因此，我甚至不愿意署名，而遵从身边一些良友的建议，我打算将它呈献给国王陛下。我已经委托丘吉尔先生将其中一部分送给您，另一部分送给您的朋友，这些东西不日即将到您的手中。关于您的大作，我不揣冒昧提出了我的想法；同样，如果您能不吝赐教，我将不胜感激。③这并非已实现的成果，我不能对此故弄玄虚；它是匆匆完成的，其目的是替代威斯敏斯特的诉讼程序④，但为时已晚。只有上帝和贤明的英格兰议会明白它可能对未来造成何种影响，但如果再让我进行处理，我会仔细斟酌，做出相当的修订和增补。但是，直到我得知威斯敏斯特议会欣然接受它，或者在我看到其重获认可，我认为我才可以就此罢手。对于他们的任何误会和中伤，我并不担忧，但是，在此情形下，刻薄挑剔的人

---

① 洛克的《政府论》。L2414，n. 2.
② 它在英格兰造成了大量犯罪，也让爱尔兰政府进退维谷。
③ 并没有洛克关于莫利纽克斯《爱尔兰状况》评论的记录，但是，英格兰辉格党人宣称莫利纽克斯滥用了洛克的思想。
④ 为了亚麻产业的利益，英格兰法律强迫爱尔兰人放弃羊毛出口，莫利纽克斯希望阻止这种强硬立法。

会如何心生怨恨，只有上帝知道①……

2440. 洛克致乔治·特雷比爵士，奥茨，1698 年 5 月 17 日

我接受了阁下分配的义务，以至于我的请求难以开口②：您赐予我的恩惠具有特殊价值，让我无须付出如我所问的代价。在上次立法会上③，当您经过我们身边时，我的打算是：既要保留您允许我在马路上拦驾的特权；也要代表金④（我的一位表亲，中殿律师学院的学生）向您请愿。

但是，我病入膏肓，足不出户，这让我无法把握机会，并且使我上次在城里的时候失去了向您效劳的殊荣。我现在应该向律师部门提出申请，推荐他成为一名律师：但我得告知阁下，我再次被拒绝了。我的表亲对我说，在这件事上，您赐予他无上荣恩，超出他的想象，甚至不敢承受。我希望，他自身拥有远见卓识，值得这份伟大荣誉，您不会为此而心生遗憾，也不会认为毫无意义：但是，阁下，请让我分担这一义务；共享感激这个新的荣恩的喜悦。他是我在这个世界上的至亲之人，为此荣恩，我向您谨呈最深的感激。尊重他人，见解独到，与有价值之人建立联系；我想这是可被理解的雄心壮志……

2443. 洛克致菲利普斯·范·林堡格，奥茨，1698 年 5 月 21 日

……如果从第一个问题中，我就能像现在一样，明白这位深谋远虑的绅士⑤的用意，我就不会这样答复他了。但是，在一切事物各居其所

---

① 在 6 月，英格兰议会判断该书对于英格兰国王和人民造成危害，理由是"其否认爱尔兰依附于帝国统治"。
② 之前的期望。
③ 在埃塞克斯的切姆斯福德（3 月）。
④ 彼得·金，洛克的表亲，经特雷比推荐后成为法官。
⑤ 阿姆斯特丹市长（最高行政长官）约翰尼斯·哈德 L2413。

的秩序中，一个人在自然与理性面前总是显得身微言轻。

我认为，自古以来就有一种智慧存在，在稍有反思能力的人看来这是不言自明的；因此，对于任何思维着的人来说，有一种无限存在也是不言而喻的。现在，我的观点是，有且仅有一个无限存在，同时，该无限存在必须是永恒存在；因为无限之物一定来源于永恒，而任何时光流逝均无法使本非无限的东西成为无限之物；就其自身而言，如其自古以来就是无限存在，则没有任何事物可从中减损，也没有任何事物可添加其中，从而它既不能从统一体分离，也不能构成一个以上的统一体。我认为，这是先验自足的证明，独立的永恒存在是唯一存在，如果我们添加所有可能完美的理念，那么我们的理念就是上帝永恒无限、无所不知①、无处不在。

如果我能与这位英明睿哲的绅士有任何一致想法，我将极为满足；如果不能取得一致，而他愿意与我就相关证据进行交流，我将不胜感激；我将严格保守秘密，或根据其指点做出沟通。

2451. 约翰·塔特姆致洛克，德比郡，1698 年 6 月 3 日

我很高兴有幸领略您的全部光辉著作，其中有深入人心的忠告，有平息公众抱怨的机会和兴趣，还有充满着高贵与慷慨的精神，使您（如果我没有明显误解）以超凡仁慈面临一些对手②;这鼓励了我这个您迄今为止完全陌生之辈。我恳请慷慨公正的您，以最大力量推进议会法案，以阻止频繁发生关于农产品什一税③的无理诉讼以及私下争吵。即使有 Hen:8 第 27 条和 Hen:8 第 32d 款和第 6 版第 2 条的法规 6.④ 规定全部人

① 很明显，这是 "omniscient" 和 "omnific" 的异文。
② 推测其意思是主角。
③ 什一税（以此类推）。
④ 1535, 1540, 1548.

员按教区及当地惯例来分配什一税，然而，要证明当地惯例与习俗是极其困难的（很不幸，大部分相关习俗的古代记录因内战而遗失殆尽）。对于忠诚实在的人而言，法规是完善明确的；但对律师和狡诈之辈来说，这些法规却缺乏效力：根据教区的通行惯例，作为什一税的干草耗费时日才能完全晒干（年岁最长的人也不能说出超过 10 个或 20 个实例，在 2 英亩或 3 英亩的土地中，可能仅有十分之一种草，收割后很快做成小堆干草）①。然而，部分律师列举出粗暴地破坏惯例的实例，而另一些律师的观点则迥然不同；毋庸置疑，众多狡诈之徒（他们极不情愿支付任何什一税，俗话说，好汉不吃眼前亏）利用这些不同裁决以及模棱两可的法律，收割野草并做成小的草堆（本应是干草）充当什一税；当他们如此这般炮制其中一份后，也依样画葫芦将其自己的九份分散摊开；在九份干草的主人完全处理好之前，什一税的所有者应接不暇，疲于奔命，更难以将上述十分之一的草摊开晒干了（别无他法，法律并未规定如何制作什一税干草）；如此一来，什一税变得毫无价值，那些干草只好就地丢弃；然而，土地所有者不得不为这些损害提起诉讼。因此，一般情况下，教区的惯例是将作为什一税的谷物摆列成排②，但是，有的蛮横之人却将这些谷物胡乱扔出，让上述什一税所有者叫苦不迭，而什一税本身却毫发无损。

　　关于这些惯例的记录大部分已经遗失，因此，在任何教区证明什一税的惯常方式十分困难；而缴纳什一税的人们是当事方，我认为让他们作为证人是极不合理的；我深知，领取圣俸者③ 在最近一次关于处理谷物什一税惯例的审理中，带来了几名证人，其中有的人已经 60 岁、70 岁或更大年龄，他们发誓说，自从能记事起，这个地方的惯例是将作为什一

---

① 　小堆干草。
② 　编组成捆的。
③ 　教会收益拥有者。

税的谷物摆列成排;而另一方面,尽管领取圣俸者尽可能举出证人,有的人予以反驳,做出完全相反的发誓:在他们的记忆中,作为什一税的谷物被成捆扔出,直到六七年以前都是如此;既然,有人在这个事件中做出虚假誓言,我也无法断定已经终结或即将终结:我可以举出若干其他类似性质的实例;但是,非常有必要制定明白无误的法律,以规定干草什一税和谷物什一税的方式方法,我认为,您会对此心满意足,并且,我谦卑而恳切地希望您予以促成。或许,一个简明扼要的法案就可以实现这个目的:"任何人均应按照处置其自身的九份玉米与干草那样,对第十份玉米和干草分类、管理、制作并处理,以供给各自的领取圣俸者、牧师、神父、助理牧师或任何其他拥有什一税的人士。"①……

2481. 约翰·卡沃尔博士致洛克,剑桥大学基督学院,1698 年 8 月 2 日

……② 我的名字出现在爱德华先生最近作品的出版许可中,您可能为此而心生怨恨,勃然大怒;我也得承认,对此我也感到问心有愧,无地自容。但是,我会将整个事情的来龙去脉告诉您,并且企盼您能对我的不幸怀有恻隐之心,而不是责怪我对您毫无尊重之意。爱德华先生是我在大学里的同龄人,我与他素来相识,而近来我对他相知甚深。某一天,我们在街上不期而遇,他告诉我要去出版社商谈书籍出版事宜,并且,他已请校长 ③ 和教授 ④ 审阅了这本书,并就印刷出版一事得其首肯;同时,他要我把名字添列其中。

我告诉他,如果他们审阅并许可出版他的作品,他可以使用(如其乐意)我的名字;然后我们就各回各家了。而今我严肃地向您保证,在

---

① 　塔特姆增加了管制玉米和干草什一税义务的其他条文。
② 　对 L2319 的回复,写于 1698 年 8 月 2 日,但追溯到 1697 年 10 月 4 日。卡沃尔最初拟定了答复,现在为了让洛克满意已经修改。
③ 　亨利·詹姆斯,皇后学院校长。
④ 　约翰·博蒙特,皇家神学教授。

这本书印制出来以前，我只字未读，对其内容不得而知，也无从知晓与您有何种关联，更遑论您在书中受到了如此不公正的待遇。我向洛克先生本人以及我相识已久的每个人呼吁，无论其是否因我性格或行为而出言不逊或俗不可耐，或者我是否对其他人的相同表现而人云亦云；因为我向世人宣布，在一切表述（无论是口耳相传，还是诉诸笔端）中，我确实认为优良品德与高明推理都是同等重要、不可或缺的。因此，我期盼您能相信，如果我对您在那篇文章中的不雅用词有一丝一毫的察觉，我就不会随声附和，以至于伤害彼此，亵渎友情。对此，我不得不谦恭地向世人辩解，为您做出公正的解脱。

2495. 伊齐基尔·伯里奇致洛克，都柏林，1698 年 10 月 13 日

我不得不唐突造次向您致函，让您心生烦倦（如果我可以这样说的话）；我接受一位去日无多朋友的嘱托，义不容辞。昨天晚上，您的好友莫利纽克斯先生已入土安息了。他的离世非常突然，让我震惊不已。周六那天，他在下议院一直待到接近 3 点，显得生气勃勃。在 5 点过不到 6 点的时候，他叫我来陪他，那时他状态甚好；我在他身边时，他对自己的宿疾抱怨不已（他说曾在英格兰对您提及此事）。第二天，他一阵接一阵地呕血，无法止住；周日晚上，他显得格外虚弱，命若悬丝，他本人以及他身边的全部朋友都觉得，他挺不过那个晚上了；然而，他一直坚持到了星期二凌晨 3 点（却是奄奄一息，风中残烛了）。遵从他自己的遗愿，对他的遗体进行了解剖；在他的两个肾里发现了两处结石。最大的一块在左肾里，比核桃仁还大；其余 3 块的大小差不多；在每个肾脏里，结石都嵌在肌肉组织里。据推测，由于他呕吐时太过用力，血管在他胃里破裂，立即导致了他的死亡，而这没有被发现。

在他血流将尽时，他忍住疼痛，向他儿子留下来最后一句话，他说很想您；并且希望我将他的死讯立即通知您，并要我告诉您，他活着的

时候非常敬重您,而他也将名垂千古。这些就是他的遗言;我非常了解他,深知他高贵的精神,因此,对于这位临终之人表现出的温文尔雅①,我一点也不感到奇怪;他非常看重美德和学问,而他最欣赏您的价值在于:认识他的每个人都知道这一点。

我与他亲密无间,相知甚深,对此我感到幸福快乐;而我亦有担忧,在坟墓里,我可能无法再次体会拥有这样一位挚友的幸福了,他热爱正义、美德、学问以及人类……

2498. 洛克致菲利普斯·范·林堡格,伦敦,1698 年 10 月 4 日和 10 月 18 日

……② 对于您来信中所说的笛卡尔的交流方式,我根本无法理解。所谓无穷思维,我完全不知所云。我一点也没有办法说服自己,这种思维本身是存在的;但仅仅思维之物或实体方可确定它要么是有限的,要么是无穷的。我以为,那些习惯于别出心裁说话的人在模糊地表达某种东西;我不清楚那些闪烁其词或欺世盗名的言论如何将一切埋入黑暗,或者至少怯于清楚明了地表达自己的想法,从而为并非完全适当的假设提供支持。但是,这应该发生在其他更加闲暇悠游的时间……

我并没有因为观点不同而向任何人挑起事端,因为我自身睿智,容易犯错。③ 我信奉福音派教义,而不是天主教皇派……

简言之,我说我是福音派信徒,或者是东正教信徒(如果您这样认为),而不是天主教皇派。在信仰基督教的人中,我认为只有两类,福音派和教皇派。后者似乎是永远正确的,却自以为是地掌控别人的良知;而前者独自寻求真理,渴求自己和他人依靠证据和理性而因信称

---

① 文明,礼貌。
② 在 L2413 中继续该讨论。
③ 侏儒,个子小的人。

义；他们严于律己，宽以待人；对人类的弱点与愚昧持容忍态度，并转而寻求宽仁之心……

2500. 洛克致托马斯·莫利纽克斯博士，奥茨，1698 年 10 月 27 日

死神冷酷无情，瞬间将亲爱的兄弟从您身边夺走。您毫无防备，失去了至亲至爱之人，在此情形下，我想您一定需要莫大的宽慰。

为了抚慰您的悲伤，我可以做任何事情；这是巨大的损失，我感触良多，难以承受；我无法与您谈论此事，也不能做任何事情，只好任由千山同悲，与您同泣。于您的兄弟，我所失去的不仅仅是世人共敬的饱学之士，睿哲之人；而且是亲密无间、忠诚可靠的朋友，他是我真心挚爱的朋友，我也是他真心挚爱之人；这是无可挽回的损失，只有敏感之心才能体味至交好友的价值和难得，这比其他任何财富都要珍贵万分。他有一个儿子①，我知道这是他心中至爱，是他在这个年纪值得拥有的。在这个世界上，如果我的挚友还有一个孩子或一个兄弟，我觉得我就可以尽我所能，付出我的爱心，为他们效劳。因此，无论千山万水，无论何事，只要我可以为您或您的侄儿略尽微薄之力，恳请您看在已逝朋友的面上告诉我……

---

① 　萨缪尔·莫利纽克斯，时年 9 岁，后来成为天文学家和政治家。

参考文献

一　中文文献

[美]阿尔文·普兰丁格:《基督教信念的知识地位》,邢滔滔等译,北京大学出版社 2004 年版。

[英]阿龙:《约翰·洛克》,陈恢钦译,辽宁教育出版社 2003 年版。

[英]爱德华·赫伯特:《论真理》,周玄毅译,武汉大学出版社 2006 年版。

[英]爱德华·乔纳森·洛:《洛克》,管月飞译,华夏出版社 2013 年版。

[美]奥尔森:《基督教神学思想史》,吴瑞诚、徐成德译,北京大学出版社 2003 年版。

[古希腊]柏拉图:《柏拉图全集》,王晓朝译,人民出版社 2003 年版。

北京大学哲学系外国哲学史教研室编:《古希腊罗马哲学》,商务印书馆 1961 年版。

[美]查尔斯·塔列弗罗:《证据与信仰——17 世纪以来的西方哲学与宗教》,傅永军、铁省林译,山东大学出版社 2011 年版。

陈嘉明:《知识与确证:当代知识引论》,上海人民出版社 2003 年版。

[法]笛卡尔:《第一哲学沉思集》,庞景仁译,商务印书馆 1986 年版。

方环非、郑祥福等:《当代西方哲学思潮》,浙江大学出版社 2013 年版。

[美]格瑞特·汤普森:《洛克》,袁银传、蔡红艳译,中华书局 2014
　　年版。

何炳松:《近代欧洲史》,上海古籍出版社 2015 年版。

胡景钟、张庆熊主编:《西方宗教哲学文选》,上海人民出版社 2002
　　年版。

胡军:《知识论》,北京大学出版社 2006 年版。

[美]胡斯托·L.冈萨雷斯:《基督教史》(上下卷),赵城艺译,上海三
　　联书店 2016 年版。

洪谦:《逻辑经验主义》,商务印书馆 2010 年版。

[美]凯利·詹姆斯·克拉克:《重返理性》,唐安译,北京大学出版社
　　2004 年版。

[德]康德:《纯粹理性批判》,邓晓芒译,杨祖陶校,人民出版社 2004
　　年版。

[德]康德:《康德论上帝与宗教》,李秋零编译,中国人民大学出版社
　　2004 年版。

[德]莱布尼茨:《人类理智新论》(上、下册),陈修斋译,商务印书馆
　　2016 年版。

[德]莱布尼茨:《人类理智新论》,陈修斋译,商务印书馆 1982 年版。

[美]路易斯·P.波伊曼:《知识论导论——我们能知道什么?》,洪汉鼎
　　译,中国人民大学出版社 2008 年版。

[德]马克斯·韦伯:《新教伦理与资本主义精神》,于晓、陈维纲译,
　　读书·生活·新知三联书店 1987 年版。

[美]麦克·彼得森、威廉·哈斯克、布鲁斯·赖欣巴赫、大卫·巴辛

格：《理性与宗教信念——宗教哲学导论》，孙毅、游斌译，中国人民大学出版社 2005 年版。

[德] 潘能伯格：《神学与哲学》，李秋零译，商务印书馆 2013 年版。

[意] 塞尔瓦托·利拉：《亚历山大的克雷芒》，范明生等译，华夏出版社 2004 年版。

[英] 塞西尔·罗斯：《简明犹太民族史》，黄福武等译，山东大学出版社 2014 年版。

[美] 斯图尔特：《宗教哲学经典选读》，邢滔滔选编，北京大学出版社 2005 年版。

汤泽林：《世界近代中期宗教史》，中国国际广播出版社 1996 年版。

汪子嵩等：《希腊哲学史》，人民出版社 2014 年版。

[英] 休谟：《人类理解研究》，关文运译，商务印书馆 2010 年版。

[英] 休谟：《自然宗教对话录》，陈修斋、曹棉之译，商务印书馆 1962 年版。

[美] 雪莱：《基督教会史》，刘平译，上海人民出版社 2012 年版。

[古希腊] 亚里士多德：《形而上学》，苗力田译，中国人民大学出版社 2003 年版。

[美] 约翰·奥尔：《英国自然神论：起源和结果》，周玄毅译，武汉大学出版社 2008 年版。

[英] 约翰·洛克：《政府论》（上、下篇），叶启芳、瞿菊农译，商务印书馆 1964 年版。

[英] 约翰·洛克：《基督教的合理性》，王爱菊译，武汉大学出版社 2006 年版。

[英] 约翰·洛克：《论宗教宽容》，吴云贵译，商务印书馆 2009 年版。

[英] 约翰·洛克：《人类理解论》（上、下册），关文运译，商务印书馆 2012 年版。

翟志宏:《托马斯难题：信念、知识与合理性》，中国社会科学出版社
　　2014 年版。

翟志宏:《西方宗教信念认知合理性的两种解读方式》,《宗教与哲学》
　　辑刊 2014 年版。

翟志宏:《信仰的伦理学与新基础主义》,《中国社会科学报》2013 年第
　　443 期。

翟志宏、徐玉明:《必然性知识与宗教信念的合理性意义：论克莱门特
　　辩护思想对亚里士多德知识论的运用》,《武汉大学学报》（人文社
　　会科学版）2014 年第 6 期。

赵敦华:《基督教哲学 1500 年》，人民出版社 1994 年版。

二　英文文献

Alexander, P.(1985). *Ideas, Qualities, and Corpuscles: Locke and Boyle on the
　　External World*, New York: Cambridge University Press.

Alston, W.(1989). *Epistemic Justification Essays in the Theory of Knowledge*,
　　NY: Cornell University Press.

Alston, William P., Clay, M., Lehrer, K., ed.(1989). *Knowledge and Skepti-
　　cism*, Boulder, Colo., Westview Press.

Aristotle, Ross, W. D.(1924). trans. *Metaphysics, Written 350 B. C. E* , Book
　　IV., Oxford: Oxford University Press.

Audi, Robert, Audi, R. and Wainwright, W.(1986). ed., *Religious Belief and
　　Moral Commitment*, N. Y.: Cornell University Press.

Ayers, M. (1991). *Locke: Epistemology and Ontology*, London: Routledge.

Ayers, M. (1991). *Locke*, 2 vols. London: Routledge.

Baergen, Ralph, (2006). *Historical dictionary of epistemology*(Historical dictionary of religions, philosophies, and movements), No. 70, The Scarecrow Press, Inc. Lanham, Maryland, Toronto, Oxford.

Battista Mondin, (1991). *A History of Mediaeval Philosophy*, Rome: Pontifical Urban University Press.

Beer, E. S.(1976-1989). *Correspondence of John Locke*, 8 vols. Oxford: Clarendon Press.

Belmont, (1998). *Philosophy of Religion: An Anthology*, 3d ed., Calif: Wadsworth Press.

Bennett, J. (2005). "God and Matter in Locke: An Exposition of Essay 4.10", in C. Mercer and E. O'Neill, ed., *Early Modern Philosophy: Mind, Matter, and Metaphysics*, Oxford: Oxford University Press.

Boersma, Hans, (2011). *Heavenly Participation,* Eerdams Press.

BonJour, L., and Sosa, E. (2003). *Epistemic Justification*, MA: Blackwell Publishing.

Carr, David, (1970). *The Crisis of European Sciences and Transcendental Phenomenology*, Northwestern University Press.

Chappell, V. ed. (1998). *Locke*, New York:Oxford University Press.

Clark, Kelly James, (1990). *Return to Reason: A critique of Enlightenment Evidentialism and a Defense of Reason and Belief in God,* WE. B. Eerdmans Publishing Co.

Clement, "The Stromata", in William Wilson, trans., Alexander Roberts, James Donaldson and A. Cleveland, ed., (1895). *The Writings of Clement of Alexandria*, NY: Christian Literature Publishing Co.

Colson, F. H., and Whitaker, G. H., trans., Goold, G. P. eds. (1981). *The Loeb Classical Library,* Harvard University Press.

Conee, E., and Feldman, R., Hilary Kornblith, ed. (2001). *Epistemology:*

Internalism and Externalism, Oxford: Blackwell.

Cooper, David E. (1999). *Epistemology the Classic Reading*, Blackwell Publishers Ltd.

Cranston, M. (1957). *John Locke: A Biography*, New York: Macmillan.

Cutting, Gary, (1982). *Religious Belief and Religious Skepticism*, Notre Dame, Ind.: University of Notre Dame Press.

Dancy, J., and Sosa, E., ed. (1992). *A Companion to Epistemology*, Blackwell.

Descartes, (1911). "Rules for the Direction of the Mind (1644)", in *The Philosophical Works of Descarte*s, trans. by G. Ross and Elizabeth Haldane, Cambridge: Cambridge University Press.

Descartes, (2008). *Meditations on First Philosophy: With Selections from the Objections and Replies*, tran. Michael Moriaty, New York: Oxford University Press.

Earl, Conee, and Feldman, Richard, (2004). *Evidentialism:Essays in Epistemology, Essays in Epistemology*, Oxford University Press.

Forstrom, K. Joanna S. (2010). *John Locke and Personal Identity: Immortality and Bodily Resurrection in 17th-Century Philosophy* , Continuum.

George I. Mavrodes, ed. (1970). *The Rationality of Belief in God*, N. J.: Prentice-Hall.

Gerson, Lloyd p. (2009). *Ancient Epistemology*, Cambridge University Press.

Gilson, Etlenne, (1978). *Elements of Christian Philosophy*, Greenwood Press.

Glidden, D. K. (1985). *Epicurean Prolepsis, Oxford Studies in Ancient Philosophy* III, New York: Oxford University Press.

Goldie, M. ed. (2002). *John Locke: Selected Correspondence*, New York: Oxford University Press.

Grant, R. (1991). *John Locke's Liberalism*, Chicago, IL: University of Chicago

Press.

Greco, Jone, (1999). *The Blackwell Guid to Epistemology*, Blackwell.

Hadas-Lebel, Mireille, and Frechet, Robyn, trans. (2012). *Philo of Alexandria: A Thinker in the Jewish Diaspora,* (Studies in Philo of Alexandria 7), Koninklijke Brill NV, Leiden.

Hankins, James, ed. (2007). *The Cambridge Companion to Renaissance Philosophy*, New York: Cambridge University Press.

Helm, Paul, (1999). *Faith and Reason*, New York: Oxford University Press.

Hengel, Martin, and Bowden, John, trans. (1974). *Judaism and Hellenism: Studies in their Encounter in Palestine during the Early Hellenistic Period*, Fortress Press.

James, William, (1956). *The Will to Believe*, New York: Dover.

James, William, and Pojman, Louis P., ed. (2003). *The Will to Believe*, 3rd, CA: Wadsworth.

Jones, Rufus M., M. A., Litt, D., ed., *Clement of Alexandria: Selection from His Writings*, London:Headley Brothers.

Leibniz, G. W., P. Remnant and J. Bennett, eds. (1996) *New Essays on Human Understanding,* Oxford: Oxford University Press.

Lilla, Salvatore R. C. (1971). *Clement of Alexandria*, Oxford University Press.

Locke, John, (1823). *The Works of John Locke*, Landon: Henry G.

Locke, J. (1858). Deus. in P. King(Ed.), *The Life and Letters of John Locke,* London:Henry G.

Mabbott, J. D. (1973). *John Locke*, Macmillan Education UK.

Marshall, John, ed. (1994). "John Locke: Resistance, Religion and Responsibility", *Cambridge Studies in Early Modern British History*, Cambridge University Press.

Mavrodes, George I. (1970). *Belief in God: A Study in the Epistemology of Religion*, New York: Random House.

Moser, Paul K. (2002). *The Oxford Handbook of Epistemology*, New York: Oxford University Press.

Nuovo, Victor, (2002). *John Locke: Writings on Religion*. Oxford: Clarendon Press.

Osborn, Eric, (2005). *Clement of Alexandria*, Cambridge University Press.

Pelikan, Jaroslay, (1999). *Jesus Through the Centuries-His Place in the Centuries*, Yale University Press.

Plantinga, A., and Delaney, C. F., and Notre Dame, ed. (1979). *Rational and Religious Belief*, Ind.: University of Notre Dame Press.

Plantinga, A., and Pojman, L., ed. (1986). "Belief without Evidence", *Religious Experience Religious Belief*, CA: Wadsworth Press.

Pojman, Louis P. (1998). *Philosophy of Religion: An Anthology*, 3rd ed., Belmont Calif: Wadsworth.

Rutherford, Donald, ed. (2007). *Early Modern Philosophy*, Cambridge University Press.

Schofield, Malcolm, Burnyeat, Myles, Barnes, Jonathan, (1980). *Doubt and Dogmatism-Studies in Hellenistic Epistemology*, Oxford University Press.

Sell, Alan P. F. (1997). *John Locke and the Eighteenth-Century Divines*, University of Wales Press.

Shapin, S. (1994). *A Social History of Truth,* Chicago, IL: University of Chicago Press.

Stark, Rodney, (1997). *The Rise of Christianity*, Harper Collins.

Stuart, Matthew, (2015). *A Companion to Locke*, Wiley.

Wilken, Robert Louis, (2003). *The Spirit of Early Christian Thought- Seeking the Face of God*, Yale: Yale University Press.

Williams, Rowan, ed. (2002). *The Making of Orthodoxy:Essays in Honour of Henry Chadwick*, Cambridge University Press.

Wilson, C. (2007). "Locke's Moral Epistemology", in L. Newman, ed., *The Cambridge Companion to Locke's Essay*, New York: Cambridge University Press.

Wolfson, Harry Austryn, (1962). *Philo: Foundation of Religious Philosophy in Judaism, Christianity, and Islam*, Volume I, Harvard University Press.

Wolterstorf , N. (1994). "Locke's Philosophy of Religion", in V. Chappell, ed., *Cambridge Companion to Locke*, Cambridge: Cambridge University Press.

Woolhouse, Roger, (1995). *The Cambridge Companion to Locke*, ed. Vere Chappell, New York: Cambridge University Press.